经济与管理专业研究生及高年级本科生通选教材

JINGJI YU GUANLI ZHUANYE
YANJIUSHENG JI GAONIANJI BENKESHENG
TONGXUAN JIAOCAI

宏观经济核算分析

HONGGUAN JINGJI HESUAN FENXI

廖明球 / 编著

首都经济贸易大学出版社
·北京·

图书在版编目(CIP)数据

宏观经济核算分析/廖明球编著. —北京:首都经济贸易大学出版社,2013.9
ISBN 978 – 7 – 5638 – 2104 – 4

Ⅰ.①宏… Ⅱ.①廖… Ⅲ.①宏观经济分析 Ⅳ.①F015

中国版本图书馆 CIP 数据核字(2013)第 126731 号

宏观经济核算分析
廖明球 编著

出版发行	首都经济贸易大学出版社
地　　址	北京市朝阳区红庙(邮编 100026)
电　　话	(010)65976483　65065761　65071505(传真)
网　　址	http://www.sjmcb.com
E – mail	publish @ cueb.edu.cn
经　　销	全国新华书店
照　　排	首都经济贸易大学出版社激光照排服务部
印　　刷	北京地泰德印刷有限责任公司
开　　本	710 毫米×1000 毫米　1/16
字　　数	330 千字
印　　张	18.5
版　　次	2013 年 9 月第 1 版第 1 次印刷
印　　数	1～3 000
书　　号	ISBN 978 – 7 – 5638 – 2104 – 4/F·1201
定　　价	29.00 元

图书印装若有质量问题,本社负责调换
版权所有　侵权必究

前　言

笔者从2008年开始为首都经济贸易大学经济学专业本科生讲授"宏观经济分析"，同时为国民经济学、数量经济学专业研究生讲授"国民经济核算与分析方法"，综合两门课程的讲义，决定编写本教材，并将教材名称定为《宏观经济核算分析》。

本教材共分为十章：第一章为绪论；第二章为生产总量核算分析；第三章为投入产出核算分析；第四章为收入分配与使用核算分析；第五章为资本形成与金融交易核算分析；第六章为国民资产负债核算分析；第七章为对外经济核算分析；第八章为宏观经济综合核算分析；第九章为宏观经济指数核算分析；第十章为宏观经济监测与预警分析。每章内容的编排是先讲核算、后讲分析，并且重点讲核算。在讲核算时，根据我国宏观经济核算的现状，采取平衡表和账户平行排列同时讲授的方法。平衡表利用国家统计局公布的2007年数据，因为2007年是国家编制投入产出表的年份；账户数据由于国家尚未公布，则采用案例数据。在讲分析时，首先讲平衡表和账户的分析，再穿插数学模型的分析。

我国现有教材，宏观经济和国民经济的概念是混用的，一般讲核算时习惯讲国民经济核算，而讲分析时则习惯讲宏观经济分析。我认为，如果是核算分析还是称"宏观经济核算分析"为好。本教材主要是为经济学和管理学专业高年级本科生和研究生编写的，同时也可以作为统计学专业、经济管理实际工作者的学习参考书。本教材是一个完整的体系，学习时要注意从整体上把握。为了大家学习的方便，每章后面列有思考题。

本教材的内容在讲授中得到了同学们的支持并提出了宝贵意见，其出版又得到了首都经济贸易大学经济学院和首都经济贸易大学出版社的大力支持，在此一并感谢。

目录

第一章　绪论 ··· 1
　第一节　宏观经济核算概述 ··· 1
　第二节　宏观经济核算设计体系 ····································· 6
　第三节　宏观经济核算方法、规则及内容 ························· 10
　第四节　宏观经济核算分析 ·· 15
　思考题 ·· 17

第二章　生产总量核算分析 ··· 19
　第一节　生产核算基本理论 ·· 19
　第二节　部门生产核算 ··· 23
　第三节　国内生产总值核算 ·· 35
　第四节　生产总量分析 ··· 38
　思考题 ·· 47

第三章　投入产出核算分析 ··· 49
　第一节　投入产出分析的基本原理 ································· 49
　第二节　投入产出表的编制 ·· 55
　第三节　直接消耗系数和完全消耗系数 ··························· 62
　第四节　投入产出表的分析 ·· 66
　思考题 ·· 72

第四章　收入分配与使用核算分析 ·································· 74
　第一节　收入分配与使用的概念 ···································· 74
　第二节　收入分配核算 ··· 75
　第三节　收入使用核算 ··· 83
　第四节　资金流量(实物交易)核算 ································ 87
　第五节　收入分配与使用分析 ····································· 91
　思考题 ··· 100

第五章　资本形成与金融交易核算分析 ············ 102
　第一节　积累核算理论 ············ 102
　第二节　资本形成核算 ············ 103
　第三节　金融交易核算 ············ 111
　第四节　资金流量（金融交易）核算 ············ 117
　第五节　资本形成与金融交易分析 ············ 122
　思考题 ············ 132

第六章　国民资产负债核算分析 ············ 133
　第一节　国民资产负债核算理论 ············ 133
　第二节　国民资产负债核算原则和方法 ············ 136
　第三节　国民资产负债核算 ············ 141
　第四节　资产负债变动核算 ············ 148
　第五节　国民资产负债分析 ············ 158
　思考题 ············ 162

第七章　对外经济核算分析 ············ 163
　第一节　对外经济核算理论 ············ 163
　第二节　国际收支平衡表 ············ 165
　第三节　国外账户核算 ············ 171
　第四节　对外经济分析 ············ 181
　思考题 ············ 191

第八章　宏观经济综合核算分析 ············ 193
　第一节　宏观经济核算表与总量账户体系 ············ 193
　第二节　宏观经济机构部门账户的综合及关系 ············ 208
　第三节　宏观经济综合分析 ············ 215
　思考题 ············ 228

第九章　宏观经济指数核算分析 ············ 230
　第一节　宏观经济指数核算的基本问题 ············ 230
　第二节　宏观经济核算物价指数 ············ 234
　第三节　宏观经济核算物量指数 ············ 242

第四节　宏观经济生产率指数体系 ·············· 244
　　第五节　通货膨胀分析 ····················· 248
　　思考题 ···························· 257

第十章　宏观经济监测与预警分析 ················ 258
　　第一节　宏观经济监测与预警的基本问题 ············ 258
　　第二节　中国宏观经济监测预警体系的建立 ··········· 262
　　第三节　景气警告系统的编制与应用 ·············· 276
　　思考题 ···························· 282

附录　北京市 2003 年国民经济总体账户 ·············· 283
参考文献 ···························· 287

第一章 绪论

第一节 宏观经济核算概述

一、宏观经济核算的产生和发展

宏观经济核算也称国民经济核算,它是按照一套既定的概念方法对一个宏观经济总体(通常指一个国家或地区)所进行的系统描述。它采用统一的货币计量单位,运用一套相互联系的账户和平衡表,连续、完整地描述一个时期(通常为一年)宏观经济运行和发展的状况。它最早是由荷兰经济学家范·克利夫提出的。范·克利夫于1941年先后在荷兰《经济学家》杂志第7期和第10期发表题为《论国民核算:荷兰1938年年度调查的经验》和《论国民核算的意义和组织》两篇文章。在文章中,克利夫公布了他采用会计账户的形式和方法,为荷兰1938年年度所编制的国民核算表。同年,英国经济学家J.米德和R.斯通也发表了他们在J.凯恩斯指导下采用会计账户形式和方法,对英国1938年和1940年国民收入和支出核算的结果。这标志着国民收入统计向宏观经济核算的成熟过渡。

宏观经济核算是国民收入统计的演化结果。国民收入统计的产生可追溯到1665年英国经济学家威廉·配第对英国国民收入的估算工作,他在1665年关于英国国民收入的估算中已采用了从收入和支出两方面进行复式核算的方法,只是在核算项目和平衡关系上尚不够成熟。法国 A. L. 拉瓦锡 1791 年估算当时法国国民收入时,为了避免重复计算,首次提出了中间产品和最终产品的概念。1886年,澳大利亚统计学家 T. 柯格兰在对国民收入统计进行研究时,提出了从国民收入的生产、分配和使用三个方面给予反映。法国经济学家 F. 魁奈 1759 年出版的《经济表》一书,体现了从再生产过程和部门投入产出角度描述经济运行过程的学术思想。总之,宏观经济核算概念和理论方法虽产生较晚,但它的形成却融于国民收入统计的发展过程之中。

在宏观经济核算发展史上作出了重要贡献的是英国经济学家 R. 斯通和美国经济学家 S. 库兹涅茨:前者主要领导了联合国宏观经济核算的研究和统计制度的制定工作;后者以美国全国经济研究所(NBER)为基础,创立和发展了美国宏观经济核算理论和实际统计方法。联合国的宏观经济核算指导工作,对各国宏观经济核算理论与实践的发展发挥了根本性的作用。联合国1947年公布的《国民收入的计量和社会核算表的编制》和1953年公布的《国民核算表及补充表体系》(称旧SNA)，是以国民收入生产、分配和使用过程为基础来描述国民经济运行的，它是宏观经济核算体系成熟发展的重要标志。1968年，联合国又公布了《国民经济核算体系》(称新SNA)，在旧SNA基础上又引入了投入产出核算、资金流量核算、国际收支核算、资产负债核算，这标志着宏观经济核算体系的发展进入新的重要阶段。随后，在1993年联合国第27届统计委员会会议上通过了关于SNA的修改方案，在总结各国SNA实践和应用的基础上，进一步改进和完善了宏观经济核算体系，特别是引入了综合环境核算，提出了绿色GDP初步核算框架。此后又公布了《国民账户体系(2008)》，使宏观经济核算体系实现了全球化。

我国的宏观经济核算体系经历了由计划经济向市场经济体制转换的过程。1949年至1984年我国采用的宏观经济核算为物质产品平衡表体系(MPS)；1985年至1992年采用的是MPS和SNA混合体系；1993年与国际接轨，采用1993年版本的SNA体系。

SNA体系与MPS体系比较，主要有三个方面的不同：第一，采用的经济理论不同。MPS体系采用产品经济理论(产品限于实物产品)，其生产核算范围仅限于农业、工业、建筑业、货运邮电业、商业饮食业五大部门；SNA体系采用三位一体理论(劳动创造工资、资本创造利润、土地创造地租)，其生产核算范围为全社会所有部门。第二，采用的总量指标不同。MPS体系采用的总量指标有社会总产值和国民收入，社会总产值为前述五大部门的总产值之和($C+V+M$)，包括转移价值和新创造价值，国民收入为前述五大部门的净产值之和($V+M$)，只包括新创造价值；SNA体系采用的总量指标是国内生产总值(GDP)，它为全社会所有部门增加值之和(C_1+V+M)，其中，C_1为固定资本损耗和新创造的价值。第三，采用的核算方法不同。MPS主要采用平衡表方法；SNA主要采用账户方法。我国采用SNA体系，有人认为，采用SNA体系就是采用了庸俗经济学的三位一体理论，有人认为采用的是产品经济理论，只是产品范围扩大了，由五大部门扩大到全社会所有部门。此外要说明的是，MPS体系是苏联和东欧国家采用的，主要适用于计划经济体制；SNA体系是美国和西欧等国家采用的，主要适用于市场经济体制。

二、宏观经济核算的有关概念

宏观经济核算是对宏观经济总体的系统描述。宏观经济包括三个方面的含义：一是指各经济部门的总和，即农业、工业、建筑业等；二是指宏观经济运行中的两大运动，即实物运动和资金运动；三是指社会再生产的四个环节，即生产、分配、流通(交换)和使用(消费)。宏观经济核算就是从以上三个方面展开的。

第一章 绪论

1. 经济活动的单位和部门

(1) 机构单位。机构单位是指有权拥有资产和承担负债,能够独立从事经济活动和与其他实体进行交易的经济实体。在现实生活中,具备机构单位条件的单位基本上有两类:一类是住户;一类是得到法律或社会承认的独立于其所有者的法人或社会实体。我国将后一类称为法人单位,具体包括企业单位、事业单位、机关(行政)单位、社会团体单位、基层群众自治组织和其他单位。在市场经济中,机构单位根据经济活动的市场特征可分为两类:营利性和非营利性机构单位。二者的区别在于是否以营利为目的。一般讲,非营利机构单位并非绝对不能有利润或盈余,而是其收益不能由其成员占有,必须留在非营利机构单位中。从一国或地区的宏观经济核算出发,机构单位可以区分为常住机构单位和非常住机构单位。常住机构单位简称常住单位,是指在一国或地区经济领土内具有经济利益中心的经济单位;非常住机构单位则是指在一国或地区经济领土内不具有经济利益中心的经济单位,是作为国外来处理的。因此,常住机构单位和非常住机构单位是划分国内经济活动和国外经济活动的基本依据。在常住机构单位定义中的一国经济领土是指该国政府控制的领土、领海、领空和具有捕捞与海底开采管辖权的大陆架,还包括在国外的领土飞地,即驻外使馆和领馆用地,但不包括国外驻该国的使馆和领馆用地。具有经济利益中心是指常住机构单位在该国经济领土范围内具有一定的场所,如住房、厂房或其他建筑物,从事一定规模的经济活动并超过一定的时期。

(2) 机构部门。由机构单位组成的部门为机构部门。机构部门按其主要经济职能、行为和目的的基本特征可分为五类:一是非金融企业部门,由生产市场上的产品和非金融服务的法人企业组成,包括具有法人资格的国有、集体企业,各种形式的合资、合作经营及外资企业,如常住工商企业、农业企业、建筑企业、运输邮电及其他不从事金融媒介活动的服务企业,但不包括附属于行政事业单位的不具备法人资格的企业和个体经济,因为它们在财务收支、资产负债等方面不独立于它们所属的行政事业单位和住户。二是金融部门,由从事金融媒介活动的所有常住法人单位和企业组成,包括中央银行、各商业银行、信用社、保险公司、信托投资机构等。三是政府部门,由具备法人资格的各种类型的行政单位和非企业管理的事业单位组成,其中包括军事单位,也包括行政事业单位附属的不具备法人资格的企业,但不包括行政事业单位附属的法人企业,这类企业划入企业部门。四是住户部门,由所有常住居民家庭组成,其中包括为住户所有的个体经济。五是为居民服务的非营利机构部门,它是法律实体,不以追求利润为目的,主要从事为居民家庭生产的非市场性服务,其活动经费主要由各种捐赠的资金负担,我国将这类机构部门归入政府部门。在 SNA 中,将非常住机构单位归入"国外"部门,在宏观经济核算体系中,"国外"的作用类似于一个机构部门。

(3)基层单位。基层单位是指在宏观经济核算体系中为了进行生产核算和投入产出分析而确定的基本核算单位,在我国称为产业活动单位。它是以生产活动和生产某个产品的相对独立性为原则的,具体特征是:第一,具有一定的生产场所;第二,能够获取有关生产活动的投入与产出资料,包括劳动和资本生产要素的投入;第三,具有自己的管理部门,负责日常生产活动,并能编制反映生产过程的生产账户。基层单位和机构单位之间是一种隶属关系,即机构单位管理基层单位。一般来说,机构单位实行独立核算,能编制资产负债表;基层单位只能实行单独核算,不能编制资产负债表。

(4)产业部门。由基层单位组成的部门为产业部门。按照其生产产品的同质性可以将产业部门分为门类、大类、中类和小类多个层次,而最综合的分类是三次产业分类。我国的三次产业分类是:第一产业主要是农业,还包括农、林、牧、渔服务业;第二产业主要是工业和建筑业,工业又可分为采掘业、制造业,水、电、气的生产和供应业;第三产业为服务业,包括除第一、第二产业外的所有部门。第三产业具体分为四个层次:第一层次为流通部门,主要是交通运输业、邮电通信业、商业饮食业、物资供销和仓储业;第二层次为生产和生活服务业,主要是金融保险业、地质普查业、房地产业、公用事业、居民服务业、旅游业、信息咨询和技术服务业;第三层次为提高人们素质的部门,主要是教育、文化、广播电视、科学研究、卫生、体育和社会福利事业;第四层次是管理部门,主要是国家机关、群众自治组织、军队、警察和监狱等。

2. 宏观经济中的交易

交易是市场经济活动的内容,也是宏观经济核算的对象。具体说来,它们是机构单位之间根据市场经济原则相互协议而进行的经济活动。从性质上定义,交易包括经济权益的创造和转移、具体性质的改变和消失。在宏观经济核算中,经济交易概念不仅包括市场活动中的等价交换,而且还包括一个机构单位向另一个机构单位的经济转移。概括而言,宏观经济活动中的交易主要有以下五类。

(1)产品交易。产品包括货物和服务,因而货物和服务交易称为产品交易。产品是生产的结果,产品交易是说明产品的来源和使用。产品的来源主要是国内生产和进口;产品的使用主要是中间消耗、最终消费、资本形成或出口。

(2)分配交易。分配交易是指由生产创造的增加值初次分配给劳动、资本和政府的交易,以及收入和财富的再分配交易。依据全面生产的概念,增加值的初次分配范围包括宏观经济所有部门的增加值;收入和财富再分配主要是指经济转移和资本转移。

(3)金融交易。金融交易是指各类金融资产的净获得(净购买)或负债的净发生。例如,银行存款是金融手段之一,如果居民在银行存款,那么居民就以银行存款单的形式获得了银行存款这类金融资产,而银行相应发生了对居民的负债。

（4）内部交易。为了保证宏观经济核算在生产、分配、消费、积累全过程中的系统一致性，对于企业或基层单位自行生产、自己使用的产品或服务作为企业或基层单位内部交易看待。例如，农民自产自用的粮食、企业自制生产设备等。

（5）其他积累交易。其他积累交易主要是指土地的转让、专利人的买卖等其他交易。

宏观经济中的经济交易一般有两种情况：一种是以货币进行的交易，称为货币交易；另一种是以易货的形式或以实物形态的转移方式进行的交易，如产品或服务的易货交易、企业支付给职工的实物报酬、由政府免费对居民提供的社会福利等，这些交易一般称为非货币交易。

3. 经济流量和存量

经济流量和存量是经济学中的重要概念，也是宏观经济核算中的重要概念。

经济流量反映一定时期内所有经济活动和所发生事件的效果，表现为经济价值的变化，包括生产、分配和再分配（或转移）、交换、流通、使用，以及资产和负债的变化。经济流量有两个特点：一是按货币单位计量，即表现为价值量；二是时期的变化量，即流量值与时间长短有关。经济流量分为两大类：一是经济交易流量；二是非经济交易流量。后者是指非生产资产，如地下资源的发现或耗减，因非经济现象如自然灾害、战争等政治事件而引起的持有资产损益，以及由于价格变化而产生的持有资产损益。

经济存量反映某一时点的资产和负债状况。在宏观经济核算中，经济存量主要是期初和期末的资产、负债和净值的持有量。资产包括金融资产和非金融资产，负债包括金融负债，净值为平衡项，即所有资产减去负债的余额。经济存量与经济流量相联系，经济存量是以前经济交易和其他流量的积累，它们随着核算期的交易和其他流量而变化。概括地说，经济存量是经济流量变化的条件和结果，经济流量是经济存量变化的原因。

4. 市场价格

市场价格不仅是宏观经济核算的同度量因素，而且市场价格水平及其变化的数量特征也是宏观经济核算的重要组成部分。宏观经济核算原则上是以现期市场价格计量的，那些非货币交易或内部交易也是按照现期同类产出市场价格计量核算。然而，市场价格有不同的价格形式，主要价格形式有要素价格、基本价格、生产者价格和购买者价格。

（1）要素价格，也称要素投入价格。要素价格的理论内涵不仅包括单位产品或服务生产过程的劳动报酬、固定资本消耗、营业盈余，而且还包括其中间投入的产品内含的劳动报酬、固定资本消耗和营业盈余。这种价格形式主要是理论概念。

（2）基本价格。它是根据要素价格和产品税以外的生产税的构成因素确定的价格形式。从每种产品来说，单位产出的基本价格等于它的要素价格加上它的单位产出所征收的产品税以外的生产税净额。生产税净额是生产税减生产补贴。产品税以外的生产税是指对生产过程中使用的某些基本生产要素、对某些活动或交易所征收的税。一般来说,产品税以外的生产税有工薪和劳力税、土地房屋建筑定期税、营业和职业执照税、印花税、污染税和国际交易税等。

(3)生产者价格。它是生产者生产单位产品的市场价格,包括要素价格和单位产出的生产税净额。从生产者价格来看,它把产品税包括进来。产品税是生产税的主要部分,包括国内产品税和进口税。从现实经济生活看,农产品收购价、工业品出厂价属于生产者价格。

(4)购买者价格。它是购买者购买单位产品最终支付的市场价格。与生产者价格相比,它包括从生产者到购买者之间所发生的商业流通费和运输费用,还包括不可抵扣的增值税。

第二节 宏观经济核算设计体系

一、宏观经济运行

在市场经济条件下,宏观经济运行的基本构成主要是从事市场活动的交易者、市场交易和市场价格,以及保持市场发育活力的等价交换原则和平等竞争机制。市场竞争机制是通过一系列法律条款约束维护的,交易者就是市场经济活动的法人或社会实体,他们应当履行法律义务,承担法律或民事责任。在法律规范的约束下,交易品种、价格水平、交易量由需求和供给双方根据市场经济原则共同决定。宏观经济运行以及活动分类是宏观经济核算设计体系的客观依据。

宏观经济活动是由成千上万个个别市场活动所组成的,市场之间的经济联系错综复杂。但是,如果从宏观总体出发考察,那么这些数以万计的个别市场基本上可以归于三大类,即产品市场、生产要素市场和金融市场。从市场的基本功能和特征看,各类市场有相对独立的功能,彼此之间又有重要的联系,从而构成宏观经济运行的基础。产品市场是生产成果的交易场所,它不仅包括生产所需原材料等中间投入的交易,以保证生产过程的良性循环,而且还包括生产成果实现于最终消费和投资的交易,因此,它是宏观经济生产运行的重要组成部分。生产要素市场包括劳动、资本和技术的交易内容,其中,劳动是居民与企业等生产者之间的交换,居民提供劳动能力,收取劳动报酬;企业支付劳动报酬,获得劳动投入使用。资本和技术是生产者之间的交换,一方让渡资本品和技术的所有权和使用权;另一方支付资本品和技术的价值或支付其使用的利润或利息(报酬)。由此可见,生产要素市场实现了生产要素的投入,也进行了生产要素之间的收入分配。金融市场包括货币交易、证券交易等内容,例如,宏观经济生产或投资的资金筹集,经济转移收支或资本转移,以及政府组织再分配活动等。因此,它是资金流动的场所,也是实现储蓄于投资和财产再分配等的途径。

市场经济活动是由交易主体决定的。最基本的交易主体是以家庭为单位的住户和以法人代表为单位的住户以外的机构单位,它们构成宏观经济运行的主体,决定着宏观经济运行的过程。不同交易主体活动的内容可能差别较大,例如,住户是以消费活动为中心的,非金融企业是以生产活动为中心的,金融机构是以金融活动为中心的,而政府则是以财政税收和支出为中心的。事实上,交易者数以万计之多,如果以此出发考察它们之间的市场经济活动及其联系,以此揭示宏观经济运行是很难的。因此,一般在基层单位和机构单位的基础上,划分宏观经济行业(或产业)部门和宏观经济机构部门,通过这些部门的市场经济活动及其联系来揭示宏观经济运行过程。

二、宏观经济核算总量描述

宏观经济核算体系是对宏观经济运行过程的系统描述。宏观经济核算体系包括总量和结构描述两个层次,它们描述宏观经济运行过程,设计统计指标体系,是以社会再生产理论和市场经济理论为依据的。社会再生产理论是对宏观经济运行过程的理论概括,关于再生产过程的基本原理,即生产、分配、交换(流通)、消费和投资的不断循环扩大过程是设计宏观经济核算总量描述结构的基本依据。具体讲,宏观经济核算体系划分为生产核算、收入分配核算、投资核算、资产负债核算和国外核算,是依据再生产过程的阶段理论设计的。因为宏观经济核算体系是一个现实经济描述的统计指标体系,所以,对具体统计指标的设计还要运用市场经济理论,从而达到科学地描述市场过程关系的目的。

宏观经济核算体系的总量关系如图1-1所示。

图1-1中列出了反映宏观经济运行过程的总量指标,也标明了各总量指标之间的经济联系和数量关系。宏观经济运行过程是再生产循环和扩大以及国民财富不断积累的过程。图中虚线左边是对宏观经济运行再生产循环的示意,右边是对宏观经济运行扩大再生产和国民财富积累过程的示意。

再生产循环过程划分为三个阶段,宏观经济核算则用一系列总量指标来描述宏观经济运行的三个阶段和联系。在生产阶段,用国内生产总值来反映宏观经济生产的最终成果。从价值看,它是常住单位生产成果(增加值)的总和;从实物看,它是供给市场的最终产品的总和。国内生产使用过程与国外有进出口的经济联系。在收入分配阶段,主要用国民原始收入和国民可支配收入总量指标反映宏观经济收入初次分配和再分配结果的总量特征。国民原始收入是生产增加值的初次

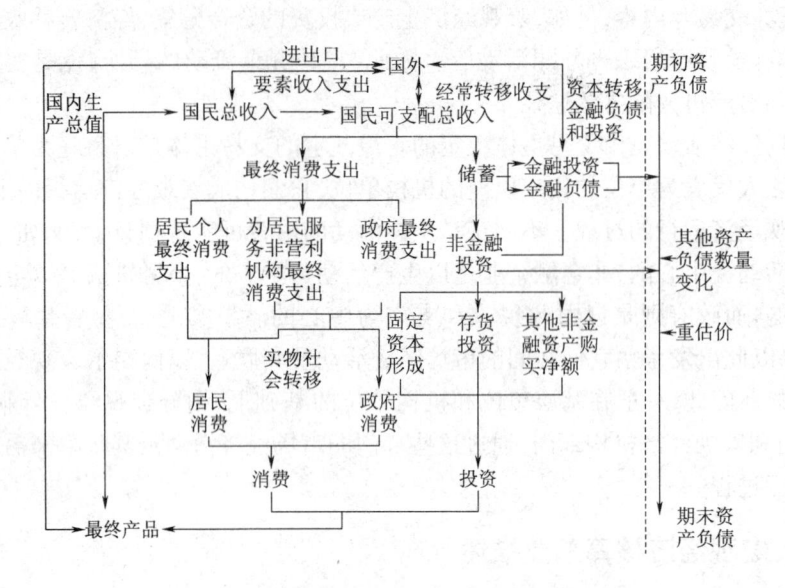

图1-1 宏观经济核算体系的总量关系示意图

分配结果,包括劳动报酬、生产税净额、营业盈余、财产收入净额,其中包含了来自国外的劳动要素收入(劳动报酬收入)和资本要素收入(财产收入),并扣减国内常住单位支付给国外的劳动要素收入和资本要素收入。通常,国民原始收入也称国民总收入(过去称国民生产总值,1993年更名)。国民可支配收入是在国民原始收入的基础上再分配的结果,包括所得税、财产税等收入税和赠予、罚款等其他经常转移收入和支出的净额,其中包含了来自国外的经常转移收入和支出的净额。国民可支配收入直接用于最终消费支出和储蓄,从而构成与最终使用阶段的联系。在最终使用的消费领域,最终消费支出从机构部门支出看,分别是住户的最终消费支出和政府部门的最终消费支出;按消费性质(或目的)划分,分别是居民消费和政府消费。其中,居民消费满足居民消费目的,政府消费是对全社会公共的消费,或者说满足社会公共目的。实物社会转移是由政府部门(包括为居民服务的非营利机构)支出,满足部分居民或个别居民的消费目的,所以性质上它仍属于居民消费的目的,这些消费构成消费需求的全部。在最终使用的投资领域,储蓄构成主要资金来源,其中部分储蓄可能直接进入资本形成,而部分储蓄进入金融市场,从而在各机构部门之间通过金融负债和金融投资(金融资产购买)来使一些机构部门获得实物投资所缺的资金,也使一些机构部门将实物投资后所余资金融通出去,其中包括国际金融负债和国际金融资产购买的融通过程。此外,在资本形成(实物投资)资金筹集中,还有各机构部门之间的资本转移和来自国外的资本转移。资本形成包括固定资本形成、存货投资和其他非金融资产购买净额,这些资本形成构成投资需求的全部。消费需求、投资需求和出口(国外需求)构成总需求,它与生产总供给的最终产品实现于市场中,也就使生产成果全部实现,从而保证由生产开始的下一个的宏观经济循环。

图1-1虚线右边所描述的宏观经济财富积累过程,从期初资产负债到期末资产负债,包括非金融资产、金融资产、金融负债和净值。这一过程与再生产循环紧密联系,国民财富的不断增加是各时期积累的结果。具体地讲,期初资产负债到期末资产负债的变化,主要来自投资中的资本形成和金融负债与金融资产购买,此外还有非生产的自然因素或政治等意外因素影响资产和负债变化,市场价格变化影响持有资产和负债的损益变化。

从上述宏观经济核算总量指标和所反映的经济活动内容以及前后经济联系来看,它的基本结构紧扣宏观经济运行过程的阶段特征,其中,基本结构的内在联系是以宏观经济循环和国民财富的积累变化过程及状况特征为基础的。这不仅有利于认识宏观经济运行过程和分析有关问题,而且还有利于投入产出模型体系、宏观经济计量模型体系的设计和应用,从而提高宏观经济分析的科学性。

三、宏观经济核算的结构描述和分类体系

从宏观经济运行过程考察,宏观经济核算总量指标内含着宏观经济运行的结构关系。因此,宏观经济核算体系需要在总量核算的基础上对结构关系进行核算。宏观经济核算的结构描述是通过宏观层次上的系统分类进行的,而宏观经济核算结构描述的系统分类或称分类体系则是建立在经济主体分类和经济特征分类基础上的,内容见图1-2。

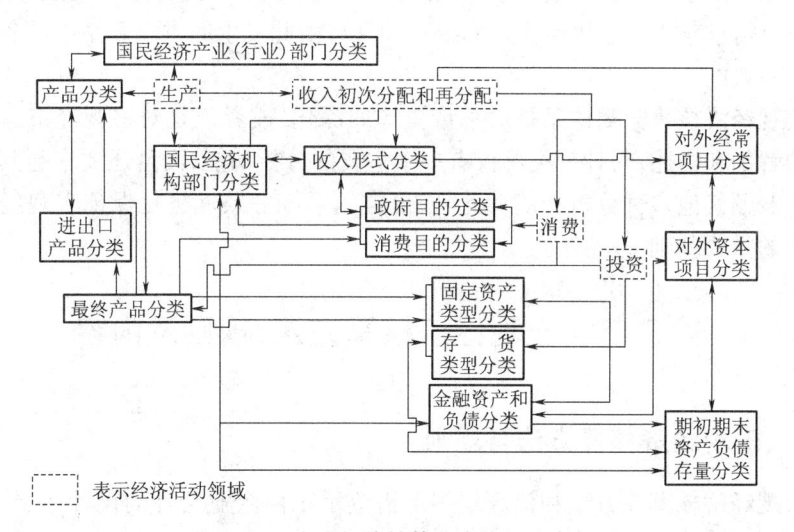

图1-2 宏观经济核算分类体系示意图

图1-2标明了每个经济活动领域所进行的分类(箭头标出)和各分类之间相互的一致关系(箭头所指的双方)。其中宏观经济产业(行业)部门分类和宏观经济机构部门分类是宏观经济的经济主体分类,其他均为经济特征分类。

(1)生产领域。对生产成果分别进行宏观经济产业部门分类、机构部门分类和产品分类。其中,产业部门分类与产品分类是一致的,这些分类主要是为反映产业结构、总供给结构以及生产率计算和经济结构分析服务的。

(2)收入初次分配和再分配领域。收入初次分配和再分配结果的可支配收入分别按宏观经济机构部门分类,主要为分析收入分配结构服务。初次分配和再分配收入按收入形式分类,其中,来自国外的按对外经常项目分类,对外经常项目分类与收入形式分类基本一致,这些分类主要是为财政收支和分配渠道及政策调控分配服务的。收入形式分类与国民经济机构部门保持交叉分类的联系。

(3)最终使用领域,包括消费领域和投资领域。消费领域,政府最终消费支出按政府目的分类,主要为分析政府职能作用而服务;居民最终消费支出按消费目的分类,主要是为分析居民消费行为和消费结构服务。它们与收入形式分类相联系,主要是为了把收入结构与消费结构联系起来进行分析。此外,政府目的分类和消费目的分类与机构部门分类和产品分类保持一定的内在联系。投资领域,对非金融资产分别按固定资产类型和存货类型分类,主要是为投资产品需求结构和资本生产率或技术进步分析服务;对金融资产和负债的分类主要反映金融市场的各种结构及联系。其中,与国外资本往来按对外资本项目分类,在分类内容上也与国内金融资产和负债保持一致的关系。这些分类与宏观经济机构部门分类和产品分类保持一定的联系,并且与期初、期末资产负债存量分类一致。最终产品领域是消费和投资总需求与生产总供给实现的统一,所以,由此发生的供求联系中的各种分类是基本一致的。

宏观经济核算分类体系是对总量核算的深化,或者说是对宏观经济运行过程深层的解剖和描述,每种分类不仅有一个主要的分析功能,而且还要在与其他分类联系中兼顾其他多种分析功能。此外,分类的系统一致性也是保证宏观经济核算一致性的重要基础。

第三节 宏观经济核算方法、规则及内容

一、宏观经济核算方法与规则

宏观经济核算在方法和核算规则上借鉴了工商企业会计的设计思想,包括复式记账方法,也包括一些具体的核算规则。

1. 记录方法

从复式记账到四式记账。宏观经济核算借鉴工商企业会计,以复式记账为基础。这就是说,每一笔经济交易都要根据所引起的资源流的不同性质同时记录两次,在两个地方予以核算加总,一次作为获得,一次作为使用,二者在数额上相等。

和工商企业会计记录方法相比,宏观经济核算的记录方法有两个特点:一是从整体上看,宏观经济核算(除国际收支核算以外)只在复式记账意义上借鉴会计方法,并不是直接采用会计核算的借贷记账法;二是大部分交易都会涉及两个机构单位,和工商企业会计主要立足于交易一方进行记录不同,宏观经济核算会把交易双方都包括在核算框架之中,会涉及两个单位各自的复式记录,这样,复式记录就变成了四式记录。就是说,一项经济交易会在两个交易者所属部门分别被记录四次。比如,政府以现金从企业购买消费品,对政府来说,是获得货物(或服务)而放弃现金,而对于企业来说则是放弃货物(或服务)得到现金,由此会分别在核算中体现为政府的消费支出、金融资产减少,企业的销售产品收入和金融资产增加。

复式记账方法的应用对宏观经济核算非常重要,这是宏观经济核算区别于一般经济统计的一个重要标志:第一,它可以检查不同核算部分之间的一致性,以此保证整个体系的平衡核算;第二,通过复式记账,使不同核算内容联结起来,形成有机的整体。

2. 数据系统归集方法

数据系统归集采用账户和平衡表方法,宏观经济核算是汇总式核算,不同核算内容之间具有严格的数量对应。为了系统表述整个数据体系,宏观经济核算引入账户和平衡表作为数据归集的工具。

账户概念来自工商企业会计。在企业会计中,账户是配合复式记账用于归集、过录各单项交易的工具。宏观经济核算按照统计方式搜集数据,无须就每一笔经济交易进行登录,因此,宏观经济核算引入账户不是为了数据过录,而是作为整个数据体系得到系统归集表述的工具,结果是一个账户体系。

除了账户以外,宏观经济核算还可以运用平衡表作为数据载体和系统归集工具。实际上,一个账户就是一个平衡表,有时候可以将不同账户合并或并列起来,这样就可以形成更加综合的平衡表。所谓平衡,不仅体现在单个账户内部,而且体现在不同账户之间。账户体系和平衡表体系分别体现了对宏观经济核算内容的两种不同归纳方法,通过账户和平衡表,既表现了单个机构部门内部来源与使用之间的平衡,又描述了特定经济交易来源与使用之间的平衡;进而,相关账户及平衡表之间,通过特别设计的平衡项连接起来,使得整个核算成为一个有机联系的整体。

3. 记录时间的约定

记录时间的约定采用权责发生制。各种经济活动是持续发生的,而核算却总是要截取特定的一段时期(比如一年),以反映该时期内的经济状况。所谓记录时间的约定,是指如何确定经济活动发生的时间,然后将其归入某个核算时期。

经济生活中主要存在两项记录时间的原则:一是现金收付制,又称收付实现制,即以实际支付时间作为经济活动发生的时间;二是权责发生制,是在交易事项发生之时记录经济活动的发生,它表现为经济价值被创造、转换、交换、转移或消失。对应现金收付制的实际收付时间,权责发生制更加强调产生应收应付关系的时间,二者在时间上的差异是经济价值被交换(即确认了应收应付关系)不一定等于完成了实际现金支付。

宏观经济核算选择权责发生制作为记录经济活动的时间原则。因为:第一,权责发生制原则的记录时间与宏观经济核算界定经济交易和其他流量的方式是完全一致的;第二,现实中存在着大量非货币性交易,尤其是单位内部交易,不适合应用现金收付制原则。选择权责发生制有四种处理方式:一是对货物、非金融资产和金融资产的转移和交换,按照将其合法所有权转让的时刻作为记录时间;二是服务按照提供的时间记录;三是关于收入分配交易,根据有关债权产生的时刻记录,比如,应付(而不是实付)劳动报酬形成的时刻;四是对生产的产出、中间消耗、固定资产消耗等,则根据生产过程发生的时间进行记录。如果这些交易发生时间与现金收付时间出现不一致,要先记录为应收款项和应付款项,作为金融债权债务关系予以记录,一旦支付滞后或超前现象消失,再取消这些债权债务。

实际上,在记录时间的原则上,宏观经济核算与企业会计的选择是完全一致的,但与政府财政统计则不一致,后者一般按照收付实现原则进行核算。

4. 估价方法的选择

估价方法以现期价格为基础。宏观经济核算是一个价值型核算体系,所有的经济活动,无论其具体发生形式如何,都要换算为货币价值,然后才能纳入核算范围,加总为不同的总量。在换算过程中,其基本同度量工具就是价格,即要对所有经济活动予以估价。为了实现统一的核算,宏观经济核算必须对估价基础和估价方法做统一规定,对所有活动,选择统一的估价基础和方法;对同一交易活动,不同交易者要采用相同的估价基础和估价方法。

对于那些产生于当期实际交换的经济活动,其货币价值就是当期的实际交换价值,其中蕴含的是当期市场价格。但是,对于那些当期没有发生实际交换的经济活动,以及那些由以前时期延续下来的资产存量,其价值必须采取间接估算方法,即寻找相应的价格,估算其货币价值。如何选择相应价格,这就涉及估价原则问题。首先是现期价格与历史成本之间的选择,对于那些以前时期形成的资产,当期核算有两种估价选择:要么按照当初购买时发生的成本(即历史成本)计算其价值,要么按照本核算期的价格计算价值。由于通货膨胀(或紧缩)以及其他因素的影响,两种选择常常会因为价格变化而出现不同的估算结果。企业会计普遍贯彻历史成本估价原则,但是,由于历史成本估价并不反映当期资产的实际价值,因此,宏观经济核算选择现期价格作为估价原则,对资产进行重估价。

需要进一步说明的是,尽管在理论上宏观经济核算不接受历史成本计价原则,但由于宏观核算在数据搜集上常常要依赖工商企业会计信息,实际中可能难以做到计价基础的全面转换,因此,实际核算执行的计价原则总是或多或少地带有历史成本的痕迹。这在我国宏观经济核算中体现得非常明显。

5. 特殊处理方法

宏观经济核算在其具体操作过程中还会应用一些特有的方法技术,包括汇总、合并、取净值、改道和分解。

其一,汇总。宏观经济核算是对一个时期的经济状况进行宏观核算,为了给出相应的经济总量,需要对同一时期内的同一类活动进行汇总。汇总可以是在整个宏观经济总体层面的,也可以是部门层次的。

其二,合并。为了集中反映一个部门与其他部门之间的经济关系,有时需要对那些发生在同一个部门内部不同经济单位之间的交易或借贷关系进行合并。比如,为了反映金融机构与其他机构部门之间的金融交易,需要将不同金融机构之间的借贷关系相互抵消,进行归并。

其三,取净值。一个部门在某些活动中可能同时存在两种对应的流量,比如,银行机构既有存款存入,又有存款兑付;既有贷款发放,又有贷款清偿。面对这些情况,宏观经济核算有时需要将二者相抵,以其差额记录,如存款净吸纳和贷款净发放。这就是取净值。

其四,改道和分解。现实存在的经济活动可能具有复合性质,各种经济关系可能不是按照纯粹的形式展现出来,而是采取各种便于处理的形式。宏观经济核算要清楚地描述经济关系,有时需要对现实发生的经济活动进行还原处理,改道和分解就是这样的处理方法。所谓改道,就是改变经济交易发生的实际流程,按照不同于交易实际途径进行记录核算。比如,由雇员所在单位向社会保障机构直接缴付的社会保障缴款(这是交易的实际流程),要分为前后两项交易处理,先作为劳动报酬支付给就业者,然后再作为社会保障缴款由就业者支付给社会保障机构(这是改道后的流程)。所谓分解,是把现实中发生的单一交易分解为两个及以上交易分别记录,比如,针对分期付款行为,所偿付的金额要分解为两个部分:本金偿还和利息支付,二者要作为不同的流量(前者是金融流量,后者是收入分配流量)分别核算。

二、宏观经济核算体系的组成

1993年与2008年版本的SNA为宏观经济核算体系构造的模式是"中心账户

体系+其他核算表"。国民经济在总体层次上,中心账户体系包括三类账户:一是经常账户,是对国民生产和收入分配过程的核算;二是积累账户,是对那些会改变经济存量的活动的核算,主要是投资和金融交易;三是资产负债账户,是对一国资产负债存量的核算。在中心框架之外,还包括集中反映对外关系的国外账户、反映产业间关联的投入产出表及其他附属核算内容。这是一种流线式的构造方式,是以国民经济循环过程不同阶段为依据的,在账户体系中,生产、分配、消费、积累,直到资产负债,一气呵成,可以在相互联系的账户体系中逐一得到体现。

我国宏观经济核算体系主要由国民经济账户、基本核算表两部分构成。具体参见图1-3。

国民经济账户
- 经济总体账户
  - 生产账户
  - 收入分配和使用账户
  - 资本账户
  - 金融账户
  - 资产负债账户
- 国内机构部门账户
  - 生产账户
  - 收入分配和使用账户
  - 资本账户
  - 金融账户
  - 资产负债账户
- 国外部门账户
  - 经常账户
  - 资本账户
  - 金融账户
  - 资产负债账户

基本核算表
- 国内生产总值表
- 投入产出表
- 资金流量表(一)、(二)
- 国际收支平衡表
- 资产负债表

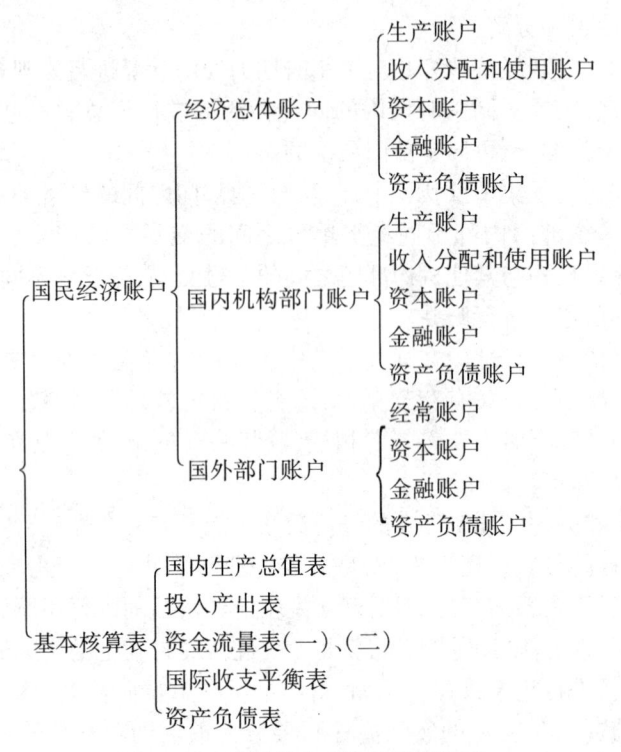

图1-3 中国的宏观经济核算体系

国民经济账户包括经济总体账户、国内机构部门账户和国外部门账户。其中,经济总体账户是在宏观经济总体意义上设置的,是各机构部门对应账户的汇总;国内机构部门账户是在部门层次设置的,包括生产、收入分配和使用账户,资本、金融和资产负债账户;国外账户立足于非常住单位设置账户,反映与该国常住单位之间的经济交易以及所累积形成的存量。

账户方法的特点是:①账户中所设科目均为统计指标,反映经济活动的交易内容和资产负债状况。其中,交易包括市场上供求方式实现部分,也包括非市场上所发生的生产、分配和使用等内容。②根据宏观经济运行过程的各个阶段分设账户并连为整体。③每个账户根据平衡关系设置平衡项。它是保证账户左边合计等于右边合计的剩余项,在经济内容上反映由账户其他各指标共同决定的变量,账户之间主要是通过平衡项连接的。④账户及账户体系的主要作用是反映市场运行中的经济联系,因此,核算对象主要是在机构单位的基础上揭示机构部门之间的生产、收入分配和使用、投资以及资产负债方面的有机联系。⑤对双边交易实施四式记账核算。

基本核算表包括国内生产总值表、投入产出表、资金流量表(一)和表(二)、国际收支平衡表和资产负债表,其中前四部分是关于经济流量的核算,反映核算期当期实际发生的经济活动总量,最后部分是关于存量的核算,反映在特定核算时点上一国或一个部门所拥有的经济资产总量。

第四节 宏观经济核算分析

一、宏观经济核算分析的产生和发展

1. 宏观经济核算分析的概念

宏观经济核算分析是以宏观经济理论为指导,对宏观经济运行过程及其整体所进行的实证分析,它有以下三个特点。

(1)宏观性。宏观经济核算分析是指从宏观经济总量和结构角度进行的各种实证分析,因而表现为宏观性的特性。总量问题是宏观经济学研究的基本对象,结构问题是宏观经济管理的重要内容,因此,二者构成宏观经济核算分析的主要对象。

(2)以微观条件假定为前提。从现实出发进行宏观经济核算分析,也不排除微观因素的影响。但是,为使分析突出重点,更好地分析宏观经济因素的变化及其影响,一般把微观统计因素作为条件假定不变,这是宏观经济核算分析的一个特点。

(3)实证性。实证性是指宏观经济核算分析建立在宏观现实的基础上,具体包括三个方面的特点:一是从现实的经济活动现象出发,运用核算手段,分析宏观经济运行规律;二是以具体的时间和空间为约束,也就是说,宏观经济核算分析所使用的统计变量是有时间下标和空间范围的;三是依据数理逻辑和事物逻辑相结合的实证逻辑进行的分析。

2. 宏观经济核算分析的产生和发展

宏观经济核算源于统计、会计、业务三大核算,与经济统计有深刻的渊源,因此,宏观经济核算分析一直伴随经济学,特别是经济统计学的发展而发展。英国经

济学家和统计学家威廉·配第于1670年创立的总量统计和分析标志着宏观经济核算分析的产生,随后的需求与价格间函数关系的量化研究使核算分析在经济学发展中的地位逐步确立,并且其作用越来越大。20世纪30年代凯恩斯创立宏观经济学,以及指导斯通等创立宏观经济核算体系,大大地推进了宏观经济核算分析的形成和发展。列昂惕夫开创投入产出分析方法,以及计量经济学及其应用、经济周期分析等的发展,都有利地推动了宏观经济核算分析的发展。当然,在上述发展过程中,数理统计学及其应用的发展也发挥了重要的作用。从发展过程看,宏观经济核算分析从宏观经济过程整体出发,在总量和结构上不断深化系统分析的理论和方法,从静态分析向动态分析的复杂分析体系和方法发展,不仅分析宏观经济运行中的短期因素和问题,而且也分析宏观经济中长期发展的因素和问题,同时还增强对宏观经济运行机制和调控方面的系统分析,它不仅可以解释宏观经济中的各种关系和变化规律性,而且也可以分析宏观经济运行调控中的政策效果和有效手段的作用。

我国宏观经济核算分析的发展主要是在改革开放之后。投入产出表的编制和分析应用,计量经济模型应用,改革开放的许多专门调查和数量分析,宏观经济核算体系,特别是绿色核算的创立和发展、经济周期和景气分析、社会总供需和通货膨胀分析、宏观经济发展态势分析和预测,以及宏观经济运行中各种数量关系的适度研究,都有力推动了我国宏观经济核算分析的发展。随着我国宏观经济核算体系,特别是绿色核算的不断发展和完善,以及社会主义市场经济理论和科学发展观理论的深入发展,我国的宏观经济核算分析将获得更大发展。

二、宏观经济核算分析的内容和方法

1. 宏观经济核算分析的内容

宏观经济核算分析内容可以从两个方面分类:一类是依据时间因素所划分的分析内容,如季度分析、年度分析和中长期分析。因时间因素长短不同,分析的目的和重点有所不同:季度分析主要依据国内生产总值季度核算等数据进行景气分析和宏观经济发展态势分析,对数据的时效性要求和敏感性要求是比较重要的;年度分析、中长期分析主要是发展主题下的系统分析。另一类是根据宏观经济分析对象的理论体系划分的分析内容,它与宏观经济学,特别是宏观经济核算的内容体系是相通的,主要包括生产总量核算分析、投入产出核算分析、收入分配与使用核算分析、资本形成与金融交易核算分析、国民资产负债核算分析、对外经济核算分析、宏观经济综合(账户)分析、宏观经济指数核算分析、宏观监测与预警核算分析。两类内容实际上是相互交叉的。

2. 宏观经济核算分析的方法

宏观经济核算分析是建立在宏观经济核算的基础之上,对宏观经济核算数据进行的分析。它的分析方法非常灵活，可以综合运用统计分析方法和数量经济分析方法。

(1)统计方法主要有以下四类。

一是描述性分析方法。科学地运用宏观经济核算数据体系描述宏观经济运行整体的数量特征。针对宏观经济运行的不同阶段进行分析，如生产总量分析、收入分配分析、消费分析、投资分析和资产负债分析等。

二是多元统计分析方法。这是在应用中运用比较广泛的分析方法，许多经济活动中的依存关系、结构关系、动态关系以及经济分析总体中的聚类、因子分析等都需要多元统计分析方法的支持。

三是其他常用的统计分析方法，包括指数分析、因素分析、时间序列分析和弹性分析方法等。

四是综合评价指标分析方法。

(2)数量经济分析方法是由数量经济学提出的方法，主要有以下三类。

一是计量经济分析方法。它是融经济理论、数学和统计学于一体的专门分析技术，可以用来描述宏观经济主要变量的基本特征和数量关系，进行结构分析和预测、政策模拟和规划等方面的分析。现代计量经济学把时间序列分析也纳入进来。一个国家或地区的经济总体，可以建立一个宏观计量经济模型进行系统分析。

二是投入产出分析方法。它是关于国民经济部门间技术经济联系分析的一种技术方法。投入产出分析包括投入产出核算和投入产出模型。投入产出核算就是编制投入产出表，我国按照2,7年份编制基本表，0,5年份编制延长表，投入产出分析已在我国宏观经济核算分析中发挥了十分重要的作用。

三是经济周期分析方法。它是一种动态数量分析的系统方法，即在统计系统描述的基础上，分析经济周期波动的因素、机制和控制过程。现代时序分析方法在经济周期分析方法发展中占据重要地位。

除上述分析方法外，还有系统动力学、经济仿真和金融数学等方法。

由于国家统计局尚未公布国民经济账户数据，因此，在本教材的分析中，基本核算表采用实际数据，国民经济账户和机构部门账户采用假想数据，这些假想数据选自中国人民大学赵彦云教授所著的《国民经济核算教程》一书。

思考题

1. 试述我国宏观经济核算体系的发展。
2. 简述基层单位与机构单位之间的关系。
3. 市场价格的主要形式有哪些？简述生产者价格与购买者价格的区别和联系。

4. 宏观经济活动中的交易有哪些?
5. 阐述经济流量与经济存量之间的联系。
6. 宏观经济核算用哪些主要总量指标来描述宏观经济运行的阶段和联系?
7. 试述宏观经济核算方法、规则和内容。
8. 宏观经济核算分析的方法有哪些?

第二章 生产总量核算分析

第一节 生产核算基本理论

一、生产理论

生产是指生产者利用土地、劳动、资本和管理等生产要素的投入以及对货物和服务的全部消耗,创造出新的货物和服务的过程。

生产理论在经济学中有不同的学派。在我国改革开放初期,关于生产范围的讨论曾出现三种不同的学派:孙冶方认为,只有农业、工业、建筑业、货运邮电业、商业饮食业五大物质生产部门属于生产部门,其他都属于非物质生产部门,因为这一论点确定的生产范围窄,被称为"窄派";于光远认为,国民经济所有部门都是生产部门,包括物质生产部门和非物质生产部门,因为这一论点确定的生产范围宽,被称为"宽派";杨坚白认为,只要有收入的部门就是生产部门,行政事业单位没有营业收入不应属于生产部门,由于这一论点确定的生产范围比"窄派"宽,比"宽派"窄,所以被称为"中派"。但在宏观经济核算体系中,目前全球都使用市场经济下的 SNA 体系。它属于"宽派"的生产理论,生产范围涵盖全社会,即三次产业活动都是生产活动,包括货物的生产和服务的生产。

生产理论的本质是指生产活动创造价值。三次产业都是生产活动,则意味着三次产业都创造价值,这样就需要对生产成果进行价值测度。生产成果的价值测度包括两种:一种是以生产成果的全部价值测度,一般称为总产出(原称总产值);另一种是以生产成果的新增价值测度,一般称为增加值。生产成果的总产出是指产品在全部生产过程中所形成的全部价值,具体包括生产消耗的转移价值、劳动要素使用的报酬价值、资本要素使用的报酬价值,它与经济学中一般表示的($C+V+M$)总价值或总产出是一致的。生产成果的增加值是指从产品的生产全部经济中所增加的价值部分进行计算,具体包括劳动报酬价值和资本报酬价值。资本报酬价值在现实中一般表现为固定资本消耗的价值、生产税净额和营业盈余。从理论上讲,生产的新增价值不应当包括固定资本消耗的价值,但是在现实中固定资本消耗的价值很难客观地准确测度,而一般使用固定资本折旧代替,固定资本折旧往往是主观确定的,因此,在技术上,在总产出中扣除中间性的生产消耗(一次性价值转移)和固定资本折旧获得新增价值,就会因为固定资本折旧的不客观而产生不可比的数量变化。针对这种情况,新增价值统计,在概念上一般把固定资本消耗价值包括进来,构成现在我们普遍使用的增加值概念。

宏观经济运行是一个循环过程,生产是起点,继而是收入分配、消费、金融融资和资本形成,因此,生产概念、生产理论、生产范围和生产总量指标在宏观经济核算理论中占据重要的基础地位。

二、生产核算的地位

宏观经济的运行是一个连续不断的过程,其间包括生产、收入分配、消费和投资等环节。生产总量核算是宏观经济核算中的重要组成部分,也是核心内容。因此,宏观经济核算基本内容之一是生产概念、核算范围及其内容。对于宏观经济核算整体来说,生产核算是宏观经济核算的起点,它界定了宏观经济核算的范围和核算的基本原则,对于收入分配、消费、资本形成、金融交易等核算起了重要的决定作用。

宏观经济生产活动的主体是从事生产活动的基层单位,从宏观上讲是宏观经济产业部门。生产的过程是一个投入产出过程,即生产单位利用土地、劳动、资本与管理等生产要素的投入和对产品(货物和服务)的生产消耗,创造出新的产品(货物和服务)的过程,生产创造出来的新的产品就是生产活动的结果或称生产产出。生产新的产品的目的是在市场上销售,实现其生产价值,满足居民个人消费和政府消费以及宏观经济投资的需要。生产过程是创造总供给的过程,消费和投资在市场上购买产品是总需求的实现过程,总供给与总需求在市场上的平衡不仅是宏观经济生产活动的良性循环,而且也是宏观经济运行整体良性循环的根本反映。因此,要根据需求结构调整生产结构。

三、生产部门的划分

生产活动的基本单位是基层单位,在此基础上根据产品(货物和服务)的同一性质划分成各个产业部门。基层单位是宏观经济活动的微观主体,产业部门是宏观经济活动的宏观主体,由于产业部门是在基层单位的基础上划分的,所以,生产活动的微观主体和宏观主体是内在一致的。因此,详细的宏观经济生产核算可以实现微观生产活动与宏观生产活动反映的内在统一。产业部门分类也就是国民经济行业部分分类。《全部经济活动的国际标准产业分类》是联合国制定并推荐各国使用的产业分类标准,目前使用的是1989年修订的第三版。该分类根据经济活动的主要产品的性质,再结合货物和服务的用途以及生产的投入、工艺过程和技术,对全部经济活动采用了四级分类标准,即小类、中类、大类和门类。以国际标准为基础,我国制定了《国民经济行业分类和代码》,建立了中国国民经济行业分类的国家标准,目前应用的是2002年修订的版本,具体包括20个门类,即:农、林、牧、渔业,采矿业,制造业,电力、燃气及水的生产和供应业,建筑业,交通运输、仓储及邮政业,信息传输、计算机服务和软件业,批发和零售业,住宿和餐饮业,金融业,房地产业,租赁和商务服务业,科学研究、技术服务和地质勘察业,水利、环境和公共设施管理业,居民服务和其他服务业,教育,卫生、社会保障和社会福利业,文化、体育和娱乐业,公共管理与社会组织,国际组织。如果按三次产业划分,农、林、牧、渔业,农、林、牧、渔服务业属于第一产业;采掘业,制造业,电力、燃气及水的生产和供应业,建筑业属第二产业;其他部门均属第三产业。

机构单位和在此基础上分类的宏观经济机构部门也是生产核算的重要主体。虽然从生产活动本身看,产业部门是专门反映生产活动的主体分类,但是从生产与收入分配、消费、金融融资和资本形成的关联出发,宏观经济机构部门分类是较好的经济活动主体分类。因此,联合国1993年新SNA建议,在反映宏观经济活动的核算中,以机构部门分类为主,产业部门主要用来反映生产,而且最好与机构部门交叉分类一起使用。我国宏观经济机构部门包括非金融企业部门、金融机构部门、政府部门、住户部门和国外部门。

四、生产的产品(产出)

货物和服务是生产活动的两大类产品。货物是指有形产品,如农产品、工业品、建筑品。货物被生产出来以后,在其消费以前可以储存起来,货物的生产过程和消费过程在一般情况下都是分离的,它们要通过市场交易实现两个过程的统一。与货物的生产相比,服务的生产有些抽象,它是指无形产品,并且其生产过程与消费过程是同时发生的,一般情况下它不能被储存。为便于理解服务的生产,下面列举出服务产出的种类。

(1)为确保货物价值的顺利实现,服务的生产者为消费者所提供的对货物的服务,如运输、销售、修理和清洁等。

(2)服务的生产者为消费者直接提供的生活需要的服务,如客运、旅宿、医疗和卫生等。

(3)服务的生产者为消费者直接提供的精神需要的服务,如教育、咨询和娱乐等。

(4)服务的生产者为消费者提供的生产及商业需要的服务,如科研、地质勘探、保险和金融等。

服务可以分为非公共服务和公共服务。非公共服务是生产经营性服务产出,一般以营利为目的,在市场中交易并以市场价格提供服务。公共服务一般由政府部门和非营利机构部门(我国统称政府部门)提供,属于非市场的服务产品,一般是依靠国家财政税收或募捐资金支持这种公共服务的成本,目的是创造全社会需要的基础设施、保持良好的环境、提供良好的社会性服务。服务根据使用还可以分为中间消耗和最终使用,中间消耗是指生产过程消耗的服务,最终使用是指生产过程之外的消费的服务。

五、生产核算的范围

生产核算范围包括市场产出和非市场产出。在宏观经济核算中,以营利为目的并在市场上实现的生产产出被称为市场产出。市场产出的特点是由市场供求决定规模和价格,它的生产产出的核算一般采用市场价格。市场产出是宏观经济生产成果的主要部分。

非市场产出是指不经过市场的产出。它的特点是生产产出不是以营利为目的,也不是由市场决定其价格。因此,对这部分生产产出的核算一般采用估算或推算,在概念上也称为虚拟核算。通常用的虚拟核算方法有两种:一是用在市场上交易的该类产品的价格,来虚拟没有在市场上交易的该类产品的价值;二是用该类生产活动的费用、成本来虚拟其产品的价值。需要虚拟核算的非市场产出主要有以下两类。

1. 自给性生产

列入宏观经济核算范围内的自给性生产可分为两类:一是生产者为自身的最终消费或资本形成所进行的自给性货物生产。例如,工厂自己修建房屋、自造设备,农户自产自用部分的粮食等。二是自有住房者的自有住房服务。这两类自给性生产列入虚拟范围主要有三个原因:①对它们进行虚拟是可能的;②相对于其他自给性生产活动,它们对经济运行的影响比较大;③其活动中所消耗的产品是由其他机构单位生产的,并且是经过市场交换的,只有对其进行虚拟,才能保证核算体系的一致性。一般来讲,自给性生产的货物,即有形产品才进行虚拟计算;自给性的服务,即无形产品不虚拟计算,比如家务劳动。

2. 其他非市场产出

其他非市场产出主要包括两类:一是政府单位及非营利机构为社会提供的公共服务,如公共行政、国际、安全、宗教等;二是政府单位及非营利机构对个别住户提供的免费或几乎免费的服务,如特殊的教育基金及公共保健基金的服务、慈善性的活动等。市场产出和非市场产出构成宏观经济核算的生产范围,也就是一定时期一个国家或地区的全部市场产出和非市场产出全部列入生产总量的核算范围。

第二节 部门生产核算

一、机构单位生产核算

基层单位是生产核算的最基本单元,机构单位是宏观经济核算体系下的基本核算单位。作为一国或地区的宏观经济核算工作,虽然主要是建立在部门核算和总量核算上,公布数据也是部门和总量核算数据,但是作为宏观经济核算工作的基础还是宏观经济机构单位,如企业、公司、行政事业单位、社会团体等。从理论和核算方法看,机构单位的生产核算也是宏观经济核算的基础。因此,生产核算首先从机构单位的生产核算讲起。我国进行机构单位生产核算的主要是工业企业。

1. 机构单位总产出核算

对一个具体的生产单位如一个企业来说,其在一定时期内创造出的新的产品是指它在该时期生产出的已经出售或准备出售的产品以及在制品、半成品期末期初差额,它们是企业生产的总产出,是企业内本期不再加工的企业最终产品,因此计量企业总产出。从价值形成看,具体包括生产过程中生产要素最初投入的价值、对产品全部消耗的价值和生产税净额的价值,也就是$(C+V+M)$的全部价值。

(1)生产要素最初投入的价值。生产要素最初投入主要包括土地、劳动、资本和管理,在市场经济运行中,它们投入生产过程中所形成的价值表现为它们从总产出中分得的收入,通常称为要素收入,包括地租、工资、利息和利润。在实际中产品价值扣除对产品的全部消耗价值以及生产税净额后,所剩余的价值并不直接表现为地租、工资、利息、利润,因为生产者与要素收入的获得者并非是统一的。通常的情况是它们表现为工资和营业盈余,前者直接体现出既是生产者同时也是要素收入获得者的劳动的收入;而后者,即营业盈余还要进一步在不同的提供生产要素的机构单位之间分配,进一步分解出地租、利息、利润等,这已经进入收入分配环节。

(2)对产品的全部消耗的价值。对产品的全部消耗包括两部分:生产对固定资产的消耗和生产对中间产品的消耗。固定资产消耗与中间产品消耗的共性在于都是产品价值向产出的转移,但是转移过程和形态有较大区别。中间消耗通常是一次投入生产经营过程中,它或者是转变形态(如稻谷转化成大米),或者是被一次使用掉(如对燃料的消耗、对服务的消耗)。而固定资产是在生产过程中能够被多次反复使用的货物,固定资产的消耗表现为其价值逐次转移到产出中,其使用价值形态直到报废以前都不会改变。

(3)生产税净额的价值。生产税(过去称为间接税)是为了将产品要素收入价值转换为按市场价格计算的商品价值时所需的一个加项。它是政府对营利性机构单位所征收的、与机构单位盈亏状况无关的税,是一种普遍实施的对生产、销售和消费环节所征收的税,主要包括营业税、增值税、关税和特殊货物税等。生产税的征收对象虽然是企业,但负担者是消费者,因此,它只是一个将要素收入价值转化为市场价值的价格追加项目。补贴一般说来是政府对低于市场价格出售商品的企业的补偿,它对市场价格形成的作用与生产税正好相反,通常也称其为负生产税。因此,补贴作为减项出现在市场价格形成中,或者说,它与生产税冲减后以生产税净额来影响市场价格的形成。从新的经济理论发展看,政府获得生产税净额是直接参与生产过程的要素收入分配。

从机构单位生产成果的使用出发,总产出一般表现为在市场上的销售额或营业额和生产产品的库存价值。总产出是一个时期指标,因此,某一时期的总产出是指在这一时期生产的销售额或营业额和生产产品的库存增加的价值总和。

概括地讲,机构单位总产出是指一定时期一个机构单位从事生产活动所创造的全部产品的价值,包括新增价值,也包括转移价值,即生产成果的全部价值($C+V+M$)。它作为一个统计指标,反映该机构单位生产活动的总规模。总产出按生产者价格计算。

2. 机构单位增加值核算

机构单位增加值是指一个机构单位在一定时期内,生产活动创造的新增价值和固定资产使用的转移价值。它是反映生产单位生产成果的重要统计指标,也是为宏观经济核算提供基础数据的重要内容。机构单位增加值说明一个机构单位对于社会的贡献程度,数值越大,为社会创造的价值也越大。

机构单位包括企业、公司、行政事业单位和社会团体等类型,在增加值核算方法上有所不同。例如,对于非营利机构单位,如司法单位、社会团体单位等。它们的生产活动一般不与市场相联系,所以对这些机构单位的增加值核算一般采用估算、推算等虚拟核算的方法。但是,一般说来,机构单位增加值核算方法主要是两种:一种是生产法;另一种是收入法。

(1)生产法核算。生产法的核算公式为:

$$机构单位增加值 = 总产出 - 中间投入$$
$$(C_1 + V + M) = X - C_2$$

中间投入 C_2 也称中间消耗,是指机构单位一定时期在生产产品的过程中,消耗和使用的所有非固定资产的货物和服务的价值,一般按购买者价格计算。总产出 X 是按生产者价格统计生产成果的全部价值。机构单位增加值的计算是用统计出来的机构单位总产出减去核算出来的机构单位中间投入。

例如,某企业 2009 年生产轿车 10 万辆,每辆市场售价 13 万元。期初在制品、半成品、产成品余额 20 亿元;期末在制品、半成品、产成品余额 40 亿元。企业 2009

年职工餐厅服务产出价值5 000万元,幼儿园和学校服务产出价值3 000万元,房地产业服务产出价值2 000万元。上述全部生产活动的中间投入总计96亿元。要求计算该企业2009年的增加值。

$$\begin{aligned}该企业2009年总产出 &= 10(万辆)\times 13(万元/每辆)+[40(亿元)-20(亿元)]+\\&\quad 5\,000(万元)+3\,000(万元)+2\,000(万元)\\&=151(亿元)\end{aligned}$$

该企业2009年中间投入 = 96亿元(已知)

该企业2009年增加值 = 151(亿元) − 96(亿元) = 55(亿元)

(2)收入法核算。收入法也称分配法,它是从增加值形成的要素收入的分配角度进行统计的。在生产过程中,劳动投入获得劳动报酬,资本投入获得资本报酬,体现为营业盈余和固定资产折旧,政府以提供社会资本资格获得社会资本报酬,体现为生产税净额。固定资产折旧、劳动者报酬、生产税净额和营业盈余在统计上成为增加值的构成项目。

收入法的核算公式为:

$$机构单位增加值 = 固定资产折旧 + 劳动者报酬 + (生产税净额+营业盈余)$$
$$(C_1+V+M) = C_1+V+M$$

劳动者报酬V是指一定时期内机构单位生产过程中劳动者因从事生产活动所获得的全部报酬。它包括劳动者获得的各种形式的工资、奖金和津贴,既包括货币形式的,也包括实物形式的,还包括劳动者所享受的公费医疗和医药卫生费、上下班交通补贴和单位支付的社会保险费等。单位支付的社会保险费,就是单位直接支付给负责社会保险的政府单位(一般是指劳动部门)的社会保险金或为本单位职工离退休以及发生死亡、伤残、医疗保险等而支付的保险费。对于个体经济来说,其所有者所获得的劳动报酬和经营利润不易分开,这两部分统一作为劳动报酬处理。

固定资产折旧C_1是指一定时期内机构单位为弥补生产过程中固定资产损耗,按照核定的固定资产折旧率提取的固定资产折旧,或按宏观经济核算统一规定的折旧率虚拟计算的固定资产折旧。它反映固定资产在当期生产中的转移价值。各类企业和企业化管理的事业单位的固定资产折旧是指实际计提并进入成本的折旧费。不计提折旧的单位,如政府机关、非企业化管理的事业单位和居民住房的固定资产折旧则是按照统一规定的折旧率如固定资产原值计算的虚拟折旧。从理论上讲,应当用固定资本损耗替代固定资产折旧,其损耗包括有形损耗和无形损耗。

生产税净额(M的一部分)是指生产税减生产补贴后的差额。生产税是指一定时期内政府对机构单位生产、销售和从事经营活动以及因从事生产活动使用某些生产要素,如固定资产、土地、劳动力所征收的各种税、附加费和法规费,具体包括销售税金及附加、增值税、管理费中开支的各种税、应缴纳的养路费、排污费和水电费附加、烟酒专卖上缴政府的专项收入等。生产补贴与生产税相反,是政府对生产单位的单方面收入转移,因此视为负生产税处理,包括政策亏损补贴、外贸企业出口退税收入等。

营业盈余(M的一部分)是指一定时期内机构单位生产活动创造的增加值扣除劳动报酬、生产税净额和固定资产折旧后的余额。它是由机构单位的营业利润加上生产补贴,但要扣除从利润中开支的工资和福利等。

例如,前述某企业2009年各项生产活动支出的全部劳动报酬为25亿元,提取的全部固定资产折旧为5亿元,向政府缴纳的全部生产税净额为5亿元,企业全部营业盈余为20亿元。要求计算企业2009年的增加值。

该企业2009年增加值 = 固定资产折旧 + 劳动者报酬 + 生产税净额 + 营业盈余
$$5 + 25 + 5 + 20 = 55(亿元)$$

3. 机构单位生产账户

机构单位生产账户是表现机构单位生产核算结果的工具,反映生产活动核算的统计指标彼此是相互联系的。生产账户是描述这种联系的一种好形式,它可以完整、清晰、简捷地表达生产核算的内容。表2-1是将上例中某企业用生产法和收入法计算的2009年的增加值编制的生产账户。

表2-1 某企业生产账户(2009年)　　　　　　单位:亿元

使用		来源	
中间消耗	96	总产出	151
增加值	55		
劳动者报酬	25		
生产税净额	5		
固定资产折旧	5		
营业盈余	20		
合计	151	合计	151

表2-1概括地表达了增加值的两种计算方法:生产法和收入法,体现了生产核算的关键是要计算增加值。它是生产账户的一般形式。

二、机构部门生产核算

机构部门是由机构单位组成的。将机构单位生产账户按不同的机构部门合并,可以得到机构部门生产账户。我国机构部门划分为非金融企业、金融机构、政府和住户。由于我国尚未公布宏观经济账户数据,为了研究方便,我们假定某国某年的机构部门生产综合账户如表2-2、表2-3所示。

第二章　生产总量核算分析

表 2-2　机构部门综合生产账户　　　　　　单位：亿元

	总产出	中间投入(一)	增加值总额				
			合计	劳动者报酬	固定资产折旧	生产税净额	营业盈余
非金融企业	5 111	2 896	2 215	1 587	334	14	280
金融机构	330	124	206	118	12	-12	88
政府	1 086	333	753	688	83	5	-23
住户	1 429	422	998	190	160	-12	660
国民经济	7 947 *	3 775	4 172 **	2 583	589	-5	1 005

* 另有产品税净额 606 亿元作为价格的一部分应加入总产出和增加值，即总产出应为 8 553 亿元，即 7 947 亿元 + 606 亿元。

** 增加值总额应为 4 778 亿元，即 4 172 亿元 + 606 亿元。

表 2-3　机构部门综合生产账户　　　　　　单位：亿元

使用					交易和平衡项目	来源				
国民经济	住户	政府	金融机构	非金融企业		非金融企业	金融机构	政府	住户	国民经济
					总产出	5 111	330	1 086	1 429	7 947 *
3 775	422	333	124	2 896	中间投入					
4 172 **	998	753	206	2 215	增加值总额					
2 583	190	688	118	1 587	劳动者报酬					
589	160	83	12	334	固定资产折旧					
-5	-12	5	-12	14	生产税净额					
1 005	660	-23	88	280	营业盈余					

*　** 同表 2-2。

表 2-2 的格式是主、宾栏式，与一般的表相同。表 2-3 的格式为标准的账户表式，在以后的论述中，机构部门账户均采用表 2-3 的格式。

由于机构单位拥有资金决策权，在经济活动中拥有独立的法人地位，所以，对机构单位可以按其从事营利性的经济活动划分为市场生产者和非市场生产者，用以表现市场经济活动与非市场经济活动的规模。

一般说来，市场生产者以营利为目的，包括企业、金融机构（不含中央银行），以及为市场交易而进行生产活动的住户；非市场生产者不以营利为目的，包括政府（内含中央银行及其他非营利机构）和进行自产自用生产活动的住户。

将属于市场生产者的机构单位的生产账户合并，可得到市场产出生产账户；将属于非市场生产者的生产账户合并，可得到非市场产出生产账户。这样核算的意义，在于反映一个国家市场经济的深度和广度。

三、产业部门生产核算

宏观经济产业部门是根据生产产品的同一性定义的,它对应的是基层单位,也就是说,一个产业部门是生产一种产品的全部基层单位的集合。由于基层单位的生产核算难以全部建立,一般由政府统计部门直接对产业部门进行生产核算。

1. 产业部门总产出核算

用生产法核算产业部门增加值的关键在于总产出的核算。由于各行业的生产技术各不相同,其总产出的核算也各具特点。下面就各主要产业部门总产出的计算作具体说明。

(1)农业部门总产出的计算。农业部门总产出按"产品法"计算,即以农产品为单位,按各种农产品的产量乘以相应的单价计算。这是因为,产品的生产有相对独立性,产品有独立的完备形态,品种相对较少,所以确定以各个农产品为单位计算农业品产出。农业部门可划分为农、林、牧、渔等行业,各行业总产出的计算大都是以其产品的实物产量与其相应的单价相乘计算出来的。对实物产量难以核算的,就以所支付的生产费用来代替。将农、林、牧、渔各行业总产出相加就是农业总产出,它是以货币计量的农业产品总量。按"产品法"计算农业总产出的特点,是在一个生产单位内允许产品的重复计算,即本期生产的产品又作为本期生产消耗的产品,它们的价值允许同时计入总产出。例如,种植业生产的玉米、高粱,期内又被畜牧业生产消耗了,不仅要计入畜牧业的中间消耗,还应计入种植业的产出。

(2)工业部门总产出的计算。对工业部门计算总产出,通常采用"工厂法",以生产经营单位为主体进行计算。具体计算时应遵循三个原则:其一,必须是单位内工业生产活动成果,单位内非工业生产活动如建筑、农业等成果不能计入;其二,必须是本期内工业生产活动成果,即本期内生产的工业产品和工业性作业,非本期的成果不能计入;其三,必须是单位内工业生产的最终成果,即本期内在单位内不再进行加工的最终产品,单位内不允许产品价值的重复计算。

依此原则,工业总产出的计算公式应为:

工业总产出 = 成品价值 + 半成品、在制品期末期初差额 + 工业性作业价值

工业总产出按报告期产品实际销售价格计算(实际出厂价格),没有出厂价格的项目,如自制设备,按实际成本计算。成品价值是指企业在报告期内已完成全部生产过程,经检验、包装(规定不需要包装的产品除外)、入库的产品价值,包括次品价值(规定不合格不准销售的除外)。工业性作业价值是指企业在报告期内生产的以生产性劳务形式表现的产品价值,按加工费计算,不包括被修理、加工产品的价值,但包括在工业性作业过程中消耗的材料和零件价值。自制半成品、在制品是指经过一定生产过程,但尚未完成生产过程,仍需继续加工的中间产品的价值,期末减期初得到自制半成品、在制品期末期初差额。

(3)建筑业部门总产出的计算。建筑业产品是固定的,具有较强的个体性和独立性,它是由建筑安装生产单位组织施工生产的。建筑业总产出是以货币计量的建筑安装生产单位和自营施工单位在一定时期内完成的建筑产品总量,其具体内容包括建筑工程产出(工作量)、设备安装工程产出(工作量)、建筑物大修理产出(或作业量)、与建筑安装过程有关的勘察设计产出(或工作量)。建筑业总产出的计算是将产品法与工厂法相结合,即针对各建筑生产单位,分别计算各项建筑产品的总产出。建筑部门的总产出简称建筑安装工作量。

(4)交通运输、仓储及邮电通信业部门总产出的计算。交通运输分货物运输和旅客运输。货物运输从事货物运送和为运送货物而进行的装卸和仓库保管等业务活动,其总产出以货运收入表现。旅客运输从事旅客运送的任务,其总产出以客运收入表现。货运收入与客运收入之和为运输业总产出。

仓储业是通过储存各种生产、生活或特种储备物资,使其保持或延续原有形态及性能,从而使货物的使用价值和价值得以实现的一种生产活动。仓储业分为营利性仓储和非营利性仓储。营利性仓储活动以其收费收入作为总产出;非营利性仓储活动,如国家储备,以其储存活动的经常性支出加上有关固定资产折旧为其总产出。

邮电业的职能是由独立的邮电机构利用邮件、电话、广播等为社会服务,主要是进行信息传递的邮电作业活动,同时还进行报纸、书刊、信件等投递业务活动。这些业务活动的总收入即为总产出。

(5)批发和零售贸易、餐饮业部门总产出的计算。批发和零售贸易包括流通环节批发、零售、采购等商业经营,也包括商品经纪商和代理商的经营,具体包括从事流通领域的国内商业、对外贸易业、物资供销业、工业自销等。批发和零售贸易业主要是通过对商品采购、批发、销售、储存等生产活动提供服务,完成商品由生产者到达消费者这一流通过程。批发和零售贸易业总产出原则上就是商业附加费。可采用两种方法计算其总产出:一种是用已售商品销售收入减商品的进价所得的进销差额计算总产出,也称差价法;另一种是用所支付的流通费加上税款和利润计算,通常称为毛利。用这两种方法计算,都应减去付给运输业和邮电业的费用,因为这两部分费用已分别计入运输业和邮电业的总产出中,若不扣除,则会发生重复计算。

餐饮业包括从事饭馆、菜馆、饭铺、冷饮店、酒馆、茶馆及切面铺等行业,也包括其他行业机构单位所属的食堂。餐饮业兼营生产和转卖两种业务。生产业务即经过加工制作的物质产品,由于饮食业这部分加工活动的库存变化不大,为简便起见,一般直接按产品销售收入计算其产品的价值。转卖业务与商业活动相类似,其转卖作业总产出的计算与批发和零售贸易业总产出的计算方法相同。

(6)营利性服务部门总产出的计算。对于一般的从事营利性服务的部门,如旅游业、信息咨询业、居民服务业、公用事业等,由于服务活动的特点,即提供服务与消费服务同时发生,其核算期内的营业收入就是其核算期内所提供服务的全部价值,也就是它的总产出。

除上述行业外,还有一些比较特殊的行业,如房地产业、金融业、保险业,这些行业总产出的计算,下面予以专门介绍。

(7)房地产业部门总产出的计算。房地产业是为居民提供住房的服务行业,具体包括三个部分:房地产管理部门、房地产开发经营部门和城乡居民自有住房服务。

房地产管理部门从事对住宅的管理、土地批租经营管理和其他一些房屋管理活动。它的经营收入主要有房租收入和其他业务收入,后者包括房地产交易手续费、换房手续费、社区物业管理费等,因此,其总产出=房租收入+其他业务收入。

房地产开发公司往往都是先从事房屋的投资建设,再将房屋销售出去,所以,该部门包括建筑业活动和房屋经营活动两个部分。建筑业活动部分的产出应计入建筑业中,房屋经营活动的总产出只包括经营房屋销售活动的价值,因此,其总产出=销售收入-前期工程费-建安工程费。

城乡居民自有房屋服务是房地产业生产活动的一部分,其产出应按当期市场的房租价格进行虚拟。

以上三个部分的总产出相加,即可得到房地产业的总产出。

(8)金融业部门总产出的计算。金融单位主要从事金融中介活动或从事与金融中介活动密切相关的辅助性金融活动。从事金融中介活动是金融单位的主要生产活动,它是指金融单位通过各种金融工具从市场上借入资金,然后将这些资金按不同的期限和条件再贷给其他机构单位,在借贷双方起媒介作用的金融生产活动。具体内容是:金融单位通过吸收存款,发行票据、债券或其他证券,借入资金(其中吸收存款是最主要的途径),再以贷款、垫款或购买票据、债券或证券等方式向外贷出资金。

金融单位在从事金融中介活动时,并不直接向借贷双方收取服务费,但金融单位对借贷双方规定不同的利率,一般对贷款人的利率高于对借款人的利率,二者之差实质上是金融单位提供金融中介服务的价值。即:金融中介服务的总产出=各项利息收入-各项利息支出。

金融单位除从事其主要生产活动,即金融中介活动以外,还从事一些次要的生产活动,即为客户提供辅助性金融服务或商业性服务,并且有相当一部分金融单位只能提供辅助性金融服务或商业性服务。尽管金融市场不断演化和发展,金融工具和种类也越来越复杂,但金融单位进行金融生产活动的最终目标不外乎取得各种利息收入、手续费及其他服务费收入和投资分红收入等。所以,金融业的总产出公式可归纳为:

总产出 = 金融中介服务的总产出 + 金融次要活动的总产出
= 各项利息收入 - 各项利息支出 + 从辅助性金融或商业服务中
提取的手续费、服务费 + 从事投资活动所得的收入

需要注意的是,金融中介服务的总产出中不包括金融单位利用自有资金所得的财产收入。因为金融中介服务的总产出专指金融单位从事借贷活动的产出,而自有资金并非金融单位借入的资金来源,金融单位运用自有资金所得的财产收入,应包括在财产收入当中。

我国目前金融市场及工具尚不十分发达,金融单位的总产出可基本归纳如下:

总产出 = (各项利息收入 - 各项利息支出) + 手续费收入 +
信托业务收入 + 融资租赁业务收入 + 外汇业务收入 +
咨询业务收入 + 投资分红收入

(9)保险业部门总产出的计算。保险是通过从投保人处筹集资金,最终回流到投保人,并在此期间内保险人可以利用这些资金进行投资,以获得一定的收入的活动。

保险业的基层单位有两类:一是保险人,是指从事一般保险业务的保险公司,它们一般不直接向投保人收取保险服务费;二是专业的保险经纪人或代理人,他们从事为投保人提供保险咨询、为保险人介绍保险业务等活动,分别从投保人和保险人处收取佣金,这种佣金也即手续费,即为保险经纪人或代理人服务的价值。

保险人从事一般保险活动时,实际上是在从事两种性质的活动。

其一,为投保人提供保险服务。该类服务的产出价值应为:实收保费收入减到期索赔支出。所谓实收保费收入是指当期或前期应付保险费中用来承保有关核算期发生风险的保费收入部分,包括投保人本期为防范核算期内发生风险的保费收入部分,包括投保人本期为防范核算期内发生的风险所缴纳的保险费,以及投保人在前期为防范核算期内发生的风险所缴纳的保险费(不包括预付保险费),即保险费中用于承保后续核算期风险的部分。所谓到期索赔支出是指核算期内,对引起有效索赔的不测事件所进行的索赔。由此可见,在计算保险服务产出价值时,所使用的实收保费收入与到期索赔支出是针对核算期内风险的一对相对的概念。所以,保险服务产出计量的特点,在于前期为当前风险支付的保费,应计作当期收入,当期为后续核算期支付的保费,是后续核算期而非当期收入。

其二,投资活动。由于在产生索赔行为的不测事件发生以前,保险费由保险人持有,甚至对有些险种,即使发生了产生索赔行为的不测事件,但在不测事件发生与索赔之间还存在一长段时滞。因此,保险人在任何一个时刻,都持有相当数量的资金,并利用它们进行金融或非金融的投资,包括政府债务、公司债务、公司股票及房地产等。这种投资活动虽然只是保险人的次要活动,但投资收入应视为保险人

从事投资活动的产出,它也是保险人为投保人支付利息的来源。因此,保险人从事投资活动的产出应为投资净收入。

$$投资净收入 = 从事投资活动所获得的收入 - 为投保人支付的利息$$

因此,保险业总产出的计算公式可归纳为:

$$总产出 = 实收保费收入 + 投资净收入 + 手续费收入 - 到期索赔支出$$

(10)社会服务业部门总产出的计算。社会服务业包括广泛的行业:公共设施服务业,包括市政公共交通业,园林绿化业,自然保护区管理业,环境卫生业,市政工程管理业,风景名胜区管理业和其他公共服务业;居民服务业;旅馆业;租赁服务业;旅游业;娱乐服务业;信息、咨询服务业;计算机应用服务业;其他社会服务业。社会服务业总产出是社会服务部门(或企业)的主营业务收入和其他业务收入(利润)之和,即:

$$社会服务业总产出 = 营业收入 + 其他业务收入$$

(11)三种服务业部门总产出的计算。三种服务业是指教育、文艺及广播影视业,卫生、体育和社会福利保障业,科学研究和综合技术服务业。这三种服务业部门总产出的具体计算方法一般分为以下两种情况:

第一,全额财政拨款、差额财政拨款及自收自支事业单位的产出,一般采用经常性支出加固定资产折旧,即:

$$总产出 = 经常性业务支出 + 固定资产折旧$$

第二,服务性企业和企业化管理的事业单位的产出,一般计算公式为:

$$总产出 = 主营业务收入 + 附营业务收入$$

(12)国家机关、政党机关和社会团体总产出的计算。国家机关、政党机关和社会团体在一定时期内提供的服务总值是其总产出。在计算方法上,一般采用经常性业务支出加固定资产折旧,即:

$$总产出 = 经常性业务支出 + 固定资产折旧$$

需要注意的是,在计算总产出时,经常性业务支出不包括设备购置费和人民助学金。

2. 产业部门中间投入核算

产业部门中间投入核算是指与产业部门总产出范围、口径一致的核算。中间投入是生产单位在核算期内为获得总产出而转换或消耗的非耐用货物和服务的价值。从实物形态看,即生产过程中投入原材料、燃料等;从价值形态看,它是生产的转移价值。中间投入具体包括生产单位在生产经营过程中外购的及自产自用的原料、材料、燃料、动力以及运输费、邮电费、仓储费、修理费、金融服务费、保险服务费、广告费、职工教育费和服务性作业等。

在核算中间投入时,要注意它与固定资产消耗的区别。主要包括以下三个方面:

(1)小型工具。一般讲,它们的价值较低,操作使用简单,如手工工具等。生产单位在这些方面的支出是经常的,因此,尽管它们是可以长期使用的生产工具,也应将其视为中间投入。

（2）固定资产的保养与修理。它一般可分为两种：普通的保养与修理和固定资产的更新、改造及大修理。普通的保养与修理通常有两个特征：一是其目的是为了使固定资产在预期使用年限内正常运转；二是它并不改变固定资产的形态和性能，因此它属于中间投入。固定资产的更新、改造及大修理，是一种审慎的投资决策，其目的是增强现有的固定资产的性能或能力，或者是延长固定资产的预期使用年限。因此，这种支出应视为固定资产投资，其价值形成属于固定资本形成。

（3）研究与开发。凡外购的研究与开发成果，或非研究与开发单位所从事的研究开发活动的支出，其目的是帮助生产单位提高生产效率，使生产单位从中获得未来收益，它们属于投资型的活动。如果实际核算中能以有经济意义的方法估价这种资产，并能准确地核定其折旧率，就可以将该类资产计入固定资本形成。如果实际核算达不到这些要求，则将其作为中间投入处理。

3. 产业部门增加值核算

增加值是生产单位所拥有的生产要素，如土地、资本、劳动和管理等所创造出来的价值，是对中间产品进行加工制造后所追加的价值。它是生产单位自身生产活动的成果，不包括生产过程中的中间投入。因为中间投入不是本单位的生产产品，它表明了生产单位对国民经济所做出的净贡献。产业部门增加值是指一个产业部门的全部基层单位一定时期生产创造的增加值之和。它的核算范围及口径与总产出和中间投入核算是一致的。其核算方法主要是生产法和收入法。

（1）产业部门增加值的生产法核算。

$$某产业部门增加值 = 总产出 - 中间投入（中间消耗）$$

$$(C_1 + V + M) = X - C_2$$

$$增加值 = \sum 该产业的基层单位总产出 - \sum 该产业的基层单位中间投入$$

（2）产业部门增加值的收入法（分配法）核算。

$$某产业部门增加值 = 固定资产折旧 + 劳动者报酬 + (生产税净额 + 营业盈余)$$

$$(C_1 + V + M) = C_1 + V + M$$

$$增加值 = \sum 该产业的基层单位固定资产折旧 + \sum 该产业的基层单位劳动者报酬 +$$

$$\sum 该产业的基层单位生产税净额 + \sum 该产业的基层单位营业盈余$$

4. 产业部门生产账户

（1）产业部门的生产账户。各产业部门的生产账户即是所属各基层单位生产账户的合并，它是生产核算的基础。这是因为，生产活动的最终承担者是基层单位，是基层单位决定着不同产品的投入及产出。同时，产业部门生产账户的进一步深化，就可引申出投入产出核算，更进一步地反映不同产业部门间的关联。因此，产业部门的生产账户是非常重要的。

若将各产业部门的生产账户综合形成产业部门综合生产账户,在综合的过程中,可将所有产业按三次产业划分归类,进一步反映三次产业的生产状况。产业部门生产账户形式如表2-4所示。

表2-4为主宾栏式。其数据可用投入产出表中的原始数据,故在本表中未给出实际数据。

表2-4 产业部门综合生产账户

项目 产业部门	总产出	中间投入	增加值				
^	^	^	合计	劳动者报酬	固定资产折旧	生产税净额	营业盈余
第一产业							
农业							
⋮							
第二产业							
采掘业							
制造业							
⋮							
第三产业							
批发零售贸易业							
餐饮业							
⋮							

(2)总生产账户。将产业部门生产账户或机构部门生产账户进行汇总,可得到总生产账户。根据表2-2(或表2-3)的数据汇总,得到表2-5。

表2-5 生产账户　　　　　　　　　　　　　单位:亿元

使用		来源	
中间投入	3 775	总产出	8 553
增加值	4 778		
劳动者报酬	2 583		
生产税净额	601		
固定资产折旧	589		
营业盈余	1 005		
合计	8 553	合计	8 553

表2-5为总生产账户,账户右方为来源方,反映国民经济总产出,左方为使用方,反映中间投入和增加值,增加值为平衡项,并用收入法列出。

生产账户有三个作用:第一,生产账户所形成的收入被结转到后续账户中,对其他账户产生相当大的影响;第二,利用生产总量账户提供的指标,可以反映投入产出关系,研究生产效率、经济效益;第三,反映生产结构。

第三节 国内生产总值核算

前文中已介绍了部门的生产核算。为了反映一定时期内一个国家(或地区)宏观经济活动的最终成果,需要在宏观经济的最高层次上核算生产活动的总量。

一、增加值与国内生产总值

增加值是生产单位所拥有的生产要素,如土地、资本、劳动和管理等创造出来的价值,是对中间产品进行加工制造后所追加的价值。对国内各生产单位的增加值求和后得到的总量是国内生产总值,也就是说,增加值是某生产单位(或部门)对国内生产总值所做的贡献。国内生产总值的价值形态为(C_1+V+M),同增加值,不包括中间投入的价值;国内生产总值的实物形态为最终产品,即全社会的最终产品,不包括中间产品。

国内生产总值是一国国内所有常住单位在一定时期全部生产活动创造的全部最终产品的价值总和。它反映生产活动的总规模和总水平,其实物表现为全社会的最终产品总和。从生产的角度看,国内生产总值是一国国内各经济部门在一定时期内所生产的全部最终产品的价值,也即各部门生产创造的增加值的总和。从收入分配角度看,国内生产总值是由诸生产要素的收入构成的,也就是各部门生产要素收入即劳动报酬和资本报酬相加之和。从使用的角度看,一定时期内全社会的最终产品是被用于同期全社会的最终使用:消费、投资、净出口。

二、国内生产总值核算的方法

国内生产总值实际上是最终产品的总流量在生产、分配和使用三个阶段分别以产品、收入和支出体现出来的总量指标。所以,对国内生产总值的核算相应地也就有三种方法:生产法、收入法(分配法)和支出法(使用法)。

1. 生产法

用生产法核算国内生产总值,可以将所有产业部门(或机构部门)的生产账户加以合并,合并账户的总产出与中间投入的内容就是以生产法核算国内生产总值的内容及结果,用公式表述为:

国内生产总值 = 总产出 – 中间投入

$$(C_1 + V + M) = X - C_2$$

国内生产总值 = $\sum$ 各产业（或机构）部门总产出 – $\sum$ 各产业（或机构）部门中间投入

2. 收入法

用收入法核算国内生产总值，也是将所有产业部门（或机构部门）的生产账户加以合并，以要素收入形式体现国内生产总值的内容及结果。用公式表述为：

国内生产总值 = 固定资产折旧 + 劳动者报酬 + （生产税净额 + 营业盈余）

$$(C_1 + V + M) = C_1 + V + M$$

国内生产总值 = $\sum$ 各产业（或机构）部门固定资产折旧 + $\sum$ 各产业（或机构）部门劳动者报酬 + $\sum$ 各产业（或机构）部门生产税净额 + $\sum$ 各产业（或机构）部门营业盈余

3. 支出法

支出法是从最终使用的角度来反映最终产品的规模。用公式表述为：

国内生产总值 = 最终消费 + 资本形成总额 + 净出口

= （居民消费 + 政府消费） + （固定资本形成 + 存货增加） + （出口 – 进口）

最终消费是核算期内机构单位为满足个人物质、文化与精神生活的需要，对货物和服务最终消费的支出合计。它通常由两部分构成：一是居民消费，即住户在核算期内对货物和服务的最终消费；二是政府消费，也称公共消费，即政府最终消费支出的总计。

资本形成总额是机构单位在核算期内对固定资产、存货的投资支出总计，包括固定资本形成、存货增加。

净出口是出口减进口的差额。在开放的经济中，常住单位所最终使用的消费品和投资品中，势必有一部分是由非常住机构单位提供的；而常住单位生产出的一些最终产品会成为非常住单位的最终使用。前者是进口，它们不是常住单位生产的产品，在核算国内生产总值时应予扣除；后者是出口，它们虽然被非常住单位使用，但却是国内的最终产品，应当加总计算。

从理论上讲，三种核算方法计算的结果应当是一致的，但实际中会有差异。这是因为三种核算方法估算国内生产总值资料来源的渠道不同，通常支出法得到的数字会更标准。

国内生产总值扣除固定资产折旧后为国内生产净值，它能够更准确地反映国内生产最终产品总量。

三、国内生产总值表

国内生产总值是宏观经济核算的核心指标，国内生产总值表也是宏观经济核算体系的核心表(见表2-6)。由于国内生产总值指标同时说明了社会再生产过程中生产、收入和支出三个环节的结果,因此,同时体现生产法、收入法和支出法的国内生产总值表是对整个经济活动的一个综合概括,这决定了国内生产总值表在核算体系中的核心地位。

表2-6 国内生产总值表(账户) 单位:亿元

生产	2007年	使用	2007年
一、生产法国内生产总值	266 043.81	一、支出法国内生产总值	264 183.40
(一)总产出	818 858.96	(一)最终消费	131 743.54
(二)中间投入(-)	552 815.15	居民消费	96 552.62
二、收入法国内生产总值	266 043.81	政府消费	35 190.92
(一)劳动者报酬	110 047.30	(二)资本形成总额	110 919.42
(二)生产税净额	38 518.72	固定资本形成总额	105 435.87
生产税		存货增加	5 483.55
生产补贴(-)		(三)净出口	21 520.44
(三)固定资本消耗	37 255.53	出口	95 540.99
(四)营业盈余	80 222.26	进口(-)	74 020.55
		二、统计误差	1 860.41

注:本表数据取自中国2007年投入产出表,与《中国统计年鉴》(2009)公布的数据略有不同。

国内生产总值表(账户)是展开宏观经济核算体系的根本。具体讲,从生产的角度分解国内生产总值,可进一步展开对产业部门生产活动的核算以及要更深入反映生产过程的投入产出核算;用收入法计算的国内生产总值,是国民收入分配核算的基础,以此为起点,可进一步核算收入分配的各环节,追踪储蓄转化为投资过程中的资金筹集及运用的过程,也就是资金流量核算的内容;用支出法计算的国内生产总值,可进一步按最终产品加以分析,展开对消费、投资和出口的实物测算,反映最终产品的结构,以及可支配收入的分配核算等。这些也正是对宏观经济流量核算的一个简单、全面的概括。

四、与国内生产总值相关联的其他总量指标

1. **国民净福利**

国民净福利是西方国家的一些经济学者近年来提出的一个衡量经济发展水平的综合性指标,一些宏观经济核算的专家、学者也在探讨该指标的核算问题。国民

净福利是对国内生产净值的一个修正。这个概念认为,考察宏观经济的发展不能只依据最终产品数量的多少,同时要考虑到生产与环境的关系,劳动与闲暇的关系。任何生产单位在进行生产时都使用了环境资源,有些生产单位在使用环境资源的同时,为改善环境资源的质量有所投入,有些生产单位则以破坏环境资源为代价,增加其产出的价值量。因此,在衡量生产单位为福利所做出的贡献时,对净增加值要作如下修正:净增加值 + 为改善环境资源的质量的投入 – 以破坏环境为代价而得到的产出。

在本章介绍生产的概念和范围时已指出,有许多非市场经济活动不在虚拟范围之内。但是随着经济的发展,尤其是在发达国家,已经出现人们将劳动的收入与闲暇的舒适相比较而开始选择后者的现象。在闲暇时间内,大量的劳动用在生产无报酬的家庭或个人服务上,例如,家庭成员之间的照顾、教育、训练、家庭自我享乐等。这些本来需要社会服务、医疗、教育及娱乐部门提供的,需支付报酬的服务,现在家庭自身就能提供。从福利的角度看,这种现象的出现标志着社会福利水平的提高,因此,应将这些闲暇时间内的活动价值予以虚拟,以反映社会福利的提高。

为此,国民净福利的计算公式可以表述为:

国民净福利 = 净增加值 + 为改善环境资源质量的投入 – 以破坏环境为代价而得到的产出 + 虚拟的闲暇时间内的活动价值

国民净福利在经济学中还不是一个成熟的概念,将其引入核算体系也还是一个有待探讨的问题,但是,它指出了经济学及宏观经济核算发展的一个方向。

2. 绿色国内生产总值

绿色国内生产总值是在联合国发布的 SNA1993 年版本中提出来的,被称为环境与经济综合核算(SEEA)框架中的一个重要指标。国内生产总值只考虑生产的发展,没有考虑生产对资源和环境的破坏。绿色国内生产总值将经济、资源和环境综合起来考虑,对原有国内生产总值进行调整,计算出绿色国内生产总值。其计算公式为:

绿色国内生产总值 = 国内生产总值 – 资源的耗减价值 – 环境的降级价值

其中,资源的耗减价值包括矿物的耗减、森林中开采木材、水土流失对农业用地生产能力的影响,酸雨对农业、林业的影响等的价值;环境的降级价值包括对鱼的过度捕杀,在原始森林中开采燃材与木材、猎取野生动物,残余物排放对水、空气、鱼类和野生森林质量的影响等价值。

绿色国内生产总值核算目前还处在探索阶段,尚未成为正式统计报表制度。

第四节 生产总量分析

生产核算是宏观经济核算体系中最为重要的部分之一,它为经济分析提供了良好的数据基础。当生产活动的各种变量通过生产账户、国内生产总值表予以表现时,账户与表所体现的变量间的平衡关系也正是生产活动中存在的基本恒等式,它们是认识生产活动的基础。

一、社会总供需分析

社会总供给和总需求是宏观经济学中的两个重要概念。我们在分析宏观经济运行中的均衡问题时,必须借助于这一对概念,并把它们量化为统计指标。

社会总供给和总需求有包括中间产品和不包括中间产品两种计算方法(见表2-7、表2-8)。

表2-7　中国社会总供给与总需求统计表(2007年)　　单位:亿元

来源		使用	
总产出	818 858.96	中间产品使用	552 815.15
进口	74 020.55	最终产品使用	338 203.95
		最终消费	131 743.54
		资本形成总额	110 919.42
		出口	95 540.99
		误差	1 860.41
总供给	892 879.51	总需求	892 879.51

注:本表数据来自表2-6,本表包括中间产品。

表2-8　中国社会总供给与总需求统计表(2007年)　　单位:亿元

来源		使用	
国内生产总值	266 043.81	最终消费	131 743.54
进口	74 020.55	居民消费	96 552.62
		政府消费	35 190.92
		资本形成总额	110 919.42
		固定资本形成	105 435.87
		存货增加	5 483.55
		出口	95 540.99
		误差	1 860.41
社会总供给	340 064.36	社会总需求	340 064.36

注:本表数据来自表2-6,本表不包括中间产品。

由于对总供给和总需求概念的不同理解,还有其他的测算方法。表 2-7、表 2-8 为当期实现的流量总供给与流量总需求。社会总供给与社会总需求要实现均衡,主要有三个调节因素:一是进出口调节,即常住单位与非常住单位之间的调节;二是库存调节,即存量与流量之间的调节;三是价格调节,即供给与需求之间价值量的调节。从深层次分析,决定社会总供给水平的因素主要是三个方面:①社会劳动就业量;②资本存量;③技术进步水平。这也是我们建立生产函数的主要变量,而决定社会总需求变化的因素主要有六个方面:①固定资产投资;②最终消费;③货币供给;④财政赤字;⑤外贸变动;⑥物价因素。这些变量中既有经济变量也有政策变量。

二、经济增长与生产函数模型分析

1. 国民经济发展速度和经济增长率

通常用国内生产总值的发展速度作为一个总尺度,来衡量国民经济的发展水平,即国民经济的发展速度。国内生产总值是整个宏观经济分析的核心指标,任何领域的经济分析都要使用到它。这是因为现代社会的基本经济过程和经济制度是以产品的丰富作为第一重要的目标。虽然前面已谈到国民净福利和绿色国内生产总值的问题,但由于全社会还没有达到普遍的、足够程度的丰裕状态时,也只能以产品生产的增长作为经济发展的目标。

国民经济的发展速度一般是以按可比价格计算的国内生产总值发展速度来表现的,因为按现行价格计算的国内生产总值的发展速度,其中含有物量和价格两个因素的变化,不能完全表明社会最终产品物量的增长变化。而按可比价格计算的国内生产总值的发展速度,其中剔除了价格变化的因素,可以较好地反映社会最终产品物量的实际增长变化。

计算可比价格的国内生产总值的发展速度可以有以下三种方法。

(1)直接利用两个时期以可比价格(或不变价格)计算的国内生产总值对比求物量指数。计算公式为:

$$物量指数 = \frac{××××年按可比价格计算的国内生产总值}{××××年按可比价格计算的国内生产总值}$$

(2)利用指数体系间的关系推算物量指数,即用增加值的动态指标,也就是按现价计算的增加值发展速度除以相应的价格指数求得增加值物量指数。计算公式为:

$$物量指数 = 按现价计算的国内生产总值发展速度 \div 价格指数$$

(3)直接编制生产指数反映产量综合变动,即采用一部分代表性产品的个体物量指数用增加值加权计算平均数。计算公式为:

$$\frac{\sum \frac{q_1}{q_0} P_0 Q_0}{\sum P_0 Q_0} = \frac{\sum kW}{\sum W}$$

式中，$k=\dfrac{q_1}{q_0}$ 为代表产品的个体物量指数；$\dfrac{W}{\sum W}=\dfrac{P_0Q_0}{\sum P_0Q_0}$ 为某一固定时期增加值的比重，即权数。采用这种方法的关键是选择代表产品和确定权数，尤其是代表产品的选择，会影响物量指数的准确程度。

经济增长率是在国民经济发展速度，即国内生产总值物量指数基础上计算的，计算公式为：

$$\text{经济增长率} = \text{国内生产总值物量指数} - 100\%$$

在《中国统计年鉴(2008年)》中公布了以上年为100和以1978年为100的国内生产总值指数(物量指数)，可以据此计算经济增长率和年均经济增长率。比如，以1978年为100，2007年国内生产总值指数为1 500.7。其计算方法如下：

$$\text{总经济增长率} = \dfrac{1\,500.7}{100} - 100\% = 1\,500.7\% - 100\% = 1400.7\% = 14.007(\text{倍})$$

$$\text{年均经济增长率} = \sqrt[29]{\dfrac{1\,500.7}{100}} - 100\% = 109.8\% - 100\% = 9.8\%$$

2. 经济增长的均衡分析

假设储蓄总量为 S，资本总量为 K，国民收入为 Y，则储蓄率 $s=S/Y$，资本－产出比率 $v=K/Y$。在较短的时期内，生产技术条件可视为相对不变，因而资本－产出比率(v)为既定，在此情况下，资本存量 K 的增长率 $\Delta K/K = I/K$（其中，I 代表投资，ΔK 代表由投资 I 所引起的资本存量的增加量，因此，I 就是 ΔK）必定等于产量（或收入）的增长率 $\Delta Y/Y$，即：

$$\dfrac{\Delta Y}{Y} = \dfrac{I}{K} = \left(\dfrac{I}{Y}\right) \cdot \left(\dfrac{Y}{K}\right)$$

根据经济增长的均衡条件，投资等于储蓄（即 $S=I$），因此：

$$\dfrac{I}{Y} = \dfrac{S}{Y} = s$$

所以：

$$\dfrac{\Delta Y}{Y} = \left(\dfrac{I}{Y}\right) \cdot \left(\dfrac{Y}{K}\right) = \dfrac{s \cdot Y}{K} = \dfrac{s}{v}$$

这就是经济增长均衡分析的基本方程。

设：有保证的经济增长率 $G_m = \dfrac{s}{v}$，实际经济增长率为 G，考虑劳动力增长，实现充分就业的自然经济增长率为 G_n。则应有：

$$G = G_m = G_n = \dfrac{s}{v}$$

也就是说，实际经济增长率、自然经济增长率应等于有保证的经济增长率。

3. 经济增长的生产函数模型分析

生产函数是经济学中的一个重要基础函数，它表示在一定时间和技术条件下，生产要素的某种组合和它最大的可能产出量之间的数量关系。生产函数模型是描述生产过程中投入产出规律的数学模型,因而在诸如生产理论、科学技术进步、经济增长理论等领域中,建立和应用生产函数具有极其重要的意义。生产函数模型种类较多,较为普遍使用的是柯布—道格拉斯生产函数,其模型的表达式为:

$$Q = AK^\alpha L^\beta$$

式中,Q 为总产出(或增加值);A 为综合技术水平;K 为资本数量;L 为劳动数量;α 为产出的资本弹性系数;β 为产出的劳动弹性系数。其计量公式为:

$$\ln Q = \ln A + \alpha \ln K + \beta \ln L + \ln \mu$$

根据规模报酬不变理论,$\alpha + \beta \approx 1$,即产出的资本弹性系数与劳动弹性系数之和约等于 1。$\ln \mu$ 为随机扰动项。

在 Q,K,L 为已知的情况下,可以通过计量模型求出 A,α,β 三个参数。利用三个参数可以进行经济增长的要素分析。

已知:总量增长方程(索洛方程)为:

$$\frac{\Delta Y}{Y} = \frac{\Delta A}{A} + \alpha \frac{\Delta K}{K} + \beta \frac{\Delta L}{L}$$

即:

经济增长率 = 技术进步率 + 资本弹性系数 × 资本增长率 + 劳动弹性系数 × 劳动增长率

首先,计算技术进步率(索洛余值):

$$\frac{\Delta A}{A} = \frac{\Delta Y}{Y} - \alpha \frac{\Delta K}{K} - \beta \frac{\Delta L}{L}$$

然后,计算各要素对经济增长的贡献率:

(1)技术进步对经济增长的贡献率

$$E_A = \frac{\frac{\Delta A}{A}}{\frac{\Delta Y}{Y}} \times 100\%$$

(2)资本对经济增长的贡献率

$$E_K = \frac{\alpha \frac{\Delta K}{K}}{\frac{\Delta Y}{Y}} \times 100\%$$

(3)劳动对经济增长的贡献率

$$E_L = \frac{\beta \frac{\Delta L}{L}}{\frac{\Delta Y}{Y}} \times 100\%$$

4. 部门增长对经济增长的贡献率

宏观经济分第一、二、三产业三个部门,可以分析各部门对经济增长的贡献率。

(1)贡献度计算公式

$$\text{某部门对国内生产总值增长的贡献度} = \frac{\text{该部门增加值增量}(\Delta X)}{\text{国内生产总值增量}(\Delta \text{GDP})}$$

式中，Δ 为增量，一般是当年比上年的增加数量；X 为某部门增加值，GDP 为国内生产总值。

(2) 弹性系数计算公式

$$\text{某部门对国内生产总值增长的弹性系数} = \frac{\text{该部门增加值增长率}}{\text{国内生产总值增长率}} = \frac{\dfrac{\Delta X}{X}}{\dfrac{\Delta \text{GDP}}{\text{GDP}}}$$

研究某部门对经济增长的贡献度和弹性系数，对于调整产业结构，提高经济增长的质量有着重要意义。

三、经济结构分析

从生产核算角度论述经济结构主要是论述产业结构。随着科学技术和生产的发展，产业结构不断由较低层次向较高层次演进。产业结构分析可以从时间和空间两个维度分别进行分析。

1. 产业结构演进分析

这是产业结构的时间维度分析。先分别计算不同时期的三次产业结构，即计算第一、二、三产业增加值分别占国内生产总值的比重，并按比重的大小排序。如果是一、二、三排序，即第一产业比重最大，为农业化社会；如果是二、一、三排序，即第二产业比重超出第一产业，为工业化前期社会；如果是二、三、一排序，即第二、三产业比重均超出第一产业，为工业化中期社会；如果是三、二、一排序，即第三产业比重已超出第二产业，第一产业比重最小，为后工业化社会。我国的产业结构演变已进入工业化中期社会，正向后工业化迈进；北京市的产业结构已进入后工业化社会。

2. 产业结构的国际比较分析

这是产业结构的空间维度分析，即将我国的产业结构与其他国家进行比较，特别是与发达国家比较，可以判断我国目前的产业结构在国际上处于怎样的水平。进行产业结构的国际比较，一般计算相似系数。其计算公式为：

$$S_{ij} = \frac{\sum_n X_{in} X_{jn}}{\sqrt{\sum_n X_{in}^2 \sum_n X_{jn}^2}}$$

式中，S_{ij} 为两种结构 i 与 j 的相似系数；$X_{in} X_{jn}$ 为产业部门 n 在 i 种结构和 j 种结构中所占比重。显然，相似系数越接近 1，说明两种结构就越相似；若等于 1，则表明两种结构完全一致。

我们可以利用我国目前的三次产业增加值各自所占比重，与某个发达国家某年份三次产业增加值所占比重，运用相似系数计算公式，进行产业结构的国际比较分析。

四、经济周期分析

在宏观经济运行中,增长是与周期波动相伴的,经济波动是以国内生产总值(按可比价格计算)的发展速度波动为主要标志的。对宏观经济发展速度环比数列的时间序列分析是分析和测定经济周期波动的一个重要方面。

按可比价格计算的国内生产总值发展速度的环比数列,受两大因素的影响:一是宏观经济发展的长期趋势;二是宏观经济发展中的周期波动。测定宏观经济发展的长期趋势,一般采用一元线性回归方法,用宏观经济发展的速度做因变量,用时间做自变量,拟合出一条回归直线,如果回归结果能够通过统计检验,该结果即能表明宏观经济在自变量变化范围内的长期趋势。从原环比数列中剔除该长期趋势后剩余的数列,能够反映在自变量变化范围内,宏观经济发展的周期波动状况,通过测定剩余数列的方差,可反映宏观经济发生波动的幅度。该方差的大小与经济周期波动幅度呈正比关系,与经济稳定程度呈反比关系。

以我国1978—2010年国内生产总值的环比发展速度为例,应用上述方法分析宏观经济发展中的周期波动,见表2-9、表2-10。

以时间(年份)为自变量,以国内生产总值环比发展速度(以上年为100指数)为因变量,采用一元线性回归方法,得到反映国内生产总值长期趋势的方程为:

$$\hat{GDP} = 109.4735 + 0.030615t \qquad (t=1,2,\cdots,33)$$

(注:1978年的 t 为1以此类推)

表2-9 1978—2010年我国GDP的环比发展速度(指数) 单位:%

年份	指数	年份	指数	年份	指数	年份	指数
1978	111.7	1987	111.6	1996	110.0	2005	111.3
1979	107.6	1988	111.3	1997	109.3	2006	112.7
1980	107.8	1989	104.1	1998	107.8	2007	114.2
1981	105.2	1990	103.8	1999	107.6	2008	109.6
1982	109.1	1991	109.2	2000	108.4	2009	109.1
1983	110.9	1992	114.2	2001	108.3	2010	110.3
1984	115.2	1993	114.0	2002	109.1		
1985	113.5	1994	113.1	2003	110.0		
1986	108.8	1995	110.9	2004	110.1		

注:本表按可比价格计算。
资料来源:国家统计局网站。

第二章 生产总量核算分析

表 2-10　1978-2010 年 GDP 发展速度的实际值、拟合值和残差(%)

年份	实际值	拟合值	残差	年份	实际值	拟合值	残差
1978	111.7	109.50	2.20	1995	110.9	110.02	0.88
1979	107.6	109.53	-1.93	1996	110.0	110.06	-0.06
1980	107.8	109.57	-1.77	1997	109.3	110.09	-0.79
1981	105.2	109.60	-4.40	1998	107.8	110.12	-2.32
1982	109.1	109.63	-0.53	1999	107.6	110.15	-2.55
1983	110.9	109.66	1.24	2000	108.4	110.18	-1.78
1984	115.2	109.69	5.51	2001	108.3	110.21	-1.91
1985	113.5	109.72	3.78	2002	109.1	110.24	-1.14
1986	108.8	109.75	-0.95	2003	110.0	110.27	-0.27
1987	111.6	109.78	1.82	2004	110.1	110.30	-0.20
1988	111.3	109.81	1.49	2005	111.3	110.33	0.97
1989	104.1	109.84	-5.74	2006	112.7	110.36	2.34
1990	103.8	109.87	-6.07	2007	114.2	110.39	3.81
1991	109.2	109.90	-0.70	2008	109.6	110.42	-0.82
1992	114.2	109.93	4.27	2009	109.1	110.45	-1.35
1993	114.0	109.96	4.04	2010	110.3	110.48	-0.18
1994	113.1	109.99	3.11				

注：本表数据根据表 2-9 计算。

图 2-1 反映了 1978-2010 年我国 GDP 增长率的变化。

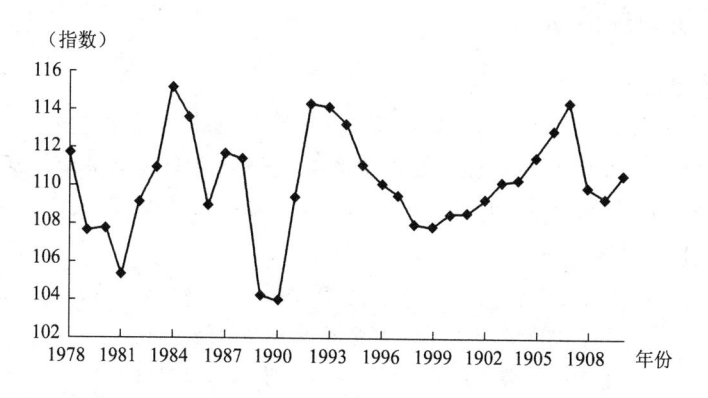

图 2-1　1978-2010 年我国 GDP 增长周期(指数)

从图2-2中可以看到,残差序列R有四个特点:①波动幅度长,多次超过 ±$R_{S.E.}$,甚至超过±$2R_{S.E.}$;②位于波谷的时间比位于波峰的时间要长;③从波峰到波谷的下降速度,以及从波谷到波峰的反弹速度都较快;④图2-2基本上可划分为五个周期,即:1978-1984年,1984-1987年,1987-1992年,1992-2007年,2007-2010年。

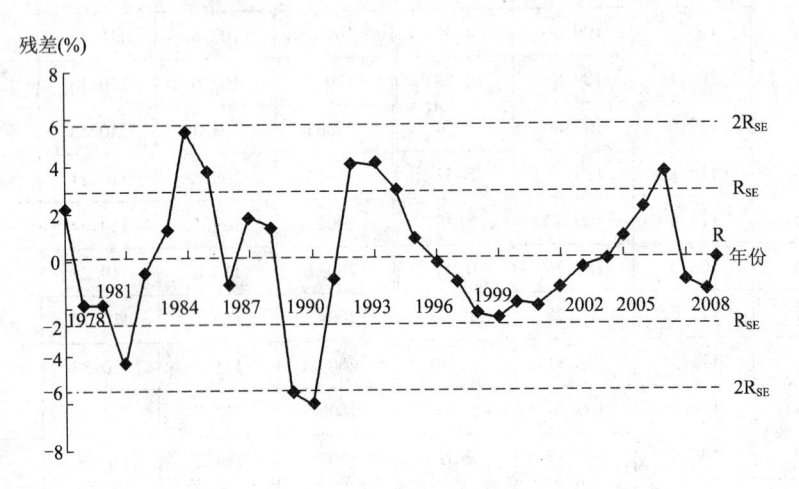

图2-2 1978-2010年我国经济增长周期(残差)

综上所述,1978-2010年,我国GDP增长的长期趋势并不明显,发展速度大体维持在109.99%左右,增长速度不低;不过应当看到GDP的波动幅度还是较大的。这说明,在改革开放的30多年中,我国的经济有较快的增长,但还不是很平稳,应注意适时调整宏观调控的力度,注意缩小波幅,以保证我国经济的稳定、健康增长。

五、经济效益分析

1. 生产率分析

生产率是反映生产效率的重要指标,也是衡量技术进步的重要手段。生产率有劳动生产率、资本生产率和综合要素生产率之分。从宏观经济生产活动整体,或者从全社会出发,反映生产率的指标是全社会的劳动生产率、资本生产率和综合要素生产率,其计算公式分别为:

劳动生产率 = 国内生产总值/就业总人数(或劳动投入)

资本生产率 = 国内生产总值/资本总额(资本投入)

综合要素生产率 = 国内生产总值/综合要素投入

综合要素投入 = 劳动投入×β + 资本投入×α

式中,β,α 分别为产出的劳动弹性系数和资本弹性系数。一般假定生产规模报酬不变,$\beta + \alpha = 1$。β 和 α 可利用前述生产函数模型求得。如果未建立生产函数模型,β 可以用劳动报酬占国内生产总值的比重估算,则 $\alpha = 1 - \beta$。

2. 资源配置效益分析

改革开放以后,我国劳动力、资本由效益低的部门向效益高的部门流动,特别是农村剩余劳动力由第一产业流向第二、第三产业。我们把这种劳动力转移和资本转移带来的效益统称为资源配置效益。下面利用某地区的数据进行实例分析。

(1)劳动力转移效益的计算:

年均增长率(%)	(时间:1978~1999年)
劳动生产率	8.23
第一产业劳动生产率	4.27
第二产业劳动生产率	7.28
第三产业劳动生产率	5.73
三大产业劳动生产率加权平均数	6.20
劳动力配置效应	2.03

(2)资本转移效益的计算:

年均增长率(%)	(时间:1978~1999年)
资本生产率	2.44
第一产业资本生产率	-2.87
第二产业资本生产率	4.20
第三产业资本生产率	3.62
三大产业资本生产率加权平均数	2.32
资本配置效应	0.12

上述计算中,三大产业加权平均的权数取自1999年的劳动力人数和资本数量;配置效应由总生产率减去三大产业生产率的加权平均数求得。

思考题

1. 简述 SNA 的生产范围。
2. 简述货物和服务各自的特点。
3. 用"工厂法"计算工业部门总产出应遵循哪些原则?
4. 什么是中间投入?在核算中间投入时,应注意它与固定资产消耗有哪些方面的区别?

5. 什么是增加值？机构单位和产业部门如何计算增加值？
6. 生产账户的基本结构和作用是怎样的？
7. 已知某地区 2007 年居民消费 2 802 亿元，政府消费 1 256 亿元；资本形成总额 989 亿元，其中，固定资本形成 1 005 亿元，存货减少 16 亿元；出口 1 125 亿元；进口 1 093 亿元；总产出 8 854 亿元；劳动者报酬 2 683 亿元；生产税净额 602 亿元；固定资产折旧 598 亿元。

要求：根据以上资料计算：
(1) 国内生产总值。
(2) 中间投入。
(3) 营业盈余。
(4) 编制国内生产总值账户。

8. 试述绿色国内生产总值的概念。
9. 简述经济增长率与年均经济增长率的计算方法。
10. 试述经济周期波动的测定方法。
11. 试述柯布——道格拉斯生产函数模型的计量形式，并采集某部门数据进行建模与分析。
12. 总量增长方程为：

$$\frac{\Delta Y}{Y} = \frac{\Delta A}{A} + \alpha \frac{\Delta K}{K} + \beta \frac{\Delta L}{L}$$

已知：经济增长率 $\frac{\Delta Y}{Y} = 10.5\%$；资本增长率 $\frac{\Delta K}{K} = 8.74\%$；劳动增长率 $\frac{\Delta L}{L} = 5.71\%$；$\alpha = 0.36$；$\beta = 0.64$。

按已知条件计算：
(1) 技术进步率。
(2) 技术进步对经济增长的贡献率。

第三章 投入产出核算分析

20世纪30年代,列昂惕夫创立了投入产出分析方法,由于投入产出法研究产品、部门间的经济联系,它能将生产总量核算细化,成为宏观经济分析的重要方法。

第一节 投入产出分析的基本原理

投入产出分析的基本原理有两个:一是利用复式记账建立投入产出表;二是运用矩阵数学方法建立投入产出模型。

一、投入产出表

任何产品的生产技术过程都是一个投入产出的过程。所谓投入,是指生产该产品的过程中所必要的生产投入(消耗),它包括中间投入和最初投入两部分。中间投入是指生产过程中消耗的货物和服务,也称为中间消耗;最初投入是各种生产要素的投入,具体说来就是劳动者报酬、生产税净额、固定资产折旧、营业盈余。所谓产出,即生产出来的新的货物和服务,分中间产出和最终产出两大类。中间产出是中间产品,它与中间投入相对应,当某种产品被用于中间投入时,它就是中间产品;最终产出是最终产品,包括消费品、投资品和净出口。投入产出分析是将投入和产出结合起来,研究宏观经济各部门、再生产各环节间的数量依存关系。由于是研究各部门之间的联系,苏联将其称为"部门联系平衡法",而日本则称其为"产业关联"。

表3-1可以表示账户投入产出的过程。

表3-1 某产品的投入产出账户

投入	产出
一、中间投入 　（按产品分） 　1 　2 　⋮ 　n 二、最初投入 　劳动者报酬 　生产税净额 　固定资产折旧 　营业盈余	一、中间产品(出) 　（按产品分） 　1 　2 　⋮ 　n 二、最终产品(出) 　最终消费 　资本形成 　净出口
投入合计	产出合计

分析表3-1的账户会发现两个问题:①从统计数据搜集的技术上看,国民经济中存在成千上万的产品,难以就每种产品都逐一编制这样的账户;②该账户仅能反映一种产品的投入产出过程,难以全面反映所有产品的投入产出过程。

如果将同类产品合并,按大类产品划分,可以较好地解决上述第一个问题。

用产品部门替代产品分类法,为每个产品部门编制投入产出账户,可得到如表3-2所示的某产品部门的投入产出账户。

表3-2　某产品部门的投入产出账户

投入	产出
一、中间投入 　（按产品部门划分） 　1 　2 　⋮ 　n 二、最初投入 　劳动者报酬 　生产税净额 　固定资产折旧 　营业盈余	一、中间产出 　（按产品部门划分） 　1 　2 　⋮ 　n 二、最终产出 　最终消费 　资本形成 　净出口
投入合计	产出合计

从表3-2的账户中可以看出,它不仅反映了某产品部门的生产过程,即该产品部门的总产出减去相应的中间投入(来自各产品部门)得到该部门的最终产出,而且反映了该产品部门的初次收入形成,即最终产出在价值构成上由劳动者报酬、生产税净额、固定资产折旧和营业盈余组成。更为突出的是,它能够反映某产业部门生产的总产品的使用去向,即哪些产品、多少数量用于哪些部门的中间使用,或是哪些产品、多少数量成为什么用途的最终产品,这是反映产品部门间关联的基础。

宏观经济中的产品部门种类较多,产品部门之间的联系复杂。账户的表现形式难以直观简明地反映这种关联,而矩阵的形式可以解决这个问题。将投入产出账户投入分纵向排列,产出分横向排列,其变形为矩阵形式的投入产出表。这就解决了上述第二个问题。简化的产品部门投入产出表如表3-3、表3-4所示。

第三章 投入产出核算分析

表3-3 简化的产品部门投入产出表

投入＼产出		中间产品 农业 工业 ⋯ 其他服务业 合计	最终产品 最终消费 资本形成 净出口 合计	总产出
中间投入	农业 工业 ⋮ 其他服务业	Ⅰ	Ⅱ	
最初投入	固定资产折旧 劳动者报酬 生产税净额 营业盈余 合计	Ⅲ	Ⅳ	
	总投入	合计		

表3-4 用符号表示的投入产出一般表式

		中间产品 1　2　⋯　n	最终使用	总产出
中间投入	1 2 ⋮ n	x_{11}　x_{12}　⋯　x_{1n} x_{21}　x_{22}　⋯　x_{2n} ⋯ x_{n1}　x_{n2}　⋯　x_{nn}	Y_1 Y_2 ⋮ Y_n	X_1 X_2 ⋮ X_n
最初投入		N_1　N_2　⋯　N_n		
总投入		X_1　X_2　⋯　N_n		

在宏观经济核算中,其投入产出表是指全国(或地区)价值型静态投入产出表。价值型投入产出表采用货币计量单位,它虽受价格变化的影响,但保证了投入产出核算内部以及产出核算与其他核算之间采用同一计量单位。以下论述主要涉及的是价值型投入产出表。

二、投入产出表的结构

投入产出表实际上是将生产法、收入法和支出法三种核算方法计算的国内生产总值放在同一张表上。与国内生产总值表所不同的是,它按照产品部门细分,用矩阵的形式反映。可以说,投入产出核算是国内生产总值核算(生产总量核算)的细化。

投入产出表的主栏按中间投入、最初投入划分,宾栏按中间产品、最终产品划分,这样将投入产出表划分为四个部分,即四个象限。这四个象限的内容各不相同。

投入产出表的第Ⅰ象限,是由名称相同、数目一致、依次排序的若干产品部门纵横交叉形成的棋盘式表格。其主栏是中间投入;宾栏为中间产品,也即中间使用。第Ⅰ象限是投入产出表的核心,主要反映宏观经济各产品部门之间相互依存、相互制约的技术经济联系。表中的每个数字都有双重意义:从横向看,它表明每个产品部门的产品提供给各个产品部门作为生产消耗使用的数量,称为中间产品或中间使用;从纵向看,它表明每个产品部门在生产过程中消耗各个产品部门的产品数量,称为中间投入或中间消耗。该象限与总产出(总投入)结合起来,反映了生产法计算的国内生产总值。

第Ⅱ象限是第Ⅰ象限水平方向的延长,主栏同第Ⅰ象限,宾栏为最终产品或使用,包括最终消费、资本形成和净出口。产品使用中已包含了对进口产品的使用,但由于它是国外的产品,在计算总产出时应将其扣除,以保证投入产出表的平衡关系。所以,净出口是指出口减进口。第Ⅱ象限主要反映最终产品的规模和结构,包括消费、投资、出口的结构和最终产品的产品部门结构。该象限直接反映了支出法计算的国内生产总值。

第Ⅲ象限是第Ⅰ象限垂直方向的延长,宾栏同第Ⅰ象限,主栏是增加值或最初投入构成,包括固定资产折旧、劳动者报酬、生产税净额和营业盈余,主要反映各部门增加值分配或最初投入构成的情况。该象限直接反映了收入法计算的国内生产总值。

第Ⅳ象限一般认为主要反映再分配关系,但是再分配绝非第Ⅲ象限主栏与第Ⅱ象限宾栏的简单交叉,而是涉及机构部门的划分。因此,到目前为止国家编表还是一个空的象限,但对其内容已有一些研究。

第Ⅰ、Ⅱ象限连接在一起,通过各横行反映各产品部门和产品分配与使用去向;第Ⅰ、Ⅲ象限连接在一起,纵列既反映各产品部门在生产中的投入和来源,也反映生产过程的价值形成。

三、投入产出表中的几个基本平衡关系

投入产出表中有以下五个基本的平衡关系式。

(1) 从纵向看,中间投入 + 最初投入 = 总投入,即:

$$\sum_{i=1}^{n} x_{ij} + N_j = X_j$$

式中,$\sum_{i=1}^{n} x_{ij}$ 为 j 部门所消耗的各种中间投入总量;N_j 为 j 部门的最初投入;X_j 为 j 部门的总投入。

(2) 从横向看,中间使用 + 最终使用 = 总产出,即:

$$\sum_{j=1}^{n} x_{ij} + Y_i = X_i$$

式中,$\sum_{j=1}^{n} x_{ij}$ 为 i 部门供中间使用的产品总量;Y_i 为 i 部门供最终使用的产品总量;X_i 为 i 部门的总产出。

(3) 每个部门的总投入 = 该部门的总产出,即:

$$X_j = X_i \quad (当 i = j 时)$$

(4) 总投入合计 = 总产出合计,即:

$$\sum_{j=1}^{n} X_j = \sum_{i=1}^{n} X_i$$

(5) 第Ⅱ象限的总量 = 第Ⅲ象限的总量。这是投入产出表的重要平衡式,即全国最初投入总计等于最终产品总计。即:

$$\sum_{j=1}^{n} N_j = \sum_{i=1}^{n} Y_i$$

四、我国的投入产出表

我国投入产出表的研制工作始于 20 世纪 60 年代。目前在我国,投入产出表作为宏观经济核算体系的重要组成部分,已正式纳入国家统计调查制度。从 1987 年建立投入产出调查制度开始,我国已编制了 1987 年、1992 年、1997 年、2002 年、2007 年投入产出表(逢二、七年份调查编表),同时还编制了 1990 年、1995 年、2000 年、2005 年、2010 年投入产出延长表(逢〇、五年份非调查编表)。我国投入产出表的基本原理与一般投入产出表相同。为了反映宏观经济不同层次活动的内容,我国的投入产出表有 6 部门表、30 - 40 部门表、130 多个部门表三个层次。2007 年,我国 6 部门的投入产出表如表 3 - 5 所示。

宏观经济核算分析

表 3-5　中国 2007 年 6 部门投入产出表

单位：万元

产出＼投入	中间使用							最终使用						总产出
	农业	工业	建筑业	运输邮电业	商业餐饮业	其他服务业	中间使用合计	农村居民消费	城镇居民消费	政府消费	最终消费合计	固定资本形成	存货增加	资本形成总额	出口	进口	最终使用合计	其他	总产出

投入＼产出	农业	工业	建筑业	运输邮电业	商业餐饮业	其他服务业	中间使用合计	农村居民消费	城镇居民消费	最终使用合计
农业	68 771 565	246 574 664	2 593 001	3 797 407	17 846 691	3 856 351	343 439 679	51 593 464	59 967 035	142 052 872
工业	102 483 228	3 260 999 106	379 254 978	109 128 898	88 495 536	272 202 258	4 212 564 004	89 149 080	297 024 049	1 626 146 910
建筑业	113 271	1 597 878	5 980 360	1 229 485	1 276 015	3 856 351	40 280 309	0	0	601 873 407
运输邮电业	7 974 668	117 057 935	47 374 158	22 646 889	28 178 072	27 980 517	251 212 239	5 673 954	9 318 748	83 527 006
商业餐饮业	8 517 008	123 362 785	20 227 283	7 895 748	14 074 298	58 111 883	232 189 006	33 575 643	18 430 309	202 246 138
其他服务业	14 478 522	199 180 471	26 653 059	29 781 675	57 617 577	146 981 918	448 466 273	63 180 299	101 381 333	726 193 162
中间投入合计	202 338 262	3 948 772 839	482 082 839	174 480 101	207 488 189	512 989 278	5 528 151 509	243 172 440	236 232 269	3 382 039 495
劳动者报酬	271 816 270	385 888 718	74 053 207	40 588 138	57 264 921	270 861 747	1 100 473 000		722 353 744	
生产税净额	478 020	252 099 229	18 003 673	14 200 270	48 203 024	52 203 016	385 187 233			
固定资产折旧	14 297 448	173 860 357	7 756 881	28 349 499	17 640 733	130 650 405	372 555 322			
营业盈余	0	387 969 985	45 320 751	66 690 679	105 882 900	196 358 240	802 222 556			
增加值合计	286 591 738	1 199 818 289	145 134 513	149 828 586	228 991 578	650 073 407	2 660 438 111			
总投入	488 930 000	5 148 591 128	627 217 352	324 308 687	436 479 768	1 163 062 685	8 188 589 620			

	最终消费合计	固定资本形成	存货增加	资本形成总额	出口	最终使用合计	进口	其他	总产出
农业	114 976 729	10 671 736	9 744 622	20 416 358	6 659 785	142 052 872	23 279 609	26 717 058	488 930 000
工业	386 173 129	384 178 022	43 804 031	427 982 053	811 991 728	1 626 146 910	656 431 379	−33 688 407	5 148 591 128
建筑业	9 318 748	588 465 912	0	588 465 912	4 088 747	601 873 407	2 212 627	7 557 011	627 217 352
运输邮电业	40 319 079	2 632 806	259 670	2 892 476	40 315 450	83 527 006	11 038 922	608 365	324 308 687
商业餐饮业	134 956 977	18 821 092	1 027 192	19 848 284	47 440 878	202 246 138	5 233 456	7 278 080	436 479 768
其他服务业	631 690 708	49 589 132	0	49 589 132	44 913 321	726 193 162	42 009 553	10 132 057	1 163 062 685
总计	1 317 435 370	1 054 358 700	54 835 514	1 109 194 214	955 409 910	3 382 039 495	740 205 547	18 604 163	8 188 589 620

政府消费：3 416 230；0；0；16 214 816；0；332 278 140；351 909 186

注：本表数据来源于《中国统计年鉴（2010）》，中国统计出版社，2010 年版。由 17 个部门投入产出表整理而成。

第二节 投入产出表的编制

要进行投入产出分析,首先要编制投入产出表。投入产出表的编制有两种方法:直接编表法和间接编表法。二者最根本的不同在于是否从产品部门(纯部门)出发来搜集数据。

一、直接编表法

直接编表法也称为直接分解法。它从一开始就按照投入产出表的纯部门要求来收集数据。所谓纯部门就是按产品划分的部门,它要求该部门只含有与其对应的一类产品,不包含其他产品,为此目的,直接编表就必须对基层单位现有的核算资料,按纯部门的要求进行加工、调整和分解,对其生产的次要产品进行相应的部门归类。这样,各部门就被调整为产品部门(纯部门)。具体包含三个调整步骤。

1. **总产出的分解与调整**

用直接法编制投入产出表时,要求用"产品法"计算总产出。农业部门可以满足这个要求,而工业企业由于按"工厂法"计算总产出,就难以反映总产出的产品构成。这时,需要对总产出按生产的各类产品加以分解。分解的公式为:

$$q_j = X_j - \sum_{\substack{i=1 \\ i \neq j}}^{n} X_j^i + \sum_{i=1}^{n} X_i^j$$

式中, q_j 为 j 产品部门的产出; X_j 为以 j 为主要产品的企业的产品; X_j^i 为以 j 为主要产品的企业生产的其他产品 $i(i \neq j)$ 的产出; X_i^j 为以其他产品 i 为主要产品的企业生产的 j 产品的产出。

2. **中间投入与增加值的分解**

分解中间投入是编制投入产出表的核心工作,是衡量编表质量高低的标准。

当企业生产两种以上不同的产品时,企业的中间投入是混合的,而非单一的。要满足投入产出表的需要,就必须准确地分解出每一产品的中间投入结构。由于企业在生产中进行中间投入时并不具体记录到不同产品产出上的中间投入的数量。因此,在分解中间投入时需要附加一些假定。例如,按比例分摊、按定额推算或是按经验估计等。

(1)按比例分摊的公式为:

$$\text{某产品对某种中间投入的消耗} = \text{该中间投入消耗总额} \times \frac{\text{某产品产出}}{\text{企业总产出}}$$

(2)按定额推算的公式为:

$$\text{某产品对某种中间投入的消耗} = \text{该中间投入消耗总额} \times \frac{\text{该产品实际生产工时}}{\text{企业生产总工时}}$$

企业的总产出扣除中间投入,就是企业创造的增加值。只要对总产出和中间投入的分解是准确的,就可以得到准确分解的增加值。

3. 最终产品的分解与调整

对于资本品和消费品,按其实际用途一般都可得到正确的分解,但是关于存货的结构缺乏现成的资料,需要进行统计调查,可以用样本资料估算总体的情况。

当总产出、中间投入、增加值、最终产品按产品部门分解与调整后,可以进行总表的编制与平衡调整。主要有三个步骤:第一,将Ⅰ,Ⅲ象限数据与第Ⅱ象限数据合并。因为编制投入产出表是按投入方向(纵向)收集数据的,数据收集以后,第Ⅰ,Ⅲ象限数据连在一起,而第Ⅱ象限数据是分开的,因此必须将这两部分数据按产品部门合并。第二,流通费用分解。因为收集中间投入和最终产品数据时,是按购买者价格计算的,必须进行流通费用分解,使之成为生产者价格的投入产出表。第三,进行总表的平衡调整。因为编表时按纵向收集资料,所以列是平衡的,但行不平衡。这就需要对进出口的数据、存货数据进行核实,尽量调整第Ⅱ象限数据,不要轻易调整第Ⅰ象限数据。当误差较小时,可在Ⅱ象限设置统计误差值。如果需要调整第Ⅰ象限数据,采取行列平衡调整,即"关门打狗"。

直接编表法的优点是能够准确地反映产品的中间投入结构和中间产出结构,能够准确反映产品部门之间的联系,缺点是基层调查工作量大。

二、间接编表法

间接编表法,又称 UV 表推导法。在编制投入产出表时,为了减轻企业填表的工作量,让企业直接填报投入结构表和产出结构表,编表机关将收集到的企业部门投入表(U 表)和企业部门产出表(V 表),通过 UV 表推导法得到产品×产品部门投入产出表,还可以得到企业×企业部门投入产出表。UV 表推导法是联合国统计委员会推荐使用的一种方法。为了具体说明 UV 表推导法的方法,我们给出简化的投入产出表式(见表 3-6)。

表 3-6 简化的投入产出表

投入	产出	产品 1 2 ⋯ n	部门 1 2 ⋯ m	最终使用	总产出
产品	1 2 ⋮ n	$A^c = W^c \hat{Q}^{-1}$	U $B = U\hat{X}^{-1}$	Y	Q

续表

投入＼产出		产品 1　2　…　n	部门 1　2　…　m	最终使用	总产出
部门	1 2 ⋮ m	V $C = V^T \hat{X}^{-1}$ $D = V \hat{Q}^{-1}$	$A^d = W^d \hat{X}^{-1}$	I	X
最初投入		f^T	g^T		
总投入		Q^T	X^T		

注：本表产品为纯部门；部门为企业部门。

表3–6中：

A——投入产出直接消耗系矩阵，上标 c 表示产品×产品，d 表示部门×部门。

W——投入产出流量矩阵，上标 c 表示产品×产品，d 表示部门×部门。

U——产品×部门投入流量矩阵，即投入表（U表）。

B——产品×部门投入系数矩阵。

V——部门×产品产出流量矩阵，即产出表（V表）。

C——产品×部门产出系数矩阵之一（产品比例矩阵）。

D——部门×产品产出系数矩阵之二（部门比例矩阵）。

f——产品最初投入列向量。

g——部门最初投入列向量。

Y——产品的最终使用列向量。

I——部门的最终使用列向量。

Q——产品总产出列向量。

X——部门总产出列向量。

字母加"T"表示其转置；加"^"表示对角矩阵；加"–1"表示逆矩阵。

根据表3–6中的数据可以编制产品×产品的投入产出表（纯部门表），也可以编制部门×部门的投入产出表（企业部门表），分别参见表3–7与表3–8。

表3–7　产品×产品"纯"部门投入产出表

投入＼产出		产品 1　2　…　n	最终使用	总产出
产品	1 2 ⋮ n	$W^c = A^c \hat{Q}$	Y	Q
最初投入		f^T		
总投入		Q^T		

表3-8 部门×部门"企业"部门投入产出表

投入＼产出		部门 1　2　⋯　m	最终使用	总产出
部门	1 2 ⋮ m	$W^d = A^d \hat{X}$	I	X
最初投入		g^T		
总投入		X^T		

注:"企业部门"也称"混部门"。

间接编表法有如下三个步骤。

1. 基础数据表的编制

(1)投入表和投入系数。投入表(U表)是价值型的(见表3-9),主栏是产品(纯部门),宾栏是部门(企业部门),属于产品×部门表,是矩形。

表3-9 投入表(U)表

		部门 1　2　⋯　m	产品总产出
产品	1 2 ⋮ n	u_{11}　u_{12}　⋯　u_{1m} u_{21}　u_{22}　⋯　u_{2m} ⋮　⋮　　⋮ u_{n1}　u_{n2}　⋯　u_{nm}	Q_1 Q_2 ⋮ Q_n
部门总产出		X_1　X_2　⋯　X_m	

从行向看,它反映各种产品分配到哪些部门;从列向看,它反映了各个部门投入了哪些产品。U_{ij}为j部门所投入的i产品产出。

根据投入表(U表)可以计算投入系数。以U表的投入流量矩阵数据除以部门总产出向量的对角矩阵$\hat{X}$的数据,就可以得到产品×部门投入系数矩阵B。这是推导投入产出系数矩阵的基础数据之一。b_{ij}为j部门单位总产出所投入的i种产品的产出。

$$B = U\hat{X}^{-1}$$

式中,

$$B = \begin{pmatrix} b_{11} & b_{12} \cdots b_{1m} \\ b_{21} & b_{22} \cdots b_{2m} \\ \vdots & \vdots \quad \vdots \\ b_{n1} & b_{n2} \cdots b_{nm} \end{pmatrix}_{n \times m} ; \quad U = \begin{pmatrix} u_{11} & u_{12} \cdots u_{1m} \\ u_{21} & u_{22} \cdots u_{2m} \\ \vdots & \vdots \quad \vdots \\ u_{n1} & u_{n2} \cdots u_{nm} \end{pmatrix}_{n \times m} ; \quad \hat{X} = \begin{pmatrix} X_1 & & & \\ & X_2 & & \\ & & \ddots & \\ & & & X_m \end{pmatrix}_{m \times m}$$

(2)产出表和产出系数。产出表(V表)也是价值型的,主栏是部门(企业部门),宾栏是产品(纯部门),属于部门×产品表,也是矩形(见表3-10)。

表3-10 产出表(V表)

		产 品				部门总产出
		1	2	⋯	n	
部门	1	V_{11}	V_{12}	⋯	V_{1n}	X_1
	2	V_{21}	V_{22}	⋯	V_{2n}	X_2
	⋮	⋮	⋮		⋮	⋮
	m	V_{m1}	V_{m2}	⋯	V_{mn}	X_m
部门总产出		Q_1	Q_2	⋯	Q_n	

表3-10中,从行向来看,它反映各部门生产了哪些产品,既包括主要产品,也包括次要产品;从列向看,它反映各种产品是由哪些部门生产的。V_{ij}为j产品由i部门生产的产出,显然,主要产品占绝大多数,因此,V表的数据往往集中在主对角线及其附近。

根据产出表(V表)可以计算出两个系数矩阵。

其一,部门的产出比例矩阵。以部门×产品流量矩阵V的转置矩阵V^T的数据,除以部门总产出向量的对角矩阵$\hat{X}$的数据,可以得到部门的产品比例矩阵C。C_{ij}为j部门单位产出中i产品所占比例。即:

$$C = V^T \hat{X}^{-1}$$

式中,

$$C = \begin{pmatrix} c_{11} & c_{12} \cdots c_{1m} \\ c_{21} & c_{22} \cdots c_{2m} \\ \vdots & \vdots & \vdots \\ c_{n1} & c_{n2} \cdots c_{nm} \end{pmatrix}_{n \times m} ; \quad V^T = \begin{pmatrix} v_{11} & v_{21} \cdots v_{m1} \\ v_{12} & v_{22} \cdots v_{m2} \\ \vdots & \vdots & \vdots \\ v_{1n} & v_{2n} \cdots v_{mn} \end{pmatrix}_{n \times m}$$

其二,产品的部门比例矩阵。以部门×产品流量矩阵V的数据除以产品总产出向量的对角矩阵$\hat{Q}$的数据,可以得到产品的部门比例矩阵D。d_{ij}为j产品单位产出中i部门生产的比例。即:

$$D = V \hat{Q}^{-1}$$

式中,

$$D = \begin{pmatrix} d_{11} & d_{12} \cdots d_{1n} \\ d_{21} & d_{22} \cdots d_{2n} \\ \vdots & \vdots & \vdots \\ d_{m1} & d_{m2} \cdots d_{mn} \end{pmatrix}_{m \times n} ; \quad V = \begin{pmatrix} v_{11} & v_{12} \cdots v_{1n} \\ v_{21} & v_{22} \cdots v_{2n} \\ \vdots & \vdots & \vdots \\ v_{m1} & v_{m2} \cdots v_{mn} \end{pmatrix}_{m \times n} \quad \hat{Q} = \begin{pmatrix} Q_1 & & & \\ & Q_2 & & \\ & & \ddots & \\ & & & Q_n \end{pmatrix}_{n \times n}$$

(3)基础数据的来源。投入表和产出表可以分三个步骤进行编制:第一步是基层调查。根据投入产出表的编制要求,向基层企业发出若干调查表。按照有关记录和年报,填报按混部门(企业部门)划分的各种物质消耗、固定资产折旧、净增加值以及各种产品的产出等。第二步是汇总编表。根据企业所属的混部门(企业部门),将基层调查的各种数据进行初步汇总,编制成投入表和产出表。第三步是平衡调整。如果基层调查是进行普查,投入表和产出表的各个总量要与统计局和有关部门的统计数据保持一致,否则要进行必要的调整。如果基层调查是典型调查,必须根据比例放大,放大的总量以统计数据为准。

2. 投入产出系数的推导

UV 表推导法是先推导出系数,再由系数推算出流量矩阵。在推导过程中主要用两种工艺假定:一种是部门工艺假定,即不管生产何种产品,同一部门生产的各种产品具有相同的投入构成;另一种是产品工艺假定,即不管在哪个部门生产,同一产品都具有相同的投入构成。

(1) 部门工艺假定。

其一,按照部门工艺假定推导产品 × 产品投入产出系数。设 d 为部门,c 为产品,则有:$A_d^c = BD$(A_d^c 的下标代表工艺假定,上标代表投入产出系数的类型)。我们知道,B 矩阵是产品 × 部门的投入系数矩阵,而 D 矩阵是部门 × 产品的产出系数矩阵,二者相乘则是产品 × 产品的投入产出系数矩阵。

其二,按照部门工艺假定推导部门 × 部门投入产出系数。将 B 矩阵与 D 矩阵交换位置相乘,则有:$A_d^d = DB$(A_d^d 的下标代表工艺假定,上标代表投入产出系数类型)。因为 D 矩阵是部门 × 产品的产出系数矩阵,而 B 矩阵是产品 × 部门的投入系数矩阵,二者相乘则为部门 × 部门的投入产出系数矩阵。

(2) 产品工艺假定。

其一,按照产品工艺假定推导产品 × 产品投入产出系数。仍设 d 为部门,c 为产品,则有:$A_c^c = BC^{-1}$(A_c^c 的下标代表工艺假定,上标代表投入产出系数类型)。我们知道,B 矩阵是产品 × 部门的投入系数矩阵,C 矩阵是产品 × 部门的产出系数矩阵,而其逆矩阵 C^{-1} 则成为部门 × 产品的产出系数矩阵,二者相乘为产品 × 产品的投入产出系数矩阵。

其二,按照产品工艺假定推导部门 × 部门投入系数。将 B 矩阵与 C^{-1} 矩阵交换位置相乘,则有:$A_c^d = C^{-1}B$(A_c^d 的下标代表工艺假定,上标代表投入产出系数类型)。因为 C^{-1} 矩阵为部门 × 产品的产出系数矩阵,B 矩阵为产品 × 部门的投入系数矩阵,二者相乘则为部门 × 部门投入产出系数矩阵。

3. 投入产出表的编制

(1) 产品 × 产品的投入产出表。

其一,中间投入矩阵(W^c)的编制。按照部门工艺假定,$W^c = BD\hat{Q} = A_d^c\hat{Q}$;按照产品工艺假定,$W^c = BC^{-1}\hat{Q} = A_c^c\hat{Q}$,即用产品 × 产品投入产出系数分别乘以分产品部门(纯部门)的总产出。

其二,最初投入矩阵(f^T)的编制。f^T有两种计算方法:按照部门工艺假定,$f^T = g^T \hat{X}^{-1} D \hat{Q}$;按照产品工艺假定,$f^T = g^T \hat{X}^{-1} C^{-1} \hat{Q}$。两种计算方法均将按混部门(企业部门)划分的最初投入转换成按"纯"部门(产品部门)划分的最初投入。

其三,最终使用矩阵(Y)的编制。最终使用(Y)在收集数据时已按产品划分,符合编表要求。将这个矩阵与W^c和f^T矩阵连接起来,便可编制出产品×产品投入产出表。

(2)部门×部门的投入产出表。

其一,中间投入矩阵(W^d)的编制。按照部门工艺假定,$W^d = DB\hat{X} = A_d^d \hat{X}$;按照产品工艺假定,$W^d = C^{-1} B \hat{X} = A_c^d \hat{X}$,即用部门×部门投入产出系数分别乘以分企业部门(混部门)的总产出。

其二,最初投入矩阵(g^T)的编制。最初投入矩阵(g^T)在收集数据时已按企业部门划分,符合编表要求。

其三,最终使用矩阵(I)的编制。要将最终使用矩阵由产品部门转换为企业部门,有两种计算方法:一种方法是$I = DY$;另一种方法是$I = C^{-1}Y$。

将上述三个矩阵连接起来,便可编制出部门×部门投入产出表。

三、投入产出表的估价标准

总的来说,投入产出表有三种估价方法:购买者价格、生产者价格和基本价格。这三种价格的关系如下:

$$购买者价格\begin{cases}生产者价格\begin{cases}基本价格\\生产税净额\end{cases}\\流通费用\end{cases}$$

首先比较生产者价格和购买者价格。从投入产出分析的角度出发,采用生产者价格比较适宜。这是因为:①生产者价格有利于保证估价的一致性,即投入产出表的每一个单位的货币价值量,都尽可能体现与其相对应的实物产品量;购买者价格的高低,在很大程度上要受产品运输距离的远近及商业流通环节多寡的影响,从而会导致表中同样数量的货币代表不同内容的实物产品量。②生产者价格有利于消除流通费用的重复计算和矩阵求逆的矛盾;用购买者价格计算,由于宏观经济各部门的投入产品中已包括流通费用,因此投入产出表的主栏中也就不能将流通部门单独列示,这时,中间产品象限就非方阵,不能求逆,从而使编制出来的投入产出表无法计算完全消耗系数。

但是,在我国投入产出表的实际编制过程中,直接收集生产者价格资料非常不易,而收集购买者价格资料则比较容易。因此,我国在编制投入产出表时,往往是先编制按购买者价格计算的投入产出表,然后从中分解出流通费用,推导出生产者价格计价的投入产出表。

应当注意,生产者价格是由基本价格和生产税净额组成的,而生产税净额会因不同商品、不同购买者、不同用途及不同税率而发生变化,这时投入系数的稳定性会受到一定程度的影响。因此,联合国在1968年关于宏观经济核算的文件中指出,对每个部门的总产出、总投入都按包括生产税净额在内的生产者价格估价,但在表明部门联系时,产品流量只按基本价值估价。

第三节 直接消耗系数和完全消耗系数

投入产出表中的全部指标,可以用总量指标形式,如前述的总投入、总产出、中间投入、中间产出、最初投入和最终使用等;也可以用结构相对指标形式,以更好地反映部门间的联系。这种结构相对指标又被称为投入产出的技术系数,根据经济内容的不同,分为直接消耗系数和完全消耗系数等。它们可以将中间产品流量矩阵转化为直接消耗系数矩阵和完全消耗系数矩阵。

一、直接消耗系数

直接消耗系数,又称中间投入系数,是两个部门间直接存在的投入产出关系的数量表现。为清楚地表现这个系数的性质,举例加以说明:假定农业部门的总产出为40亿元,而农业生产过程中所消耗的工业产品为7亿元,则单位农业产品所消耗的工业产品为0.175元(7亿元/40亿元)。这就是农业部门单位产品对工业产品的直接消耗系数,它反映了两个部门间直接存在的投入产出系数。直接消耗系数计算公式为:

$$a_{ij} = \frac{x_{ij}}{X_j}(i,j = 1,2,\cdots,n)$$

式中,a_{ij}为直接消耗系数,它的经济含义是j部门产品生产单位总产品对i部门的消耗数量;x_{ij}为i部门生产时所消耗的j产品数量;X_j为j部门的总产出。

若将第Ⅰ象限每个部门的中间投入数据分别除以本部门总产出(总投入),可以得到直接消耗系数矩阵,用A表示。

$$A = \begin{pmatrix} \frac{x_{11}}{X_1} & \frac{x_{12}}{X_2} & \cdots & \frac{x_{1n}}{X_n} \\ \frac{x_{21}}{X_1} & \frac{x_{22}}{X_2} & \cdots & \frac{x_{2n}}{X_n} \\ \vdots & \vdots & & \vdots \\ \frac{x_{n1}}{X_1} & \frac{x_{n2}}{X_2} & \cdots & \frac{x_{nm}}{X_n} \end{pmatrix} = \begin{pmatrix} a_{11} & a_{12} & \cdots & a_{1n} \\ a_{21} & a_{22} & \cdots & a_{2n} \\ \vdots & \vdots & & \vdots \\ a_{n1} & a_{n2} & \cdots & a_{nn} \end{pmatrix}$$

利用A矩阵(直接消耗系数矩阵)的计算公式,我们可以得到中国2007年6部门的直接消耗系数矩阵。这6个部门的顺序是:农业、工业、建筑业、运输邮电业、商业餐饮业、其他服务业。

$$A = \begin{pmatrix} 0.1407 & 0.0479 & 0.0041 & 0.0117 & 0.0409 & 0.0033 \\ 0.2096 & 0.6334 & 0.6047 & 0.3365 & 0.2027 & 0.2340 \\ 0.0002 & 0.0003 & 0.0095 & 0.0038 & 0.0029 & 0.0033 \\ 0.0163 & 0.0227 & 0.0755 & 0.0698 & 0.0646 & 0.0241 \\ 0.0174 & 0.0240 & 0.0322 & 0.0243 & 0.0322 & 0.0500 \\ 0.0296 & 0.0387 & 0.0425 & 0.0918 & 0.1320 & 0.1264 \end{pmatrix}$$

从直接消耗系数的计算方法上可分析出直接消耗系数的大小受三个因素的制约：①生产的技术水平。技术进步可直接促成生产单位所需的各种中间消耗的节约，也可能会通过生产新工艺的出现、新材料的出现、代用品的采用等，改变产品生产的投入构成，从而影响各有关投入系数的数值。②产出的结构。一个产业部门只生产某种单一产品的情况通常存在于原油、煤炭和电力等几个少数部门，绝大多数产业部门都生产两种及其以上的产品，不同产品的费用构成或投入构成是不同的，因此，部门产出中产品结构的改变也是影响投入系数大小的一个重要因素。③价格水平。由于不同产品价格变动的方向和幅度不尽相同，即使在投入产品实际构成不变的情况下，价格变化也会引起有关投入系数的改变。

由此可见，直接消耗系数并不是稳定不变的，会因上述各种因素的影响而发生变化，这样就会限制直接消耗系数在经济预测方面的作用。

解决这个问题有两条途径。一条途径是运用特殊的统计方法，尽可能减少直接消耗系数不稳定的因素，主要包括两种方法：①尽可能"纯化"产品部门的产出结构，最好采用直接法编表；②用生产资料价格指数调整中间消耗的价格变动。另一条途径是，对直接消耗系数的稳定性做出时间上的限定，假定在限定的时间内投入系数不会发生很大的变化。我国每5年编制一次投入产出表，在编表周期内修订一次直接消耗系数，即假定直接消耗系数在2~3年内不会发生很大变化。

二、完全消耗系数

完全消耗系数是投入产出分析的又一重要的基本概念，引入这一系数后，使投入产出分析发生更深刻的变化。

我们知道，在宏观经济各部门之间除了直接联系外，还有间接联系。这些间接联系可举例（图3-1）说明。

图3-1是钢在生产中对电的直接与间接消耗的简图。图3-1中，钢对电力的直接消耗系数是a_{91}，除此之外，在生产钢时还要同时消耗生铁、煤、耐火砖、冶金设备，钢对这些产品的直接消耗系数分别为$a_{21},a_{31},a_{41},a_{51}$。由于这些产品在生产过程中也要消耗电力，因此，钢通过这些产品生产形成对电力的一次间接消耗，它是两个直接消耗系数的乘积。例如，钢通过生铁对电力的一次间接消耗为$a_{92}a_{21}$，通过煤对电力的一次间接消耗为$a_{93}a_{31}$，通过耐火砖对电力的一次间接消耗为$a_{94}a_{41}$，通

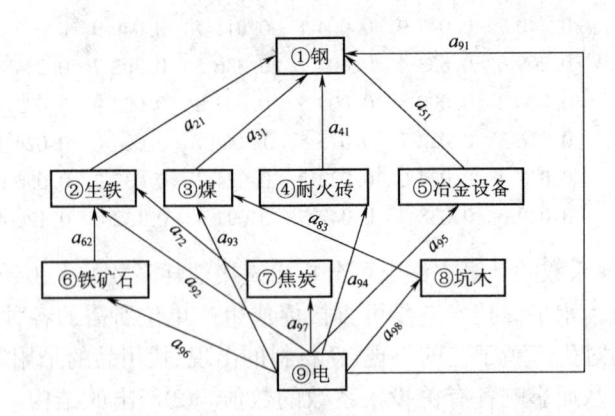

图 3-1 钢对电的直接和间接消耗简图

过冶金设备对电力的一次间接消耗为 $a_{95}a_{51}$。而生铁的生产过程中,还要直接消耗铁矿石、焦炭等产品。这样,钢通过生铁、铁矿石形成对电力的二次间接消耗为 $a_{96}a_{62}a_{21}$;通过生铁、焦炭形成对电力的二次间接消耗为 $a_{97}a_{72}a_{21}$。依此类推,还可以计算出钢对电力的三次、四次…K 次间接消耗,而钢对电力的完全消耗则是直接消耗和全部间接消耗之和。

由于宏观经济中部门间的消耗关系十分错综复杂,用上述定额连乘方法无法把各种完全消耗系数计算清楚,而利用投入产出分析中的直接消耗系数矩阵 A,就能计算出完全消耗系数矩阵,其基本计算思路如下:

设完全消耗系数矩阵为 B,按照上例钢对电的直接消耗与间接消耗的简图可以得到下列计算表式(参见表 3-11)。

表 3-11 完全消耗系数计算例示表

消耗类别	具体例子	一般表达式	矩阵形式
直接消耗	a_{91}	a_{ij}	A
一次间接消耗	$a_{92}a_{21}$	$a_{ik}a_{kj}$	A^2
	$a_{93}a_{31}$		
	$a_{94}a_{41}$		
	$a_{95}a_{51}$		
二次间接消耗	$a_{96}a_{62}a_{21}$	$a_{il}a_{lk}a_{kj}$	A^3
	$a_{97}a_{72}a_{21}$		
⋮	⋮		⋮
$K-1$ 次间接消耗			A^k

按照完全消耗系数的定义,完全消耗系数 = 直接消耗系数 + 间接消耗系数,即:

$$B = A + A^2 + A^3 + \cdots + A^K$$

为了使其化简,在等号两边加上一个与 A 同阶的单位矩阵,得:

$$B + I = I + A + A^2 + A^3 + \cdots + A^K$$

两边再左乘 $(I - A)$,得:

$$(I - A)(B + I) = (I - A)(I + A + A^2 + A^3 + \cdots + A^K)$$
$$= (I - A) + (A - A^2) + (A^2 - A^3) + (A^3 - A^4)$$
$$+ \cdots + (A^K - A^{K-1})$$

化简得:
$$(I - A)(B + I) = I - A^{K+1}$$

因为 A 的各元素均小于 1;即 $0 \leq A < 1$;当 $K \to \infty$ 时,$A^{K+1} \to 0$。

所以:
$$(I - A)(B + I) = I$$
$$(B + I) = (I - A)^{-1}$$
$$B = (I - A)^{-1} - I$$

这样,只要做一次 $(I - A)^{-1}$ 的运算就可简便地求出 B。完全消耗系数矩阵 B 的各元素的 b_{ij} 为 j 部门每提供一个单位最终产品对 i 部门产品的完全消耗量。矩阵 $(I - A)^{-1}$ 被称为列昂惕夫逆矩阵,其在投入产出分析中有特别重要的意义。列昂惕夫逆矩阵 $(I - A)^{-1} = B + I = \overline{B}$ 的元素 $\overline{b}_{ij}$ 被称为完全需要系数。

根据 $B = (I - A)^{-1} - I$ 计算的中国 2007 年 6 部门完全消耗系数如下:

$$B = \begin{pmatrix} 0.2128 & 0.1772 & 0.1259 & 0.0886 & 0.1030 & 0.0609 \\ 0.8225 & 2.0690 & 2.0403 & 1.2429 & 0.8921 & 0.9183 \\ 0.0012 & 0.0022 & 0.0117 & 0.0055 & 0.0046 & 0.0048 \\ 0.0471 & 0.0888 & 0.1456 & 0.1172 & 0.1039 & 0.0612 \\ 0.0481 & 0.0900 & 0.0991 & 0.0703 & 0.0712 & 0.0879 \\ 0.0898 & 0.1644 & 0.1741 & 0.1864 & 0.2160 & 0.2073 \end{pmatrix}$$

完全消耗系数 b_{ij} 与完全需要系数 $\overline{b}_{ij}$ 之间在经济意义上的区别与联系如下:

$$(1)\ B = \begin{pmatrix} b_{11} & b_{12} \cdots b_{1n} \\ b_{21} & b_{22} \cdots b_{2n} \\ \vdots & \vdots \quad \vdots \\ b_{n1} & b_{n2} \cdots b_{nn} \end{pmatrix} \quad BY = \begin{pmatrix} b_{11} & b_{12} \cdots b_{1n} \\ b_{21} & b_{22} \cdots b_{2n} \\ \vdots & \vdots \quad \vdots \\ b_{n1} & b_{n2} \cdots b_{nn} \end{pmatrix} \begin{pmatrix} Y_1 \\ Y_2 \\ \vdots \\ Y_n \end{pmatrix} = \begin{pmatrix} \sum_{j=1}^{n} x_{1j} \\ \sum_{j=1}^{n} x_{2j} \\ \vdots \\ \sum_{j=1}^{n} x_{nj} \end{pmatrix}$$

$$(2)\ (I-A)^{-1} = B + I = \begin{pmatrix} b_{11}+1 & b_{12} & \cdots b_{1n} \\ b_{21} & b_{22}+1 & \cdots b_{2n} \\ \vdots & \vdots & \vdots \\ b_{n1} & b_{n2} & \cdots b_{nn}+1 \end{pmatrix}$$

$$= \begin{pmatrix} \bar{b}_{11} & \bar{b}_{12} \cdots \bar{b}_{1n} \\ \bar{b}_{21} & \bar{b}_{22} \cdots \bar{b}_{2n} \\ \vdots & \vdots & \vdots \\ \bar{b}_{n1} & \bar{b}_{n2} \cdots \bar{b}_{nn} \end{pmatrix}$$

$$(I-A)^{-1}Y = \begin{pmatrix} \bar{b}_{11} & \bar{b}_{12} \cdots \bar{b}_{1n} \\ \bar{b}_{21} & \bar{b}_{22} \cdots \bar{b}_{2n} \\ \vdots & \vdots & \vdots \\ \bar{b}_{n1} & \bar{b}_{n2} \cdots \bar{b}_{nn} \end{pmatrix} \begin{pmatrix} Y_1 \\ Y_2 \\ \vdots \\ Y_n \end{pmatrix} = \begin{pmatrix} \sum_{j=1}^{n} x_{1j} + Y_1 \\ \sum_{j=1}^{n} x_{2j} + Y_2 \\ \vdots \\ \sum_{j=1}^{n} x_{nj} + Y_n \end{pmatrix} = \begin{pmatrix} X_1 \\ X_2 \\ \vdots \\ X_n \end{pmatrix}$$

由(1)可见,b_{ij}反映最终产品与中间投入的关系;由(2)可见,$\bar{b}_{ij}$反映最终产品与总产出之间的关系。

第四节 投入产出表的分析

投入产出表的最大特点是以表现产品(或产业)部门间的生产技术联系为内容。投入产出表的分析也是通过部门间经济流量的生产技术联系来分析、预测宏观经济的结构和比例关系的。

一、投入产出模型

投入产出模型分行模型和列模型,以本章第一节中用符号表示的投入产出表中的符号为准,分别考察行、列模型的表达式。

1. **投入产出行模型**

从投入产出表行的平衡关系看,有:中间产品 + 最终产品 = 总产出,即:

$$\sum_{j=1}^{n} x_{ij} + Y_i = X_i \quad (i = 1, 2, \cdots, n)$$

引入直接消耗系数a_{ij},有:$x_{ij} = a_{ij}X_j$

所以, $$\sum_{j=1}^{n} a_{ij}X_j + Y_i = X_i \quad (i = 1, 2, \cdots, n)$$

用矩阵表示为: $$AX + Y = X$$

式中，
$$A = \begin{pmatrix} a_{11} & a_{12} & \cdots & a_{1n} \\ a_{21} & a_{22} & \cdots & a_{2n} \\ \vdots & \vdots & & \vdots \\ a_{n1} & a_{n2} & \cdots & a_{nn} \end{pmatrix}, Y = \begin{pmatrix} Y_1 \\ Y_2 \\ \vdots \\ Y_n \end{pmatrix}, X = \begin{pmatrix} X_1 \\ X_2 \\ \vdots \\ X_n \end{pmatrix}$$

有了平衡式 $AX + Y = X$，只要已知总产出向量 X 和最终产出向量 Y 中的一个，就可以求出另一向量。

若已知矩阵 X，求 Y，则变形为：
$$Y = (I - A)X \tag{3-1}$$

式中，I 为单位矩阵。

若已知矩阵 Y，求 X，则变形为：
$$X = (I - A)^{-1} Y \tag{3-2}$$

式中，I 为单位矩阵。

式(3-1)和式(3-2)即为投入产出的行模型，表明总产出向量 X 与最终产品向量 Y 之间的关系。它是对产业结构进行预测和规划工作的基础。

2. 投入产出列模型

由投入产出表列的平衡关系看，有：中间投入 + 最初投入 = 总投入，即：
$$\sum_{i=1}^{n} x_{ij} + N_j = X_j \quad (j = 1, 2, \cdots, n)$$

引入直接消耗系数，有：$x_{ij} = a_{ij} X_j$

所以，
$$\sum_{i=1}^{n} a_{ij} X_j + N_j = X_j \quad (j = 1, 2, \cdots, n)$$

用矩阵表示为：$\hat{A}_c X + N = X$

式中，$\hat{A}_c$ 为以各部门的中间投入率 $a_{cj} \left(= \sum_{i=1}^{n} a_{ij} \right)$ 为主对角元素的对角矩阵，即：

$$\hat{A}_c = \begin{pmatrix} a_{c1} & & & \\ & a_{c2} & & \\ & & \ddots & \\ & & & a_{cn} \end{pmatrix}, N = \begin{pmatrix} N_1 \\ N_2 \\ \vdots \\ N_n \end{pmatrix}, X = \begin{pmatrix} X_1 \\ X_2 \\ \vdots \\ X_n \end{pmatrix}$$

有了平衡式 $\hat{A}_c X + N = X$，只要已知总产出向量 X 和最初投入向量 N 中的一个，就可求出另一个向量。

若已知矩阵 X，求 N，则变形为：
$$N = (I - \hat{A}_c)X \tag{3-3}$$

式中，I 为单位矩阵。

若已知矩阵 N，求 X，则变形为：
$$X = (I - \hat{A}_c)^{-1} N \tag{3-4}$$

式中，I 为单位矩阵。

式(3-3)和式(3-4)是投入产出列模型，表明总投入与最初投入之间的关系，它是对价格进行预测的基础。

二、产业结构的预测和规划

投入产出模型在分析和预测产业结构方面是一个有力的工具，进行分析和预测的基础是投入产出行模型 $X=(I-A)^{-1}Y$。从这里可以看出，只要直接消耗系数矩阵 A 能够确定，$(I-A)^{-1}$ 就是已知的，这样，可根据各部门最终需求 Y 的变动，测算其对各部门总产出 X 的影响。

各部门最终需求的变动可用 ΔY 表示，对各部门总产出的影响可用 ΔX 表示，则有：

$$\Delta X=(I-A)^{-1}\Delta Y$$

以上是从产品部门最终需求的变动出发，预测产业结构的变化。实际上，先要对 ΔY 进行估计，或者说 ΔY 是预先制定的规划目标；并且，假定 A 在预测期限内是稳定的，因为任何一个直接消耗系数的变动都会改变它所在的那个结构方程，从而需要重解所有方程，即使 ΔY 不变，ΔX 的解也会发生变化。

下面举例说明投入产出行模型在产业结构的预测和规划方面的应用。

运用 2007 年投入产出系数，若运输邮电部门产品有 50 亿元的缺口，为弥补这个缺口，各部门需要增加的产量为：

$$\Delta X=(I-A)^{-1}\begin{pmatrix}0\\0\\0\\50\\0\\0\end{pmatrix}=\begin{pmatrix}0.088\,6\\1.242\,9\\0.005\,5\\1.117\,2\\0.070\,3\\0.186\,4\end{pmatrix}\times 50=\begin{pmatrix}4.43\\62.15\\0.28\\55.86\\3.52\\9.32\end{pmatrix}$$

即：运输邮电业最终产品增加 50 亿元，需要农业增加总产出 4.43 亿元，工业增加总产出 62.15 亿元，建筑业增加总产出 0.28 亿元，运输邮电业本身增加总产出 55.86 亿元，商业餐饮业增加总产出 3.52 亿元，其他服务业增加总产出 9.32 亿元。

三、价格的预测

在市场经济体制中，价格是一个重要的经济调节杠杆。由于市场上各类商品价格之间有着密切联系，包括直接联系和间接联系，国家在宏观经济调控中经常需要对某种商品或某些产品的涨价(或降价)进行模拟计算，测算其涨价(或降价)对其他产品的潜在涨价(或降价)的影响。

利用投入产出模型测算调价的影响，需要给定一定的假设条件：第一，商品(部门)价格的变化都是由于成本中物质消耗费用变化而引起的，不考虑由工资或生产

第三章　投入产出核算分析

税和营业盈余的变化对价格带来的影响,并假设工资、生产税净额和营业盈余都不变;第二,不考虑在原材料、燃料、动力价格提高后,企业可能采取的各种降低消耗的措施,以及其他降低成本的措施;第三,在价格形成中,不考虑折旧的变化;第四,不考虑供求对价格的影响。在这四个假设下,论述计算方法。

一种商品(部门)价格变动对其他商品(部门)价格的影响可根据再分配理论推导。价格变动的本质是增加值的再分配。K 部门提价 $\Delta P_K(\%)$,实际上是 K 部门增加产出 ΔP_K,最终增加值升高 Δa_{NK},因此整个价格链问题就变为:K 部门增加值系数上升 Δa_{NK},需要其价格变动 ΔP_K,此时又引起其他部门价格变动,但其他部门增加值系数不变。

设 $K=1$,仅有 3 个部门,则:

$$(\Delta a_{NK} \quad 0 \quad 0)(I-A)^{-1} = (\Delta P_K \Delta P_2 \Delta P_3)$$

即:
$$\begin{cases} \Delta a_{NK}(1+b_{KK}) = \Delta P_K \\ \Delta a_{NK} b_{K2} = \Delta P_2 \\ \Delta a_{NK} b_{K3} = \Delta P_3 \end{cases} 得 \begin{cases} \Delta a_{NK} = \Delta P_K/(1+b_{KK}) \\ \Delta P_2 = \Delta a_{NK} b_{K2} \\ \Delta P_3 = \Delta a_{NK} b_{K3} \end{cases}$$

$$\Delta P_{n-1} = (\Delta P_2 \quad \Delta P_3) = (\Delta P_K b_{K2}/(1+b_{KK}) \quad \Delta P_K b_{K3}/(1+b_{KK}))$$
$$= \Delta P_K b_K \cdot /(1+b_{KK})$$

将 $K=1$ 代入得:

$$\begin{pmatrix} \Delta P_2 \\ \Delta P_3 \end{pmatrix} = \begin{pmatrix} b_{12}/(1+b_{11}) \\ b_{13}/(1+b_{11}) \end{pmatrix} \Delta P_1 = \begin{pmatrix} \bar{b}_{12}/\bar{b}_{11} \\ \bar{b}_{13}/\bar{b}_{11} \end{pmatrix} \Delta P_1$$

推而广之,设经济体中共有 n 个部门,若 K 部门提供 $\Delta P_K(\%)$,则其他部门价格变动为:

$$\begin{pmatrix} \Delta P_1 \\ \Delta P_2 \\ \vdots \\ \Delta P_{K-1} \\ \Delta P_{K+1} \\ \vdots \\ \Delta P_n \end{pmatrix} = \begin{pmatrix} \bar{b}_{K1}/\bar{b}_{KK} \\ \bar{b}_{K2}/\bar{b}_{KK} \\ \vdots \\ \bar{b}_{K,K-1}/\bar{b}_{KK} \\ \bar{b}_{K,K+1}/\bar{b}_{KK} \\ \vdots \\ \bar{b}_{Kn}/\bar{b}_{KK} \end{pmatrix} \cdot \Delta P_K$$

举例说明:利用上述6部门完全消耗系数矩阵 B 加上单位矩阵 I,计算农业部门提价 10%,对其他部门价格变动的影响。

$$\begin{pmatrix} \Delta P_2 \\ \Delta P_3 \\ \Delta P_4 \\ \Delta P_5 \\ \Delta P_6 \end{pmatrix} = \begin{pmatrix} \bar{b}_{12}/\bar{b}_{11} \\ \bar{b}_{13}/\bar{b}_{11} \\ \bar{b}_{14}/\bar{b}_{11} \\ \bar{b}_{15}/\bar{b}_{11} \\ \bar{b}_{16}/\bar{b}_{11} \end{pmatrix} \cdot \Delta P_1 = \begin{pmatrix} 0.1772/1.2128 \\ 0.1259/1.2128 \\ 0.0886/1.2128 \\ 0.1030/1.2128 \\ 0.0609/1.2128 \end{pmatrix} \times 10\% = \begin{pmatrix} 1.46\% \\ 1.04\% \\ 0.73\% \\ 0.85\% \\ 0.50\% \end{pmatrix}$$

农业部门涨价10%,引起工业部门涨价1.46%,建筑业部门涨价1.04%,运输邮电业部门涨价0.73%,商业餐饮业部门涨价0.85%,其他服务业部门涨价0.50%。

四、产业部门之间相互影响程度的分析

宏观经济各产业部门之间生产消耗的联系构成各行业部门之间相互影响的基础,通过投入产出模型计算的影响力系数和感应度系数,可以研究产业部门之间相互影响的程度。影响力和感应度是相互联系的一对概念,通常把一个行业部门影响其他行业部门的程度定义为影响力,把受其他行业影响的程度定义为感应度。

1. 影响力系数

影响力系数又称拉动力系数,它的经济含义是:某一产品部门增加一个单位最终产品时,对宏观经济各个部门所产生的生产需求波及程度。影响力系数的计算公式为:

$$m_j = \frac{\sum_{i=1}^{n} \bar{b}_{ij}}{\frac{1}{n}\sum_{j=1}^{n}\sum_{i=1}^{n} \bar{b}_{ij}}$$

(式中,$\bar{b}_{ij}$ 为完全需要矩阵,即列昂惕夫逆阵的元素)

例:

$$\bar{b}_{ij} = \begin{pmatrix} 1.2128 & 0.1772 & 0.1259 & 0.0886 & 0.1030 & 0.0609 \\ 0.8225 & 3.0690 & 2.0403 & 1.2429 & 0.8921 & 0.9183 \\ 0.0012 & 0.0022 & 1.0117 & 0.0055 & 0.0046 & 0.0048 \\ 0.0471 & 0.0888 & 0.1456 & 1.1172 & 0.1039 & 0.0612 \\ 0.0481 & 0.0900 & 0.0991 & 0.0703 & 1.0712 & 0.0879 \\ 0.0898 & 0.1649 & 0.1741 & 0.1864 & 0.2160 & 1.2073 \end{pmatrix}$$

列合计　　2.2215　3.5921　3.5967　2.7109　2.3908　2.3406　16.8524/6 = 2.8087

影响力系数　0.7909　1.2789　1.2806　0.9652　0.8512　0.8332

以上数据表明,工业、建筑业部门影响力系数高于社会平均水平,农业、运输业、商业餐饮业、其他服务业影响力系数低于社会平均水平。影响力系数反映一个部门发展对其他部门的拉动作用。分析不同部门对经济的拉动作用,可以确定重点行业和优先发展行业,以便合理调整产业结构。

2. 感应度系数

感应度系数又称推动力系数,由于理解不同,对其有两种不同的定义。一种定义是:它反映当各部门均增加一个单位产品时,一个部门由此受到的需求感应程度;另一种定义是:反映某一产业增加一个单位增加值时,对国民经济其他部门所产生的推动作用。

根据两种定义它分别有两种计算方法：
第一种定义的计算公式为：

$$n_i = \frac{\sum_{j=1}^{n} \bar{b}_{ij}}{\frac{1}{n} \sum_{i=1}^{n} \sum_{j=1}^{n} \bar{b}_{ij}}（式中，\bar{b}_{ij} 为完全需要系数矩阵元素）$$

例：

　　　　　　　　　　　　　　　　　　　　　　　　　　　行合计　感应度系数

$$\bar{b}_{ij} = \begin{pmatrix} 1.2128 & 0.1772 & 0.1259 & 0.0886 & 0.1030 & 0.0609 \\ 0.8225 & 3.0690 & 2.0403 & 1.2429 & 0.8921 & 0.9183 \\ 0.0012 & 0.0022 & 1.0117 & 0.0055 & 0.0046 & 0.0048 \\ 0.0471 & 0.0888 & 0.1456 & 1.1172 & 0.1039 & 0.0612 \\ 0.0481 & 0.0900 & 0.0991 & 0.0703 & 1.0715 & 0.0879 \\ 0.0898 & 0.1649 & 0.1741 & 0.1864 & 0.2160 & 1.2073 \end{pmatrix} \begin{matrix} 1.7684 \\ 8.9851 \\ 1.0300 \\ 1.5638 \\ 1.4666 \\ 2.0385 \end{matrix} \begin{matrix} 0.6296 \\ 3.1990 \\ 0.3667 \\ 0.5568 \\ 0.5222 \\ 0.7257 \end{matrix}$$

$$16.8524/6 = 2.8087$$

以上数据表明，工业部门的感应度系数高于社会平均水平，其他部门的感应度系数均低于社会平均水平。

第二种定义的计算公式为：

$$n_i = \frac{\sum_{j=1}^{n} \bar{h}_{ij}}{\frac{1}{n} \sum_{i=1}^{n} \sum_{j=1}^{n} \bar{h}_{ij}}（式中，\bar{h}_{ij} 为完全分配系数矩阵加单位矩阵 \bar{H} = (I-R)^{-1} 元素）$$

举例说明（略）。

感应度系数反映其他部门发展对该部门的推动作用，分析某个部门被其他部门的推动力，也可以确定重点行业和支柱产业，合理调整产业结构。

五、经济增长的需求因素分解

最终需求影响着生产，影响着经济增长。利用投入产出表的数据分析经济增长的需求因素，可以将经济增长分解为国内（地区内）需求变动效应、出口扩张效应、进口替代效应和投入产出技术系数效应。

设：

$$X_1 = \hat{U}_1 A_1 X_1 + \hat{U}_1 D_1 + E_1$$
$$X_2 = \hat{U}_2 A_2 X_2 + \hat{U}_2 D_2 + E_2$$

即：

总产品 = 国内生产的中间产品 + 国内生产的最终需求产品 + 出口产品

式中，X 为总产出向量；$\hat{U}$ 为国内（地区内）供给比率的对角矩阵；A 为直接消耗系数矩阵；D 为国内（地区内）最终需求向量；E 为出口产品；下标 1 表示基期，下标 2 表示报告期。

$\hat{U}$ 为 u_i 的对角矩阵，u_i 即各部门产品的国内（地区内）供给比率，其计算公式为：

$$u_i = \frac{X_i - E_i}{X_i + M_i - E_i}$$

式中，M_i 为进口向量；X_i 与 E_i 分别为总产出向量和出口向量。

根据以上设定条件，可以对经济增长（增加量）ΔX 进行因素分解推导。即：

$$\Delta X = X_2 - X_1$$

$$\Delta X = (\hat{U}_2 A_2 X_2 - \hat{U}_1 A_1 X_1) + (\hat{U}_2 D_2 - \hat{U}_1 D_1) + (E_2 - E_1)$$
$$= \hat{U}_2(A_2 X_2 - A_1 X_1) + (\hat{U}_2 - \hat{U}_1) A_1 X_1 + \hat{U}_2(D_2 - D_1) + (\hat{U}_2 - \hat{U}_1) D_1 + (E_2 - E_1)$$
$$= \hat{U}_2 A_2 (X_2 - X_1) + \hat{U}_2 (A_2 - A_1) X_1 + \Delta \hat{U} A_1 X_1 + \hat{U}_2 \Delta D + \Delta \hat{U} D_1 + \Delta E$$
$$= \hat{U}_2 A_2 \Delta X + \hat{U}_2 \Delta A X_1 + \Delta \hat{U}(A_1 X_1 + D_1) + \hat{U}_2 \Delta D + \Delta E$$

移项得：

$$\Delta X - \hat{U}_2 A_2 \Delta X = \hat{U}_2 \Delta A X_1 + \Delta \hat{U}(A_1 X_1 + D_1) + \hat{U}_2 \Delta D + \Delta E$$
$$(I - \hat{U}_2 A_2) \Delta X = \hat{U}_2 \Delta A X_1 + \Delta \hat{U}(A_1 X_1 + D_1) + \hat{U}_2 \Delta D + \Delta E$$

设 $R_2 = (I - \hat{U}_2 A_2)^{-1}$，则：

$$\Delta X = R_2 \hat{U}_2 \Delta A X_1 + R_2 \Delta \hat{U}(A_1 X_1 + D_1) + R_2 \hat{U}_2 \Delta D + R_2 \Delta E$$

于是，经济增长的需求因素分解为：

$$\Delta X = R_2 \hat{U}_2 \Delta D \quad \cdots\cdots\cdots\cdots\cdots \text{国内需求变动效应}$$
$$+ R_2 \Delta E \quad \cdots\cdots\cdots\cdots\cdots\cdots \text{出口扩张效应}$$
$$+ R_2 \Delta \hat{U}(A_1 X_1 + D_1) \quad \cdots\cdots\cdots\cdots \text{进口替代效应}$$
$$+ R_2 \hat{U}_2 \Delta A X_1 \quad \cdots\cdots\cdots\cdots\cdots \text{投入产出技术系数变化效应}$$

式中，ΔX 为总产出增加量。由分部门的增加值率可以推算出国内生产总值的增量 ΔGDP，进而研究国内生产总值增长需求因素分解的上述四个效应。

思考题

1. 试述投入产出分析的基本原理。
2. 简述投入产出表的结构。
3. 投入产出表存在哪些平衡关系？
4. 简述直接消耗系数和完全消耗系数的定义。
5. 影响直接消耗系数大小的因素有哪些？

6. 试述投入产出价值模型的行模型和列模型。
7. 试根据投入产出简表表 3-12 计算三次产业之间的中间消耗系数。

表 3-12　投入产出简表　　　　　　　　单位：亿元

投入＼产出		中间产品				总产出
		第一产业	第二产业	第三产业	合计	
中间投入	第一产业	20	50	20	90	400
	第二产业	70	200	60	330	500
	第三产业	10	50	20	80	200
合计		100	300	100	500	1 100
总投入		400	500	200	1 100	

8. 已知完全需要系数矩阵：

$$\bar{b}_{ij} = \begin{pmatrix} 1.139\ 3 & 0.273\ 2 & 0.101\ 1 \\ 0.236\ 1 & 1.948\ 1 & 0.528\ 4 \\ 0.050\ 8 & 0.196\ 7 & 1.227\ 0 \end{pmatrix}$$

根据已知条件，计算：
(1) 影响力（拉动力）系数和感应度（推动力）系数。
(2) 如果第一产业涨价 10%，将引起第二产业与第三产业各涨价多少？

第四章 收入分配与使用核算分析

第一节 收入分配与使用的概念

一、收入分配的概念

当生产成果被生产出来以后,就要进行收入分配,即"切蛋糕"。收入分配不仅仅是一个经济问题,更是一个政治问题。

收入分配是指当期生产的成果分配给社会各方面形成的所有收支活动。各经济单位以其生产成果即新创价值为基础进行分配。首先,要把增加值的相当部分通过各种方式支付给劳动者、资本所有者和政府等,以这些身份出现的各单位在这种分配中获取了收入;然后,各经济单位还要参与在整个宏观经济范围内广泛发生的各种收入转移,如缴纳所得税、捐赠和社会救济等,以及围绕住户部门所发生的实物性转移分配。这些收支活动按是否与生产过程直接有关划分,前一阶段称为收入初次分配,分配结果形成各部门的原始收入余额;后一阶段称为收入再分配,结果形成各部门的可支配收入和调整后的可支配收入。

从总体上看,初次分配属于微观分配行为,主要应由营利性部门自主进行,使市场机制对要素价格的形成起到基础性作用,政府通过生产税引导和调节资源的合理配置,以提高经济增长的效率;再分配属于宏观分配行为,主要由政府以收入税等形式对各个经济主体的初次分配所得进行调节,着重解决社会发展和社会公平问题。此外,区分初次分配与再分配主要看是否是双方交易,双方交易是初次分配,而单方面转移是再分配。比如,劳动者付出劳动获得报酬属于初次分配;而劳动者获得一笔捐赠则是再分配。

二、收入使用概念

收入分配之后就是收入使用。收入使用是指消费活动,即用于购买从而实现消费所花费的支出。消费的实际内容包括多种货物和服务,核算的价值就是各经济单位对消费品(包括货物和服务)的支出。可支配收入形成是实现消费的前提,各部门可支配收入扣除消费支出即形成各自的收入节余,即消费剩余,通常称之为储蓄。这就是整个收入分配使用和消费的过程。

收入使用是以可支配收入为基础的,因此,消费支出是指最终消费支出。从核算角度讲,最终消费总额是指住户、政府或为住户服务的私人非营利机构承担的个人消费货物或个人服务的全部支出与用于政府消费的支出之和。

三、收入分配与消费的核算原则

为了保证核算的一致性,有必要遵守两项核算原则:①不能将收入分配与消费过程中出现的收入、支出狭隘地理解为货币收支或现金收支,而应理解为各种经济价值的获得和放弃。这些经济价值可能表现为货币,也可能表现为各种实物,如各种实物性劳动报酬、实物性捐赠和实物性福利等。对后者,应进行虚拟性收入和支出的计算。②应按照权责发生制原则计算各种收支流量,如劳动报酬是指按照劳动者在本核算期内投入的劳动应当获取的劳动报酬,不应依据在收付实现制原则下的实际收支流量来核算。二者的差异表现为各种应收、应付款项,它们属于金融交易核算的内容。

第二节 收入分配核算

一、收入初次分配理论

收入初次分配是双方面交易。收入初次分配是指按照各生产要素所有者和政府对生产的参与状况和贡献,对生产成果——增加值的分配。参与初次分配的基本前提是对生产的参与,就是说,参与分配者必然是参与生产者,因而产生的分配流量都与生产有关,是在增加值基础上分配形成的生产性收入。

从内容上讲,整个收入初次分配过程所产生的分配流量包括不同的类别,每一种流量代表了每一种分配手段,它们按照市场交换的公平原则进行收入的初次分配。显然,当不同分配手段的作用力度发生变化时,分配的格局即会发生相应变化。①根据劳动的数量和质量而产生的劳动报酬流量由各生产部门流出,形成住户部门的收入。②根据资金及其他资产使用权的转让而产生的财产收入流量,自资产使用者手中流出,成为资产出让者的财产收入。③政府作为社会管理者自各单位生产价值中征收的生产税由各单位支付,形成政府部门的初次分配收入。

二、收入初次分配核算

收入初次分配核算包括两个层次,即收入形成核算和原始收入分配核算。收入形成账户和原始收入分配账户分别用来反映这两个核算层次的结果。

1. 收入形成核算

收入形成核算是直接与生产相联系的收入分配核算,分配的起点是各机构部门的增加值,记录的是那些直接与生产过程相联系的分配流量,包括支付给劳动者的劳动报酬和支付给政府的生产税,以及各机构部门作为生产单位(主要是企业)所占的营业盈余。因此,收入形成账户从功能上说反映的是各机构部门的增加值要素构成,由此反映了劳动者、政府和机构单位本身三者之间的最初分配关系,对整个分配格局的形成具有奠基作用。

表4-1是收入形成账户的基本形式。它紧接着表2-5的生产账户,其来源方记录作为分配初始流量的部门增加值,使用方记录该部门对劳动报酬和生产税净额的支付流量,营业盈余(或混合收入)是增加值扣除劳动报酬和生产税支付后的剩余额,也记录在使用方,在账户中起到平衡项的作用。

表4-1 收入形成账户　　　　　　　　　　　　单位:亿元

使　用		来　源	
劳动报酬	2 583	总增加值	4 778
生产税净额	601	固定资本消耗(-)	589
总营业盈余/混合总收入	1 594	净增加值	4 189
固定资本消耗(-)	589		
净营业盈余/混合净收入	1 005		
合计	4 778	合计	4 778

不同机构部门收入形成账户具有不同特点。除了各部门增加值在整个国内生产总值中所占份额大小不等外,更重要的特点表现在各部门增加值在劳动报酬、生产税和营业盈余上具有不同的分配结构。一般来说,非金融企业部门增加值占国内生产总值的较大部分,在支付了较大数额的劳动报酬、生产税之后,作为经营性、营利性部门,还会保留较大数额的营业盈余;金融机构部门增加值数额较小,但它在要素构成比例上却和企业部门相似。政府部门作为非营利单位的集合,其增加值的大部分用于劳动报酬支付,营业盈余所占比重很小。由于大量农村和城镇个体经营者的存在,住户部门的增加值在国内生产总值中往往占有一个可观的份额,其要素构成上的特点是劳动报酬所占份额较小,但存在大量的混合收入,和营业盈余一起成为增加值的最大组成部分。

2. 原始收入分配核算

原始收入分配核算是收入形成核算的继续,其初始流量就是由收入形成账户转来的营业盈余(或混合收入)。记录的内容可归纳为两方面:一是各部门作为收入接受者从收入形成账户支付中所获取的生产性收入;二是各部门之间进一步发生的财产收入流量。通过原始收入分配账户,综合反映了各部门参与收入初次分配的结果。

表4－2是原始收入分配账户的基本形式。它紧接表4－1的收入形成账户。其来源方的首要项目是转自收入形成账户的营业盈余(或混合收入),其次是各部门当期应收财产收入和住户部门应收劳动报酬、政府部门应收生产税净额;使用方的支出流量是各部门应付财产收入;作为本账户的平衡项原始收入余额也记录在使用方,它是来源方收入与使用方支出相减的差额。引用表中数据,原始总收入为4 747亿元(6 163－1 416);原始净收入为4 158亿元(4 747－589)。

对不同机构部门,原始收入分配账户所涉及的收入项目并不完全相同。将各部门原始收入分配账户合并就是原始收入分配部门综合账户(见表4－3)。

表4－2　原始收入分配账户　　　　　　　　单位:亿元

使　用		来　源	
财产收入	1 416	总营业盈余/混合总收入	1 594
		固定资本消耗(－)	589
		净营业盈余/混合净收入	1 005
总原始收入余额	4 747	财产收入	1 400
固定资本消耗(－)	589	劳动报酬(住户部门)	2 573
净原始收入余额	4 158	生产税净额(政府部门)	596
合计	6 163	合计	6 163

表4－3　原始收入分配部门综合账户　　　　　　　　单位:亿元

| 使　用 ||||||交易与平衡项目| 来　源 ||||||
合计	国外	国内合计	住户	政府	金融机构	非金融企业		非金融企业	金融机构	政府	住户	国内合计	国外	合计
							总营业盈余/混合收入	614	100	60	820	1 594	—	1 594
							固定资本消耗(－)	334	12	83	160	589	—	589
							净营业盈余/混合收入	280	88	－23	660	1 005	—	1 005
							劳动报酬	—	—	—	2 573	2 573	20	2 593
							生产税净额	—	—	596	—	596	5	601
1 607	191	1 416	116	116	841	343	财产收入	107	874	67	352	1 400	207	1 607
		4 747	3 629	607	133	378	总原始收入余额							
		4 158	3 469	524	121	44	净原始收入余额							

账户右方作为来源方记录各机构部门在相应项目下的收入流量,账户左方作为使用方记录各部门的支出流量和平衡项数值。账户中的数据大体表明了各

部门原始收入分配的不同特点,企业部门和金融机构是在营业盈余的基础上,通过接受和支付财产收入形成本部门的原始收入余额,住户部门和政府部门除财产收入流量外,所接受的劳动报酬和生产税在原始收入余额形成中也具有重要作用。

3. 财产收入、原始收入余额和国民收入

(1)财产收入。财产收入是资产所有者向另一机构单位提供资产归其使用而得到的收入,是因资产使用权在一定时间内出让而产生的由使用者支付给所有者的报酬。并非所有资产都能为其所有者带来财产收入,也就是说,能带来财产收入的资产只是某些特定类型的资产,具体包括两类。第一,因资金借贷而形成的金融资产;第二,土地、地下资产等非生产性有形资产以及无形资产。生产性有形资产,如建筑物、机器设备,以及无形资产使用权转让而产生的租借费用,不能作为财产收入,而应视同提供服务和购买服务,计为提供者的产出和使用者的中间投入。

财产收入主要有六种:第一,利息。利息是由资金借贷(包括贷款、票据、债券)而产生的财产收入。第二,红利。红利是产生于股票这种金融资产的财产收入。第三,准法人企业收入的提款。准法人企业业主自企业收益中提取的作为业主投资报酬的收入可理解为准红利。第四,直接投资企业的留存盈余。这是针对外国投资者直接投资企业的财产收入虚拟流量,它未形成当期外商实际财产收入,但仍视为已分配给外国投资者,又由外商再投资到企业中。第五,属于投保人的财产收入。这是一项虚拟财产收入流量,也就是 SNA 将保险专门准备金视为保险公司对投保人的负债,保险公司用保险专门准备金进行投资所取得收入的一部分应当属于投保人,但实际上保险公司并未将这部分收入支付给投保人。第六,地租。地租产生于土地使用权的暂时转让。

财产收入是通过提供资产参与其他单位生产而获得的收入,因而它也是生产性收入,但却不是本单位增加值的独立构成要素。每一部门常常既接受来自其他部门的财产收入,又对其他部门支付财产收入。所以,在账户上它既是来源方项目,又是使用方项目。

(2)原始收入余额。原始收入是指由于机构单位介入生产过程或拥有生产所需的资产而产生的收入,如劳动报酬、生产税、营业盈余(或混合收入)和财产收入等。原始收入余额作为原始收入分配账户的平衡项目,是体现整个收入初次分配结果的综合指标,表示各部门在初次分配过程中最终取得的生产性收入,也就是各部门通过参与收入初次分配所得到的各种原始收入之和扣除其支付的各种原始收入之后最终得到的收入。所以,它是一个"余额"。原始收入余额也有总额和净额之分,差别同样在于是否包括固定资本消耗。

从整个初次分配过程看,一部门原始收入余额是该部门增加值加减所有初次分配收支的结果。如果仅从原始收入分配账户看,原始收入余额是该部门营业盈余(或混合收入)加各种初次分配收入减财产收入支付之后的余额。由于各部门的收入流量各有特点,所以原始收入余额的构成在不同部门之间差别相当大。通常,企业部门和金融机构的原始收入余额是由营业盈余加减财产收入及支付组成的;政府部门的营业盈余很小,其原始收入余额主要是由生产税净额加减应收应付财产收入构成的。住户部门原始收入余额则是在营业盈余和混合收入的基础上,加劳动报酬收入、财产收入净额组成的。这样,分配的结果,原始收入余额在各部门的分布结构较之增加值部门结构有了较大变化。由表4-3所引数据可以看到,最突出的变化是企业部门由占比重最大的部门变为占比重最小的部门,住户部门则成为原始收入的最大占有部门。

(3)国民收入。国民收入是国内各机构部门通过收入初次分配所得到的原始收入余额的总和。一般而言,各部门的总原始收入余额之和称为国民总收入(原称国民生产总值),净原始收入余额之和称为国民净收入。从含义上看,国民收入是指该国民经济当期(当年)从国内和国外获取的全部生产性收入。因为常住单位生产活动所产生的原始收入虽然主要分配给其他常住单位,但有一部分可能分配给非常住单位,同样,国外产生的原始收入有些也可能分配给常住单位,所以国民总(净)收入是在国内生产总值的基础上,加减国内常住单位与国外之间发生的原始收入分配收支流量而形成的。这些收支流量包括应收和应付的劳动报酬、生产税及进口税(净额)和财产收入,习惯上将上述应收项目统称为来自国外的原始收入,上述应付项目统称为付给国外的原始收入。以表4-3的数据为例,该国付给国外劳动报酬20亿元,付给国外生产税净额5亿元,自国外得到财产收入191亿元,付给国外财产收入207亿元。此外,从其他数据得知,该国自国外得到劳动报酬10亿元,从而国民总收入的换算过程应为:

国民总收入 = 国内生产总值 + 来自国外的原始收入 - 付给国外的原始收入
(4 747)　　　　(4 778)　　　　(10 + 191)　　　　(20 + 5 + 207)

三、收入再分配理论

收入再分配是单方面转移。收入再分配是指在收入初次分配的基础上进一步完成的收入分配活动。这些分配有多种形式,广泛发生于宏观经济范围内各机构部门之间以及与国外之间,分配中产生的收支流量不再是生产性的,也不是交换性的,而是转移性收支。收入再分配核算就是通过账户(或平衡表)反映整个收入再分配的过程和结果。

1. *转移的概念*

转移是交易的一种形式,是指一机构单位向另一机构单位提供货物、服务或资产等各种资源,并未同时从后者那里收取任何上述资源作为对等物回报的行为,因此,它是"单方面"的交易。由转移所产生的收支即为转移收支。依照转移的目的和性质,转移有资本转移和经常转移之分。

资本转移是以资产所有权被转让造成交易方资产量增减为前提的转移活动,比如,一方转出的资源是其原有资产的组成部分,一方接受转移是出于投资以增加资产的目的。这种转移通常数额较大,不经常发生也无规律,一般不会影响接受者和出让者的当期消费水平。

经常转移又称现期转移,它是与资本转移相对应的,一般数额较小,大都是经常地和有规律地发生,并会影响交易双方的当期收入水平和消费水平,但不会使交易者的资产量发生变化。

2. 转移的形式

无论资本转移还是经常转移,都有现金转移和实物转移两种形式,前一种是货币或其他金融资产的转移,后一种是货物、服务及非金融资产的转移。核算中,转移并不因其是现金或实物而做分别处理,但是现金转移是一次性地反映在收入(或资本)核算中,而实物转移则要将其视为两次交易而记录两次予以核算。例如,当某单位接受一笔实物转移时,应先假定该单位通过转移获取一笔收入(或资本),而后通过购买实物实现了消费(或投资)。因此,核算中实物转移一方面要反映在收入分配(或资本筹集)账户,加总在收入(或资本筹集)总量中;另一方面要反映在收入使用(或投资)账户上,加总在消费(或非金融投资)总量中。

正确区分不同转移类别对核算很重要。经常转移与当期收入和消费有关,要在收入分配及使用诸账户时加以反映,体现在可支配收入等指标中。资本转移则与投资相关,要在资本账户中加以反映。因此,收入再分配中的各项转移仅指经常转移。

四、收入再分配核算

1. 经常转移收支核算

收入再分配核算是对经常转移收支的核算。经常转移主要包括收入税、社会保障与社会福利和其他经常转移三大类。

(1)收入税收支。收入税主要是现期所得税、财产税等,它是住户部门及企业、金融机构和行政事业单位等法人单位针对当期所得应支付的所得税、利润税、资本收益税和定期支付的财产税及其他经常收入税,如人头税、彩票赌博税、车辆牌照税等(一次性的资本税、资本转移税以及各种生产税不包括在内)。它形成政府部门的主要转移收入,是其他部门的转移支出。

(2)社会保障和社会福利。这类收支旨在维持住户部门当期和未来福利而在机构单位之间作出的经常转移。社会保障是住户部门为保证在未来某个时期能获取社会福利金,而对政府组织的社会保险计划或各单位建立的基金所缴纳的款项,如对失业保险、退休保险和医疗保险的缴款。缴款有两种形式:一是雇员及其他居民个人直接对社会保险计划的缴款;二是各机构单位代其雇员对社会保险计划支付缴款,一般将其视为单位以报酬形式支付给雇员,然后由雇员支付给社会保险计划。这样,整个社会缴款表现为住户部门的转移性支出和政府部门的转移性收入。

社会福利是住户从政府部门收到的经常转移,形成住户部门的转移性收入,政府和其他部门的转移性支出,具体包括社会保险福利和社会救济福利两部分。社会保险福利是政府通过社会保险基金向住户提供的福利,它以住户在此前支付社会缴款为前提,如领取的失业金、退休金、养恤金、抚恤金、免费或报销享受的医疗卫生保健等;社会救济基金则是在社会保险计划之外对住户提供的福利,不受以前支付缴款的条件限制,如住户从政府及各单位领取的各种困难补助、救济金、助学金以及免费享用的货物与服务等。

社会福利可以是现金的,也可以是实物的,可以是各单位为其雇员提供的,也可以是政府和为住户服务的非营利机构对社会某些特定住户群体提供的。在核算上,所有的现金社会福利无论由哪一部门提供,都应作为对住户部门的经常转移计入收入再分配账户;对实物社会福利可以有两种处理方法:一种是与现金社会福利一样计入收入再分配账户;一种是不计入收入再分配账户而是计入另外设立的实物收入再分配账户,作为各部门对住户部门的实物社会转移来记录,或作为消费直接计入各部门的收入使用账户。两种方法的差异在于是否计入或何时计入居民可支配收入以及是否计入或何时计入居民消费。

(3)其他经常转移。这类收支是指除上述转移之外的各种经常性转移,它们发生于各机构部门及国外之间和机构部门内部,具体包括政府内不同的部门或不同的单位之间的经常转移,本国政府与国外政府及国际组织之间的经常转移,如援助、捐赠、会费缴纳或定期付款,对私人非营利机构的经常转移,如会费、赞助及其他形式的缴款,国际上的私人转移,以及以罚款、抽彩赌博等形式引起的各种现期转移。在我国,财政经常性拨款理应属于此类转移,具体有行政管理费、国防和武装警察部队经费、科教文卫事业经费、社会福利事业费、城市维护和环境保护费等财政拨款项目,但应从中扣除用于固定资产投资的支出。这些拨款可能发生在财政与行政事业单位之间,那就是政府部门的内部流量;也可能是拨付给为住户服务的非营利机构或国外,形成政府对其他部门之间的经常转移流量。

2. 可支配收入核算

(1)可支配收入的概念。可支配收入是一个非常重要的经济总量指标。从形成过程看,可支配收入是各部门原始收入余额加减该部门应收和应付经常转移收支后的余额,反映了各部门参与收入初次分配和再分配的最终结果。从去向上看,可支配收入是实现消费的前提,扣除消费之余就是储蓄,因此它又可定义为各部门当期获得的可用于消费和储蓄的收入,这一关系在下一节有关收入使用核算中会有清楚的体现。

(2)可支配收入的核算。可支配收入可按总额和净额计算,差别仍在于固定资本消耗。国内各机构部门可支配收入相加之和为国民可支配收入。由于它包含了本国常住单位与他国之间发生的经常转移,因此国民可支配收入在数额上不同于前述国民收入。以表4-5资料为例,本国自国外得到经常转移为86亿元(1+7+78),付给国外的经常转移为85亿元(10+75),从而国民可支配收入与国民收入之间的数量关系为:

  国民可支配总收入 = 国民总收入 + 自国外经常转移收入 - 对国外经常转移支出
   (4 748)   (4 747)   (86)   (85)

3. 收入再分配账户

收入再分配账户是收入再分配核算的主要账户(另一个账户是实物再分配账户,这里从略),它按部门归纳记录了各种实际的经常转移活动,反映了各机构部门在原始收入余额基础上通过接受和支付各种经常性转移,形成可支配收入的过程和结果。

账户来源方的初始流量是各部门的原始收入余额,它同时用总值和净值显示。由各种经常转移所产生的收入再分配流量分别列示在账户的来源方和使用方。来源方记录当期应获取的转移收入,使用方记录当期应支付的转移支出。账户平衡项为可支配收入,列在使用方以保持账户的平衡。表4-4是为宏观经济总体编制的收入再分配账户。

表4-4 收入再分配账户   单位:亿元

使　用		来　源	
经常转移支出	2 914	总原始收入余额	4 747
现期所得税等	428	固定资本消耗(-)	589
社会缴款	1 063	净原始收入余额	4 158
社会福利	881	经常转移收入	2 915
其他经常转移	542	现期所得税等	429
可支配总收入	4 748	社会缴款	1 070
固定资本消耗(-)	589	社会福利	871
可支配净收入	4 159	其他经常转移	545
合计	7 662	合计	7 662

经常转移是在各机构部门及国外之间及其部门内部相互交错发生的。各机构部门收入再分配账户合并起来就是部门综合账户,它可以更加全面地反映收入在

部门之间的转移状况。账户右方(来源方)记录各机构部门的原始收入和经常转移收入流量,账户左方(使用方)记录各机构部门的经常转移支出流量和最终获得的可支配收入(见表 4-5)。由表 4-5 中的数据不难看出,相当一部分转移是有确定流向的,如所得税由各部门支付、政府部门获得;社会缴款由住户部门向各机构部门尤其是政府部门支付;社会福利则是各机构部门尤其是政府部门对住户部门的支付。这样,经过收入再分配后,各部门对可支配收入的占有结构较之原始收入余额部门结构有了进一步变化,金融机构和企业部门所占份额进一步减少,住户部门所占份额也有所减少,政府份额加大了。收入再分配的另一个作用是改变部门内部尤其是住户部门内部的收入占有结构,这要通过居民收入的进一步分组才能表现出来。

表 4-5　收入再分配部门综合账户　　　　　　单位:亿元

使 用							来 源					
合计	国外	国内合计	住户	政府	金融机构	非金融企业	交易与平衡项目	非金融企业	金融机构	政府	住户	国内合计	国外	合计
							总原始收入余额	378	133	607	3 629	4 747	—	4 747
							固定资本消耗(一)	334	12	83	160	589		589
							净原始收入余额	44	121	524	3 469	4 158		4 158
429	1	428	311	3	34	80	现期所得税等	—	—	429	—	429		429
1 070	7	1 063	1 063	—			社会缴款	52	25	993	—	1 070		1 070
881	—	881	3	791	22	65	社会福利				871	871	10	881
620	78	542	125	227	122	68	其他经常转移	92	101	174	178	545	75	620
		4 748	3 176	1 182	81	309	可支配总收入							
		589	160	83	12	334	固定资本消耗(一)							
		4 159	3 016	1 099	69	-25	可支配净收入							

第三节　收入使用核算

一、收入使用核算和最终消费的概念

1. **收入使用核算**

收入使用核算是继收入再分配核算之后反映可支配收入使用于最终消费和储蓄有关内容的核算,其中心是消费核算。经济活动的最终目的是为居民个人和社会公众提供各种最终消费的货物和服务,消费核算就是要从数量上反映一特定时期的消费状况。

2. 最终消费

最终消费是指常住单位在一定时期内对于货物和服务的全部最终消费支出,也就是常住单位为满足物质、文化和精神生活的需要,从本国经济领土和国外购买的货物和服务的支出,不包括非常住单位在本国经济领土内的消费支出。最终消费分为居民消费和政府消费。宏观经济核算统计最终消费常常以核算最终消费支出为基础。

居民消费是指常住住户对货物和服务的全部最终消费支出。它除了常住住户直接以货币形式购买货物和服务的消费之外,还包括以其他方式获得的货物和服务的消费,即单位以实物报酬及实物转移的形式提供给劳动者的货物和服务;住户生产并由住户自己消费的货物和服务,其中的服务仅指住户的自有住房服务和付酬的家庭服务;金融机构提供的金融媒介服务;保险公司提供的保险服务。

政府消费是指政府最终消费支出,包括政府部门为全社会提供公共服务的消费支出和免费或以较低价格向住户提供的消费货物和服务的净支出。

需要注意的是,消费是对货物和服务的使用,但并非所有货物和服务的使用都属于最终消费。货物和服务在一国宏观经济中的使用分为中间消耗、非金融投资和最终消费三种方式。当期生产过程中使用的非耐用货物和服务,属于中间产品使用。当期积蓄下来用于增加财产以扩大生产规模的货物属于非金融投资。定义和核算消费的原则之一,就是要确定消费的对象必须是当期生产或进口的产品,同时必须在消费与中间消耗、非金融投资之间作出明确区分。一项货物或服务的使用,只能归属于上述三种使用方式中的某一种并加以核算,不能同时重复计入不同的使用方式。

二、收入使用账户

收入使用账户与前述收入再分配账户相衔接,称为可支配收入使用账户。可支配收入使用账户以收入再分配账户的平衡项——可支配收入为初始流量,记在账户的来源方,使用方记录最终消费支出,其平衡项为储蓄。由于固定资本消耗的存在,储蓄按总储蓄与净储蓄两个项目表示(见表4-6)。

表4-6 可支配收入使用账户   单位:亿元

使用		来源	
最终消费支出	3 858	可支配总收入	4 748
居民消费支出	2 702	固定资本消耗(-)	589
政府消费支出	1 156	可支配净收入	4 159
总储蓄	890		
固定资本消耗(-)	589		
净储蓄	301		
合计	4 748	合计	4 748

将各机构部门可支配收入使用账户并列在一起,即可形成部门综合账户,由此反映整个消费和储蓄状况(见表4-7)。按照宏观经济核算的原理,企业部门和金融机构作为生产经营性单位没有消费的功能,不核算消费,其可支配收入全部转化为储蓄,只有住户部门、政府部门(包括为住户服务的非营利机构)才有最终消费。因此,只有这两个部门才记录消费流量,体现可支配收入等于消费加储蓄的平衡关系。可支配收入使用部门综合账户编制方法和上面原始收入部门综合账户以及可支配收入部门综合账户相同。

表4-7 可支配收入使用部门综合账户　　　　　　　　单位:亿元

使 用					交易与平衡项目	来 源				
国内合计	住户	政府	金融机构	非金融企业		非金融企业	金融机构	政府	住户	国内合计
					可支配收入	309	81	1 182	3 176	4 748
					固定资本消耗(-)	334	12	83	160	589
					可支配净收入	-25	69	1 099	3 016	4 159
3 858	2 702	1 156	—	—	最终消耗支出					
890	474	26	81	309	总储蓄					
589	160	83	12	334	固定资本消耗(-)					
301	31	-57	69	-25	净储蓄					

储蓄是收入使用账户的平衡项目,它是指没有最终花费在消费货物与服务上的那部分可支配收入。从实际结果看,各机构部门储蓄可正可负,正数表示还存在未用收入,它们构成进一步投资的资金来源;负数表示收入不够抵偿消费,需要从资本市场上筹措资金。这样,储蓄成为收入使用账户与下一章将要叙述的资本形成账户的联结项目,也是整个账户体系中经常账户和积累账户的联结纽带。

三、居民消费支出核算

1. 居民消费支出的分类

居民消费支出全称为居民最终消费支出,是指核算期内由住户个人直接购买消费性货物和服务所花费的支出。从消费对象的性质看,个人消费支出包括三项内容:①耐用消费品支出,这些耐用消费品可在生活过程中长期存在、反复使用,如家用电器、汽车等;②非耐用消费品支出,这是指那些一次性地或短期地用于消费的物品,如食品、服装、药品和生活用品等;③各种文化生活服务费用支出,如交通通信服务费、学费、医疗保健费、文化娱乐费和修理费。居民购买住房或建房用材料所花费支出不应计入消费,计入消费的只是代表住房服务的房租支出,包括实际住房房租支出和自有住房的虚拟房租支出。各种贵重物品支出,如首饰等的购买支出不应计入消费,因为这种购买的主要目的并非消费而是保值,它是一种投资行为。

依照消费的目的,居民消费支出可分为八类分别统计:①食品;②衣着;③家庭设备用品和服务;④医疗保健;⑤交通通信;⑥教育、文化和娱乐支出;⑦居住;⑧其他商品和服务。

2. 居民消费支出的核算

计算居民消费支出总量,通常要将城镇居民和农村居民分别进行。城镇居民消费支出的方式主要是购买,同时也包括一小部分来自受雇单位的实物报酬以及实物转移的虚拟性支出。农村居民生活方式不同于城镇居民,除实际购买支出以外,农村居民消费支出中有较大成分是虚拟支出,其中包括自产自用农产品、实物性收入中用于消费的部分以及自有住房房租等。农村居民家庭大多既是消费单位又是生产单位,因此,应特别注意区分生产性支出和消费性支出,以保证核算的准确性。核算时应注意两个问题:①消费支出遵循权责发生制原则,它是与货物和服务所有权转手对应的应付额,不能将实际付款时间等同于支出发生的时间;②不能将消费支出等同于货币性支出,与前述收入分配核算相衔接,消费支出既包括直接购买支出,也包括虚拟购买支出。

3. 居民消费支出的核算方法

居民消费支出主要有两种核算方法。一种方法称为直接核算法,是按照消费实际流量,把用于住户个人直接消费的货物和服务价值量加总计算消费支出。居民消费既是居民购买形成支出的过程,又是流通部门和服务部门对居民出售形成收入的过程,为此,计算居民消费支出可以同时从购买者和出售者两方取得资料。从我国的情况看,可以利用的基础资料包括社会商品零售统计资料中对居民消费品零售的部分、居民生活服务部门的营业收入及费用资料和城乡住户调查资料等。在这些资料的基础上,结合一些专门调查进行调整推算,即可求得个人消费支出总额。另一种方法称为间接推算法,是利用分配核算资料,依据收支平衡关系来推算消费支出。根据住户部门的可支配收入扣除相当于储蓄的非金融投资和净金融投资,其差额即为消费支出。应用直接法不仅可计算居民个人消费支出总额,还可以反映消费的内容构成状况;应用间接法则有利于与收入分配核算衔接,反映居民消费支出的收入来源和形成过程。如果条件许可,应两种方法同时采用,以便于消费总量数据的相互核对,同时可进一步展开消费分析。

四、政府消费支出核算

1. 政府消费支出的分类

政府消费由政府部门和为住户服务的非营利机构最终消费支出组成。按照职能划分,政府消费支出包括教育、卫生保健、社会保险和福利、体育和娱乐、文化等方面。从受益对象考虑,政府消费支出要区分为用于住户的和用于公共服务的两部分。用于住户的货物与服务消费支出是指政府为向住户家庭和个人提供货物和服务而承担的支出,其受益者是确定的住户部门的某个人或某类人,如接受政府救济的受灾居民,接受免费教育的受教育者,其内容可涉及货物和各种服务;用于公共服务的消费支出是指政府等部门为向整个社会提供公共性服务而承担的支出,这些服务主要涉及安全和防务、法律和秩序的维护、立法和规章条例的执行、公共卫生的维护、环境保护、研究与发展等,社会所有成员都会从这类服务中受益。

2. 政府消费支出的核算

从消费提供方式或来源看,政府消费支出有两种情况:一种是由政府等部门自市场上购买产品,然后免费提供给特定居民;一种是政府等部门作为非市场生产者,将自己的服务产出免费或以无经济意义的价格提供给居民和公众。沿此思路,可以建立核算政府消费支出的基本方法。

对前一种情况,可以按照实际购买价来计算政府消费支出;对后一种情况,应以政府等部门非市场性总产出价值为基础,减去这些部门以成本价格或无经济意义的价格出售其产出而获取的"销售收入",计算结果为政府等部门免费向公共提供的服务,也就是这些部门自己承担的消费支出。举例来说,假定一个人接受教育所需费用总计为每年 2 000 元,其中个人支付的学费为 500 元,按照上述计算方法,学校的年总产出应计为 2 000 元,出售其产出所得收入为 500 元(应计入居民消费支出),因此,免费提供的政府消费支出应为 1 500 元(2 000 - 500)。这样计算的结果在实物内容上或许不完整,但在价值上却是合理的。

除上述方法外,还可以用收支推算法计算政府消费支出。政府等部门为购买和生产这些货物和服务,其资金来源不外乎财政拨款、个人和单位的缴款和捐赠。以这些拨款、捐赠款收入为起点,扣除各种转移性支出和投资性支出,也可以大体推算出政府消费支出总额。

第四节 资金流量(实物交易)核算

资金流量核算形成于 20 世纪 40 年代,其历史虽然不长,但却因为它对宏观经济中的收入分配、金融交易的系统核算而受到重视,在宏观经济分析和管理中得到了广泛的应用。

一、资金流量核算的有关概念

通过国内生产总值核算和投入产出核算,可以从中获得产品实物循环的详细信息。但是,在市场经济中,实物循环背后存在着资金循环,我们需要进一步知道生产中创造的价值是如何分配的,如何形成了用于最终消费的收入,又如何进一步为实现投资而筹集到了资金。回答这些问题,就是资金流量核算的要旨所在,整个过程可以用图4-1表示。

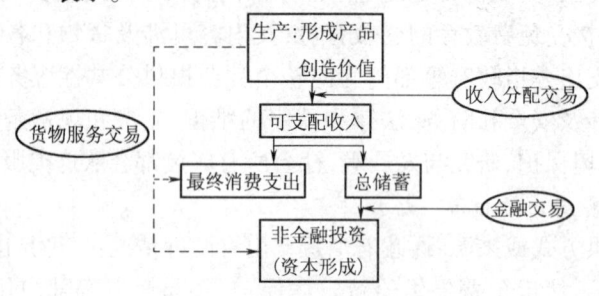

图4-1 资金流量的结构

图4-1中,虚线所示为产品实物交易流量,实线所示为资金交易流量。生产总量核算和投入产出核算的对象主要是货物与服务交易,而资金流量核算的对象则覆盖了收入分配交易和金融交易两个部分。

资金流量核算中的资金概念可以做狭义定义,也可以做广义理解。狭义的资金流量主要是指金融交易流量;广义定义的资金流量则将其范围从金融流量扩大到所有价值收支流量,是整个社会资金的循环过程,体现了与实物循环对应的价值循环。

在我国,按照整个宏观经济核算体系的构造,资金流量核算以整个收入分配和社会资金循环为对象,其核算范围比较宽泛。为了操作方便,也为了与相关分析更好地衔接,整个核算区分为两个相互联系但又相互独立的部分。一是实物交易核算,覆盖从增加值创造到非金融投资的价值收支过程,从功能看,是对国内生产总值核算内容的进一步扩展和深化,在与后者相衔接的基础上,集中提供了收入分配过程、收入使用过程、非金融投资及其资金筹集过程的详细信息。实物交易核算由资金流量表1反映,该表由国家统计局负责编制。二是金融交易核算,主要是就宏观经济过程中的金融活动进行核算,反映由金融交易所形成的资金流量和流向,从宏观上勾画出一时期与实体经济对应存在的金融经济的图景。金融交易核算由资金流量表2反映,该表由中国人民银行负责编制,其内容将在下一章介绍。

二、资金流量表1(实物交易)

资金流量表采用矩阵结构。主栏表示交易项目,宾栏表示交易主体,即机构部门。每个机构部门下面列出两栏,即"来源"栏与"运用"栏,分别代表机构部门资源的筹集和资源的使用,"来源"置于右端,"运用"置于左端。采用复式记账原理,对每笔交易都有双重反映。在实物交易方面,一个部门的收入同时对应部门的支出。收入记录在来源方,支出记录在运用方。

我国2007年资金流量表1(实物交易)见表4-8。

第四章 收入分配与作用核算分析

表 4-8 中国 2007 年资金流量表 1（实物交易）

单位：亿元

机构部门 交易项目	非金融企业部门 运用	非金融企业部门 来源	金融机构部门 运用	金融机构部门 来源	政府部门 运用	政府部门 来源	住户部门 运用	住户部门 来源	国内合计 运用	国内合计 来源	国外部门 运用	国外部门 来源	合计 运用	合计 来源
1. 净出口											519.6	-23 380.6		-23 380.6
2. 增加值	58 057.2	151 708.9		13 332.0	15 966.2	21 163.8	47 327.3	71 100.9	124 839.5	257 305.6			125 359.1	257 305.6
3. 劳动者报酬			3 488.8					125 169.5	125 169.5		189.6		125 359.1	125 359.1
(1) 工资及工资性收入	38 620.9		1 516.1		540.5		4 944.7							
(2) 单位社会保险付款														
4. 生产税净额						45 622.2			45 622.2	45 622.2			45 622.2	45 622.2
(1) 生产税														
(2) 生产补贴														
5. 财产收入	17 541.9	14 367.6	16 602.3	14 930.0	1 058.4	1 374.9	2 826.0	8 979.6	38 028.7	39 652.0	5 794.0	4 170.7	43 822.7	43 822.7
(1) 利息	11 842.0	6 835.2	14 964.4	14 930.0	1 058.4	1 374.9	2 826.0	7 280.8	30 420.9	30 420.9			30 420.9	30 420.9
(2) 红利	5 699.9	6 744.2	233.4					812.4	5 933.3	7 556.6	5 794.0	4 170.7	11 727.4	11 727.4
(3) 土地租金														
(4) 其他		788.2	1 674.5					886.4	1 674.5	1 674.5			1 674.5	1 674.5
6. 初次分配总收入	51 856.4			6 654.8		50 595.7		150 152.0		259 258.9				259 258.9
7. 经常转移	7 227.1	882.9	3 868.6		10 280.9	22 769.7	14 263.1	14 927.4	35 639.7	38 580.0	3 242.8	302.5	38 882.5	38 882.5
(1) 收入税	7 122.7		1 646.8			10 812.0	3 185.5		11 955.0	11 955.0			11 955.0	11 955.0
(2) 社会保险缴款		8 82.9			10 812.0			10 812.0	10 812.0	10 812.0			10 812.0	10 812.0
(3) 社会保险福利					7 888.0			7 888.0	7 888.0	7 888.0			7 888.0	7 888.0
(4) 社会补助	82.7				1 043.8			1 126.6	1 126.6	1 126.6			1 126.6	1 126.6
(5) 其他经常转移	21.6	2 221.8		2 786.2	1 349.1	2.7	265.6	5 912.8	3 858.1	6 798.4	3 242.8	302.5	7 100.9	7 100.9
8. 可支配总收入	45 512.2				63 084.4		1 508 16.3		262 199.2				262 199.2	

89

续表

机构部门 交易项目	非金融企业部门 运用	非金融企业部门 来源	金融机构部门 运用	金融机构部门 来源	政府部门 运用	政府部门 来源	住户部门 运用	住户部门 来源	国内合计 运用	国内合计 来源	国外部门 运用	国外部门 来源	合计 运用	合计 来源
9. 最终消费					35 190.9		93 602.9		128 793.8				128 793.8	
(1) 居民消费							93 602.9		93 602.9				93 602.9	
(2) 政府消费					35 190.9				35 190.9				35 190.9	
10. 总储蓄		45 512.2		2 786.2		27 893.5		57 213.4		133 405.4		−28 274.2		105 131.2
11. 资本转移		2 507.7			2 524.1	252.0			2 524.1	2 759.7		16.4	2 776.1	2 776.1
(1) 投资性补助		2 507.7			2 507.7				2 507.7	2 507.7			2 507.7	2 507.7
(2) 其他					16.4	252.0			16.4	252.0		16.4	268.4	268.4
12. 资本形成总额	79 918.4		109.1		11 638.1		19 253.9		110 919.5				110 919.5	
(1) 固定资本形成总额	75 003.0		109.1		11 638.1		18 685.8		105 435.9				105 435.9	
(2) 存货增加	4 915.4						568.2		5 483.6				5 483.6	
13. 其他非金融资产获得减处置	12 216.7				−9 242.6		−2 974.2							
14. 净金融投资	−4 415.2		2 677.2		23 226.0		40 933.7		22 721.6		−28 509.9		−5 788.3	

注：(1) 目前将"土地出让金收入"计入其他非金融资产获得减处置项下。根据资产记账原则，资产应在运用方记录，资产获得记为正，处置记为负。
(2) 本表数据来源于《中国统计年鉴（2009）》，中国统计出版社，2009年版。

从表 4-8 可知,资金流量表 1 作为实物交易记录与货物和服务的生产与使用、收入分配和无偿转移有关的交易活动,基本上体现了以上所述收入分配及使用核算的内容。不同的是,以上各节所介绍的宏观经济流量账户是按不同机构部门分别设置账户,而资金流量表 1 把所有机构部门流量账户置于一张表上,便于观察各个机构部门之间的相互联系。

从每一机构部门纵列来看,分别反映了各机构部门内部收入分配及使用过程中形成的平衡关系,具体有如下各项:
(1) 初次分配总收入 = 增加值 - 支付的劳动者报酬 + 收到的劳动者报酬 - 支付的生产税净额 + 收到的生产税净额 - 支付的财产收入 + 收到的财产收入
(2) 可支配总收入 = 初次分配总收入 + 经常转移收入 - 经常转移支出
(3) 总储蓄 = 可支配总收入 - 最终消费
(4) 净金融投资 = 总储蓄 + 资本转移收入净额 - 资本形成总额 - 其他非金融资产获得减处置
(5) 净金融投资 = 金融资产增加 - 负债增加

从每一机构部门横行来看,反映了机构部门之间的外部平衡关系。对分配性交易各行,来源合计等于运用合计,由此展示了由分配行为所形成的部门间的经济关系。例如,增加值反映各个机构部门生产创造的价值总量,同时也是各个机构部门的收入分配起点的来源。劳动者报酬是一些部门的使用(支出),如非金融企业、金融机构、政府、住户都有劳动报酬的支出,而在来源上只有住户部门形成劳动者报酬的收入,这从劳动者报酬的横向上能够看出部门之间在劳动者报酬上形成的要素分配关系。资金流量表 1 在核算内容上除资本交易各项目外,与前述收入分配和使用各账户的内容是一致的。将前述各账户按部门整理,即可合并求得此表。该表将纷繁复杂的整个收入分配与使用过程进行了概括归纳,有利于人们从整体上把握和分析这一过程,但高度概括又使它丧失了核算的层次性,许多有意义的中间性核算指标都被舍掉了。因此,在实践中应注意账户和矩阵的结合运用。

第五节 收入分配与使用分析

一、收入分配结构分析

1. 收入分配的部门结构分析

收入分配表现出许多结构特征,它与生产过程的生产结构,与消费需求和投资需求结构,以及出口与进口的结构都有关联。在反映收入分配的部门结构方面,依据不同的收入分配指标,可以计算不同的结构和反映不同的分配阶段的结构特征。例如,用增加值计算的机构部门结构反映收入形成的结构,用初次分配收入计算的机构部门结构反映初次分配的结构,用经常转移收入净额计算的机构部门结构反映收入再分配结构,用可支配收入计算的机构部门结构反映收入分配结果的结构。在不同收入层次上计算部门收入分配结构系数并加以比较,可以综合反映收入分配的结果及其特征。

我国2007年不同收入层次上的部门结构如表4-9所示。

表4-9 收入分配部门结构表   单位:亿元

	增加值		初次分配总收入		可支配总收入	
	绝对数	比重(%)	绝对数	比重(%)	绝对数	比重(%)
非金融企业	151 708.9	58.96	51 856.4	20.00	45 512.2	17.36
金融机构	13 332.0	5.18	6 654.8	2.57	2 786.2	1.06
政府	21 163.8	8.23	50 595.7	19.51	63 084.4	24.06
住户	71 100.9	27.63	150 152.0	57.92	150 816.3	57.52
国内合计	257 305.6	100.00	259 258.9	100.00	262 199.1	100.00

注:资料来源于表4-8中国2007年资金流量表1(实物交易),因四舍五入对尾数作了调整。

表4-9反映了收入分配的部门结构。从本质上看,在收入分配过程中,经济利益关系主要体现为企业及金融机构、政府和住户三者间关系以及各自内部的关系。每一项收入分配行为的发生,都会影响三者对收入的分配结构。通过一系列的改变,形成各部门对收入的最终分配结构,如表4-9中国家(政府)的最终分配占24.06%,集体(非金融企业、金融机构部门)的最终分配占18.42%,个人(住户)的最终分配占57.52%。这样,收入分配过程就终结了。

2. 收入分配的渠道结构分析

收入分配是由不同的分配手段具体作用完成的,如劳动报酬、财产使用权转让报酬、税、各种转移等。不同手段对应着特定的分配出让者和收受者,特定空间、时间下的分配过程总是各种分配手段的一定组合。反映收入分配渠道结构,就是要通过各种分配手段所产生的收入流量间的比例,来揭示特定时期收入分配过程的特点和部门占有结构的形成原因,为从宏观上制定政策、调节社会分配关系提供依据。

收入初次分配阶段包括劳动报酬、生产税和财产收入等分配流量。为了反映各分配渠道在收入分配中的作用程度,应以各部门增加值为基数计算分配流量系数或比例,表现单位增加值对应产生的各收入分配流量的规模,这些系数比率包括四项:①劳动报酬分配系数,是各部门支付的劳动报酬在该部门增加值中所占比重;②生产税分配系数,是各部门支付的生产税净额在其增加值中所占比重;③营业盈余分配系数,是各部门支付劳动报酬、生产税后所得营业盈余在其增加值中所占比重；④财产收入分配比率，是指各部门支付的财产收入与其增加值的比值，它反映财产收入分配流量的强度，不能作为表达份额的指标使用，因为部门支付的财产收入并不完全来自该部门增加值。

通过上述分配系数，基本反映出收入初次分配阶段的分配渠道格局，根据某时间上的计算结果，我们可以测算在既定的增加值总量上可能产生的不同要素分配流量，并可测算各部门增加值产出结构在有所变化的情况下对各要素分配流量的影响。当宏观经济过程的变化，如提高工资、变动生产税率，使要素分配格局发生变化时，我们可以对原系数和比率加以修改，测算新系数下相应的分配流量，并可测算由于分配格局变化对各要素分配流量所产生的实际影响。

收入再分配阶段，所得税是最重要的分配手段。各部门所支付的所得税出自自身已取得的原始收入，因此反映所得税在收入分配中所起的作用，主要是计算各部门支付的所得税流量与该部门原始收入净额之比值，此外也可计算政府部门所得税收入与其原始收入的比值，反映所得税对政府部门收入形成的影响程度。显然，税率越高，纳税面越大，所得税的分配作用就越大，上述两个比值的数值就会越高。

收入分配渠道结构分析可见表4－10。

表4－10 收入分配渠道结构表　　　　　　　　　　单位：亿元

		劳动者报酬	生产税净额	财产收入	经常转移
非金融企业	运用	58 057.2	38 620.9	17 541.9	7 227.1
	来源			14 367.6	882.9
金融机构	运用	3 488.8	1 516.1	16 602.3	3 868.6
	来源			14 930.0	
政府	运用	15 966.2	540.5	1 058.4	10 280.9
	来源		45 622.2	1 374.9	22 769.7
住户	运用	47 327.3	4 944.7	2 826.0	14 263.1
	来源	125 169.5		8 979.6	14 927.4
国内合计	运用	124 839.5	45 622.2	38 028.6	35 639.7
	来源	125 169.5	45 622.2	39 652.1	38 580.0

注：资料来源于表4－8中国2007年资金流量表1（实物交易），因四舍五入对尾数作了调整。

3. 个人收入分配格局的分析

对个人收入分配格局的分析，一个最主要的问题就是测度收入分配的分布状况，即用定量的方法来测度个人之间或居民之间、家庭之间收入分配的差距，而收入分配的差距和收入分配的集中度又是一个问题的两个方面。收入分配的集中度大,则个人之间收入分配的差距就小;反之,收入分配的集中度小,则个人之间收入分配的差距就大。度量收入分配差距主要有以下四种方法:

(1) 全距法。

$$全距 = 最高收入 - 最低收入$$

(2) 平均差法。

$$平均差 = \frac{\sum |各组收入 - 平均收入|}{n(组)}$$

(3) 标准差法。

$$标准差 = \sqrt{\frac{\sum (各组收入 - 平均收入)^2}{n}}$$

上述全距、平均差、标准差数值越小,证明收入分配的差距越小,反之,则越大。

(4) 基尼系数法。基尼系数法是国际上最常用的分析收入分配格局的方法,特别是用来分析居民户之间收入分配的均衡性或差异性程度。

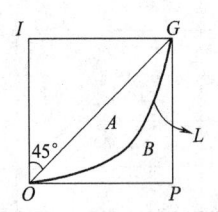

基尼系数是根据洛伦兹曲线定义的。洛伦兹曲线见图4-2。图中横坐标表示按收入从低到高排列的累计家庭户数百分比,全部为100%;纵坐标表示对应的累计收入百分比,全部为100%。这样,在正方形 OIGP 中,45°线 OG 是当参与分配的每一户家庭完全相等时才会出现的一条直线,所以称它为绝对平均线。现实中的收入分配总是具有差异的,一定数量的低收入家庭或人口总是比同样数量高收入家庭或人口占有的国民收入少。所以,实际的收入分配曲线总是在45°线 OG 以下出现,这条实际的收入分配曲线 L 就是洛伦兹曲线。洛伦兹曲线 L 与绝对平均线 OG 的距离越近,说明居民收入分配越平均;反之,洛伦兹曲线 L 与绝对平均线 OG 的距离越远,说明居民收入分配越不平均。

图 4-2 洛伦兹曲线示意图

根据洛伦兹曲线的经济含义,定义曲线 L 与45°线 OG 之间所夹面 S_A 占 △OPG 的面积 S_{A+B} 的比重为基尼系数:

$$G = \frac{S_A}{S_{A+B}}$$

由于图4-2是一个单位正方形,△OPG 的面积 S_{A+B} 恒等于 $\frac{1}{2}$,故:

$$G = 2S_A = 1 - 2S_B$$

基尼系数的实际计算方法主要有两种:一种是回归曲线求积分法,这种方法要求统计资料的样本要足够多,才能保证回归曲线对实际洛伦兹曲线的代表性;另一种方法是等分法,这种方法用得较多。具体方法如下:

将全部家庭户或人口按照收入单调递增顺序排列,并等分为 n 组。

设: i. 第 i 组收入额为 Y_i,则第 i 组的收入额占全部收入分配额的比重为:

$$y_i = \frac{Y_i}{\sum_{i=1}^{n} Y_i} \ (i = 1, 2, \cdots, n)$$

有: $y_1 \leq y_2 \leq \cdots \leq y_n$; $y_1 + y_2 + \cdots + y_n = 1$

ii. λ_i 为各组的收入等级,按收入由低到高的顺序,$\lambda_1 = 1, \lambda_2 = 2, \cdots \lambda_n = n$

iii. $\alpha = \frac{2}{n}, \beta = \frac{n+1}{n}, U = \lambda_1 y_1 + \lambda_2 y_2 + \cdots + \lambda_n y_n$

则:基尼系数的计算公式为:

$$G = \alpha U - \beta$$

世界各国对基尼系数的测算表明,大多数国家的基尼系数都在 0.2~0.6 之间。经济学家根据经验和分析对基尼系数的区间范围作出了判断:基尼系数低于 0.2 表明收入分配高度平均,0.2~0.3 为相对平均,0.3~0.4 大致合理,0.4~0.6 显示收入分配差距过大,0.6 以上则表明收入分配严重向一部分人倾斜。

二、收入使用结构分析

可支配收入的使用首先是消费,消费剩余形成储蓄。为反映可支配收入使用的总体结构,可依据可支配收入计算消费率和储蓄率,计算公式为:

消费率 = 最终消费支出 ÷ 可支配总收入

储蓄率 = 储蓄总额 ÷ 可支配总收入

式中的可支配总收入可以用总额,也可以用净额,但应注意储蓄总额或净额与之相配合。依据分部门的可支配收入使用数据计算,各部门及宏观经济的消费率与储蓄率见表 4-11。

表 4-11　收入使用结构分析表　　　　　单位:亿元

	非金融企业	金融机构	政　府	住　户	宏观经济
可支配总收入	45 512.2	2 786.2	63 084.4	150 816.3	262 199.1
最终消费支出	—	—	35 190.9	93 602.9	128 793.8
总储蓄	45 512.2	2 786.2	27 893.5	57 213.4	133 405.3
总消费率(%)	—	—	55.78	62.06	49.12
总储蓄率(%)	100.00	100.00	44.22	37.94	50.88

注:资料来源于表 4-8 中国 2007 年资金流量表 1(实物交易),因四舍五入对尾数作了调整。

从宏观经济整体来看,收入使用的结构是消费与储蓄各占一半,如果不包括固定资产折旧,消费率约占 57.3%,高于储蓄率。但在不同部门,消费和储蓄的结构则表现出不同特点。住户部门可支配收入的较大部分用于自身消费,较少部分用于储蓄;政府部门的较大部分收入用于政府消费,储蓄占比例较小;金融机构和企业部门则因自身没有消费职能,收入全部转化为储蓄。由这些特点我们不难认识到前述收入部门占有结构对收入使用结构的制约作用。如果企业部门和金融机构占有较大的收入份额,那么就会因其强烈的储蓄倾向而加大整个宏观经济的储蓄;相反,如果住户部门或政府部门占有较大的收入份额,就会加强整个宏观经济的消费倾向。因此,在不同时期,通过各种分配手段调节收入的部门占有结构,就会在一定程度上起到调节消费与储蓄间比例的作用。

在住户部门,一时期消费率和储蓄率的确定与利率、物价等手段对人们消费和储蓄倾向的调节有关,同时与收入水平的高低也有紧密的联系。由于消费的刚性,消费的增长率一般总是低于收入的增长率,结果导致消费率在长期考察中存在下降的趋势。收入水平越高,消费率就会相对偏低;在收入水平较低的情况下,收入中就会有更大的份额用于消费。

消费与储蓄的比例从根本上看就是当期消费与未来消费的关系,它极大地影响了一国消费与投资的比例。保持一定量的储蓄对于完成投资、扩大社会再生产规模至关重要,但如果不顾客观可能,过分强调储蓄,则可能影响人们当期消费水平。所以,确定合理的消费率或储蓄率,是宏观经济管理中很重要的比例关系。

值得注意的是,在国内生产总值核算中也计算消费率,其计算公式为:

$$消费率 = \frac{最终消费}{支出法国内生产总值}$$

三、消费结构与消费函数模型分析

1. 主要消费结构分析

消费结构是指消费各要素之间的内部比例关系。在消费总量上考察消费结构,主要是计算居民消费与政府消费各自所占比重,以反映消费的主体结构。在消费水平上考察,以反映农村居民消费水平与城镇居民消费水平的比例关系,居民消费水平按人均计算。其计算公式为:

居民消费比重 = 居民消费 ÷ 最终消费
政府消费比重 = 政府消费 ÷ 最终消费
城镇与农村居民消费比例 = 城镇居民消费水平 ÷ 农村居民消费水平

在居民消费层次上,最重要的是分析消费的目的结构。消费目的结构又称为消费用途结构,是按照消费目的分类来考察消费内部结构,具体可以就各类消费,比如前述的八大类消费,分别计算其在个人消费中所占比重。通常应用较多的是计算

食品消费支出占居民最终消费支出的比重指标,即恩格尔系数,其计算公式为:

$$\text{恩格尔系数} = \text{食品消费支出} \div \text{居民个人最终消费支出}$$

一般讲,食品消费是人类生活最基础的需首先满足的消费内容,它对于收入和消费总量的变动呈现出明显的刚性,其变动速度总是慢于收入和消费总量的变动速度。其结果是,随着居民收入水平和消费水平的提高,恩格尔系数会呈现下降的趋势。这一规律的存在,使恩格尔系数的作用已不仅限于单纯反映消费的内部结构,而是常被用于衡量居民生活的富裕程度,以反映居民生活水平状况。联合国曾为此提出恩格尔系数的数量界限,认为该系数在60%以上为生活绝对贫困,50% - 60%为勉强度日,40% - 50%为小康水平,20% - 40%为富裕,20%以下为最富裕。在实际应用时,需结合具体情况作具体分析,包括计算一国的消费习惯、消费价格结构和公共消费状况等。简单地套用上述数量界限来说明一国居民的生活水平,或者简单地据此进行国际上、地区间和一国(地区)不同时期的对比,都会影响分析的质量和结构的准确性。

与目的结构相关联的还有消费内容结构,它是指居民最终消费支出中物品消费与服务消费之间的比例关系。按照消费层次,随着居民收入水平和消费水平的提高,居民消费内容结构的突出变化是服务消费所占比重会逐渐加大。

此外,还可分析消费的方式结构,即居民消费中商品性消费与自给性消费各自所占比重。对于农村居民,这种结构分析尤其重要。随着农村经济的发展,农民介入市场的程度不断提高,反映在消费上就是伴随生活水平的提高,商品性消费所占比重日益加大。

分析消费结构对生产结构的影响,可以利用投入产出的行模型:

$$X_c = (I - A)^{-1} Y_c$$

其中,$(I - A)^{-1}$为列昂惕夫逆阵;Y_c为消费的产品结构;X_c为受消费结构影响的生产的产品结构。

2. 消费函数模型分析

消费函数模型是根据人们消费行为建立的一类模型。对消费行为的研究形成不同的消费理论,也出现了不同的消费函数模型。凯恩斯认为,消费是由收入唯一决定的,消费与收入之间存在着稳定的函数关系,这就是绝对收入假设消费函数模型。杜森贝利认为,消费者行为不仅受到自身收入的影响,也受周围人水平和以前的消费水平的影响,这就是相对收入假设的消费函数模型。莫迪里亚尼等人认为,消费者现期消费不仅与现期收入有关,而且与消费者以后各期收入的期望值、开始时的资产数量和年龄有关,这是生命周期假设消费函数模型。弗里德曼认为,消费者的消费与持久收入有关,这就是持久收入假设消费函数模型。此外,还有合理预期消费函数模型和适应预期消费函数模型等。

绝对收入假设消费函数模型表达式为:

$$C_t = \beta_0 + \beta_1 Y_t \quad (t=1,2,\cdots,n)$$

式中，C_t 为 t 期消费总量；Y_t 为 t 期收入总量；β_0 被称为自发性消费，是指不依存于收入的消费；β_1 被称为边际消费倾向（MPC），是指消费增量在收入增量中所占的比例，即：

$$\text{MPC} = \frac{\Delta C}{\Delta Y}$$

$\beta_1 Y$ 被称为引致消费，就是依存于收入的消费。

消费与收入的关系既可以用边际消费倾向来说明，也可以用平均消费倾向来说明。平均消费倾向（APC）又称消费倾向，是指消费总量在收入总量中所占的比例。

$$\text{APC} = \frac{C}{Y}$$

绝对收入假设消费函数模型计量的表达式为：

$$C_t = \beta_0 + \beta_1 Y_t + U_t \quad (t=1,2,\cdots,n)$$

式中，$C_t, Y_t, \beta_0, \beta_1$ 的经济含义与前述相同；U_t 为随机扰动项。一般来讲，边际分析采用线性模型。

除了绝对收入假设之外，其他各种经济假设的消费函数模型都可以转化为相对收入假设的消费函数模型，其计量表达式为：

$$C_t = \beta_0 + \beta_1 Y_t + \beta_2 C_{t-1} + U_t \quad (t=1,2\cdots,n)$$

式中，C_{t-1} 为 $t-1$ 期消费总量，β_2 为 $t-1$ 期消费对 t 期消费的影响程度，即消费的惯性作用，其他字母符号与绝对收入假设消费函数模型相同。

在消费函数模型应用中，绝对收入假设和相对收入假设消费函数模型是应用较为广泛的模型。

消费与收入之间的关系还可采用弹性分析方法。一般来讲，弹性分析采用双对数线性模型，其计量表达式为：

$$\ln C_t = \beta_0 + \beta_1 \ln Y_t + \ln U_t \quad (t=1,2,\cdots,n)$$

式中，C_t, Y_t 分别为 t 期的消费总量和收入总量；ln 为自然对数符号；$\ln U_t$ 为随机扰动项；β_0 为自发性消费的对数；β_1 为消费的收入弹性系数，是指消费的变化率与收入的变化率之比例：

$$\text{消费的收入弹性系数} = \frac{\Delta C}{C} \Big/ \frac{\Delta Y}{Y}$$

四、消费品需求函数模型分析

消费品需求函数是描述消费品的需求量与影响因素（如收入、价格、其他消费品的价格等）之间关系的数学表达式，即：

$$q_i = f(I, P_1, P_2, \cdots, P_i, \cdots P_n)$$

式中，q_i 为对第 i 种商品（消费品）的需求量；I 为收入；$P_1,\cdots P_i,\cdots P_n$ 为各种商品的价格，n 为商品数目。一般来讲，影响需求量的主要因素是收入与价格，对于一些特定商品和特定的情况，也会在需求函数中引入其他的解释变量，如耐用品的存量、一般消费品的消费习惯等。需求函数反映了商品的需求行为和需求规律，可以用于需求的结构分析和需求预测。

需求函数模型是由效用函数在效用最大条件下导出的。常用的需求函数模型有以下三种：

1. 对数线性需求函数模型

对数线性需求函数模型是由样本观测值拟合而得到的一种模型形式。由于它具有合理的经济解释，参数具有明确的经济意义，所以是一种常用的需求函数模型，其数学表达式为：

$$\ln q_i = \alpha + \sum_{j=1}^{n} \beta_j \ln p_j + \gamma \ln I + U$$

式中，q_i 为某商品需求量；p_j 为 j 种商品的价格；I 为收入；U 为随机扰动项；γ 为需求的收入弹性；β_i 为需求的自价格弹性；$\beta_j (j \neq i)$ 为需求的互价格弹性。根据需求的零阶齐次性，应当有：

$$\beta_1 + \beta_2 + \cdots + \beta_n + \gamma = 0$$

需求函数的零阶齐次性条件的经济含义是：当收入、价格和其他商品的价格等都增长 λ 倍时，对商品的需求量没有影响。

2. 耐用品的存量调整和非耐用品的状态调整模型

(1) 耐用品的存量调整模型。对于耐用消费品，它的需求量不仅受到收入与价格的影响，而且与该种商品的存量有关。其数学表达式为：

$$q_t = \beta_0 + \beta_1 p_t + \beta_2 I_t + \beta_3 S_{t-1} + U_t$$

式中，q_t 为 t 期某种耐用消费品的需求量；p_t 为 t 期该耐用消费品的价格；I_t 为 t 期的居民收入；S_{t-1} 为 $t-1$ 期该耐用消费品的存量；$\beta_0, \beta_1, \beta_2, \beta_3$ 为待估参数。

(2) 非耐用品的状态调整模型。对于非耐用消费品，耐用品存量模型中的 S_{t-1} 可以表示为消费习惯等"心理存量"，可以用上一期实现了的需求（即消费）量作为样本观测值。于是，非耐用品的状态调整模型可表示为：

$$q_t = \beta_0 + \beta_1 p_t + \beta_2 I_t + \beta_3 q_{t-1} + U_t \quad (t=1,2\cdots,n)$$

式中，q_{t-1} 为 $t-1$ 期，即上期的商品（非耐用品）需求（即消费）量，其他的变量和参数的含义与耐用品存量调整模型相同。

3. 扩展的线性支出系统（ELES）

扩展的线性支出系统（ELES）是在线性支出系统（LES）上改进得到的。扩展的线性支出系统需求函数经济意义十分清楚，对于第 i 种商品的需求量等于两部分之和：第一部分为基本需求量，即维持基本生活所需的需求；第二部分为总收入扣除对所有商品的基本需求支出后剩余部分中愿意用于对第 i 种商品的需求,与消费的边际消费倾向有关,该模型的数学表达式为:

$$q_i = \gamma_i + \frac{b_i}{p_i}(I - \sum_j p_j \gamma_j) \quad i = 1,2,\cdots,n$$

式中,q_i 为第 i 种商品的需求量;p_i,p_j 为第 i,j 种商品的价格;I 为消费者的总收入,待估参数为基本需求量 γ_i 和边际消费倾向 b_i。按照它们的经济意义,应当有:

$$\gamma_i > 0$$
$$0 \leq b_i < 1$$
$$\sum_i b_i \leq 1$$

由收入和价格的样本观测值可以对模型进行估计。该需求模型实际是一个线性联立方程组,故称线性支出系统。其参数估计方法可参阅有关计量经济学教材。

思考题

1. 由收入分配的基本流程简述收入分配核算的账户组成。
2. 简述国内生产总值、国民总收入和国民可支配总收入诸总量的数量关系。
3. 简述经常转移与资本转移的各自特点。
4. 简述消费的不同定义及标准。
5. 简述资金流量表1(实物交易)的基本结构和平衡关系。
6. 简述基尼系数的计算公式与经济意义。
7. 简述恩格尔系数的计算公式与经济意义。
8. 已知:一时期居民消费率为70%,政府消费率为60%;该时期可支配收入非金融企业和金融机构为900亿元,居民为2 500亿元,政府为800亿元。

要求:

(1)计算整个经济的消费率和储蓄率。

(2)假定可支配收入的部门占用份额有变化,分别为非金融企业和金融机构占30%,政府占20%,居民占50%,则整个经济的消费率将是多少?计算条件和结果的变化说明了什么?

9. 利用中国2007年资金流量表1(实物交易)数据研究中国的分配格局,即计算国家、集体、个人三者之间初次分配、再分配各占多大比重并进行分析。

10. 利用中国支出法国内生产总值数据,运用计量经济学方法建立中国居民消费模型:

(1)绝对收入假设消费函数模型

$$y_t = a + bx_t + \mu_t \quad t = 1978,1979,\cdots$$

(2) 相对收入假设消费函数模型

$$y_t = a + bx_t + cy_{t-1} + \mu_t \quad t = 1978, 1979, \cdots$$

式中,y_t 为 t 时期的居民消费支出;x_t 为 t 时期的支出法国内生产总值;y_{t-1} 为 $t-1$ 时期的居民消费支出;μ_t 为随机扰动项。

11. 试述需求函数模型的几种形式。

第五章 资本形成与金融交易核算分析

第一节 积累核算理论

一、积累的性质及来源

从理论上讲,积累和折旧形成投资。积累核算所反映的内容定义在资本存量的变化上。积累是资本的积累,不仅包括从生产的成果如机器、设备、厂房和建筑等投资形成的资本,而且还包括从自然获得的资本,如土地、矿藏等;不仅包括实物资产的积累,而且还包括金融资产的积累。积累核算强调两个方面:一是积累必须形成资本;二是资本表现为产权的相应增加,既是市场定价,又对未来生产经营的获利产生作用。

形成积累的主要来源有三个方面:①经济交易的发生,如购买或出售固定资产,提取或存入一笔存款等。②资产的发现和毁损,如地下资产的发现,战争或自然灾害对资产的毁坏等。来源于两方面的积累都会引起资产数量的变化和负债、净值的对应变化。③资产价格在核算期内的变动,会使原有资产产生持有资产损益,引起资产、负债及净值价值的变化。

二、积累核算的概念及内容

整个宏观经济核算体系包括对当期经济过程流量的核算和经济存量的核算。经济存量核算由资产负债表反映。从一段时期考察,资产负债存量由期初到期末必然会发生总量和结构的变化,这种变化正是积累核算的内容。据此,积累核算是对一国或机构部门资产负债变化过程的核算,它是使当期经济交易核算得以终结的核算。

依据积累的三个来源,积累核算由三部分组成:经济交易引起的资产负债变化称为资本形成和金融交易核算,由资本账户和金融账户体现;资产负债数量的其他变化核算由资产数量其他变化账户体现;资产价格变化结果由重估价账户体现。通过积累核算,可以详细地解释一国或一机构部门各种经济存量是怎样由期初水平达到期末水平的整个过程。

资本账户和金融账户核算是积累核算的最主要部分。一方面,当期经济交易发生是经济存量得以不断增长的最根本原因。资产的发现和毁损具有偶然性,不可能对资产负债存量变化产生根本影响,而价格变化引起的经济存量变化只是资产占有价值关系的相对变化,并不代表存量的真实变动。另一方面,和积累核算其他账户相比,资本账户和金融账户核算的内容比较复杂。它们不是孤立存在的账户,而是当期由经济交易引起的整个经济流量核算的有机组成部分,和生产账户、收入分配及使用账户紧密地连为一体,并使体现各机构部门间交易的一系列账户得以终结。正因为如此,本章专门阐述资本形成和金融交易核算分析的内容,其余两部分内容将在下一章"国民资产负债核算分析"中阐述。

第二节 资本形成核算

一、非金融资产的概念和分类

1. **经济资产的概念**

经济资产是指各机构单位个别所有,用于获得经济利益的实体或法律契约。经济资产包括实物资产,如机器设备、厂房和土地等,也包括金融资产,如存款、债券和股票等。经济资产必须同时具备两个条件:①资产的所有权已经确定;②其所有者由于持有或使用它们而能够在目前或可预见的将来获得经济利益。

不属于任何机构单位,或即使属于某个机构单位但不在其有效控制下,或不能在可见的将来获得经济利益的自然资源,如空气、公海、部分原始森林以及在可预见的将来不具有商业开发价值的地下矿藏等,不能视为经济资产。

2. **非金融资产的概念**

非金融资产是指非金融性的经济资产,包括各种具有实物形态的有形资产和各种不具有实物形态或依附于某种实物形态的非金融性无形资产,前者如土地、建筑物、机器设备和原材料储备;后者如各种专利权商标权和计算机软件等。应当说,非金融资产,特别是有形资产是一国经济资产中的主要组成部分,它不仅在数量上占有较大份额,而且还是产生金融资产的基础,在生产过程中常作为生产资料,是进行生产活动的物质条件。

3. **非金融资产的分类**

非金融资产,尤其是有形资产种类繁多,每一种类都有其特定的形态和用途。按照非金融资产产生的情况,可将其归纳为生产资产和非生产资产两类。生产资产又称可再生资产,是指作为生产过程的产出而存在的资产,由各年未被消费的产出积累而成,当其消耗或毁损后,可由生产过程再次复制。非生产资产又称不可再生资产,是指通过生产过程之外的方式取得的资产,主要是指各种自然资产,如土地、矿藏和非人工培育的森林,也包括以专利、商誉等形式存在的无形资产,这些资产被消耗、毁损后,不能依照原产生过程重新复制。从一国范围内考察,除非有大的发现,非生产资产只能耗减不能再生的特点决定了它在总量上会不断减少,在资产中所占份额会逐渐下降。非金融资产的增长主要依赖于生产资产的增长,通过各期产出的积累来实现。

在具体的核算中,非金融资产可进一步区分为固定资产、存货和其他非金融资产三类。其中,固定资产和存货是生产者为生产目的持有的资产,而其他非金融资产主要是生产过程以外产生的资产。

固定资产是指在生产过程中被反复或连续使用一年以上,单位价值在规定标准以上的固定资产,由有形固定资产和无形固定资产组成。有形固定资产主要包括住宅、非住宅建筑物、机器设备、培育资产和大牲畜等;无形固定资产主要包括矿藏勘探和计算机软件等。

存货是指用于生产耗用、经营销售和行政管理而储存的各种产品,包括原材料、在制品、半成品和产成品、商品存货、其他(如物资储备)物品等。

其他非金融资产是指生产过程以外产生的非金融资产,由有形资产和无形资产组成。有形资产主要包括土地、森林、地下矿藏、水等自然资源;无形资产主要包括专利权、商标权和商誉等。

区别固定资产和存货的标志主要是耐用性,即使用寿命在一年以上,同时还要考虑一些其他因素。一般固定资产都是耐用性资本货物,但存货的组成却并非都是非耐用性的货物。有些货物虽具有耐用性但仍被作为存货的组成部分:①小型的、简单的或价值较低的耐用品,如工具;②不是运用于生产过程产生或转化为其他货物和服务的耐用品,如武器、耐用消费品;③未完成的和未出售被使用者掌握的耐用品,但如果该用品是自制自用的或为特定用户生产的则可作为固定资产。

二、资本形成核算

1. **资本形成的概念**

严格地讲,资本形成是指各机构单位通过经济交易获得或处置生产资产的行为。所谓获得,包括购入、自己生产、接受赠予等形式;处置则包括出售、报废、磨损等形式。在核算上,资本形成就是各单位当期获得减处置的净获得,具体包括固定资本形成、存货增加两个项目。从部门或机构单位看,非金融投资除资本形成外,还包括土地及其他非生产资产净购买。但与资本形成相比,土地及其他非生产资产净购买一般数额很小,而且从一国看,在封闭经济条件下,各部门的非生产资产净购买会相抵为零,非金融投资在量上与资本形成相等。因此,论述非金融投资,

第五章　资本形成与金融交易核算分析

一般以资本形成为其主要内容,在许多情况下常将二者作为同等概念。

2. 资本形成的交易

资本形成的交易有两种:一种是当期产出(或进口品)作为资本品被配置在各部门,转化为各部门的资产;另一种是原有资产的交易,结果使原有资产在不同部门得以重新配置。所谓原有资产又称现有资产,是指已经过从生产者(或进口者)到使用者的所有权转让的货物资源,它在本次交易之前已被国内某机构单位作为资本形成所记录,如二手市场上买卖的机器设备。对各机构单位和部门而言,当期资本形成中很可能既包括原有资产,也包括产出转化的新资产。但对一国核算来说,国内各机构单位之间现有资产的交易都属于内部交易,获取和处置会相互抵消,这样,一国当期资本形成基本上是当期产出和进口品转化的新资产。在多数情况下,资本形成的结果是具有独立形态、能单独识别的新资产,它可直接增加对应类别非金融资产的数量和价值,如建造和购置机器设备等;在另一些情况下,资本形成表现为对原有资产的改善,如土地改良、建筑物大修理与翻新、计算机软件的更新等,这对资本形成的结果不能单独识别和估价,不能增加资产的数量,只是因提高了资产质量而增加了资产的价值。

3. 资本形成的特性

(1)资本形成不同于消费。资本形成是为了通过持有或使用这些资产而获取经济利益和增加产出,都具有生产性。凡被生产者持有,拟进一步作为生产的手段或投入物者,都作为资本形成,否则应作为消费。例如,住户部门的住宅被视为提供住房服务(产出)的手段,因此,购买或建造住宅被作为资本形成;家庭耐用品购买则被作为消费,因为这些物品提供的服务并不作为生产产出的组成部分。

(2)资本形成不同于中间投入。资本形成是资源在当期的积累,是未来生产扩大的准备,中间投入则是资源在当期生产过程中的投入。

(3)资本形成的实物构成与非金融资产构成是一致的,二者在核算范围和分类上具有一致性,而且各大类内部的详细分类也是一致的。

(4)从宏观上看,资本形成是国内最终使用的组成部分。将资本形成总量与消费总量加总,可得到国内当期最终使用量;再与当期净出口相加,即可求得当期国内最终产出量即国内生产总值。所以,资本形成的核算在宏观上和消费核算、生产核算是连为一体的。

4. 资本形成核算的原则

资本形成的上述性质构成了核算资本形成的一般原则,即应注意区分资本形成与消费、与中间投入之间的界限,注意资本形成与非金融资产核算范围的一致性,并与产出核算相呼应。除此之外,还应遵循以下两项核算原则。

(1)资本形成核算的记录时间,应以交易者(买者)获取资源所有权的时间为标准。在购入方式下应以购入时间为准;在自产方式(如自建固定资产、自制在制品和成品)下应以生产时间为准;在赠予转移方式下应以交接时间为准;在对固定资产,尤其不能将资本形成的记录时间等同于固定资产的生产时间(自制情况下除外),也不能等同于固定资产投入生产使用的时间。

(2)资本形成核算的估价应遵循现期实际价格。在购入方式下应按购入价格估算,如果购入的是新资产,用于估算的价格应是包含运费、安装费及其他中间费用的购买者价格;如果是原有资产购入,则估价是买价与运费、安装费和各种所有权转移费用与转移税之和。在自制方式下应按资产的基本价格估算,在基本价格无法估计时,也可采用生产成本估价。在转移方式下,则应按估计的基本价格和运费、转移费来估算。在具体估价计算上应当注意,对原有资产,一些单位的资产获得和另一些单位的资产处置对应存在,应尽力使交易双方采用相互配合的价格估价;对由产出转化的新资产,则应尽力使资本形成的估价与产出核算的估价相一致,以保证生产核算与使用核算结果的一致性。

5. 固定资本形成与存货增加项目的具体核算方法

(1)固定资本形成的核算。固定资本形成要核算的核心项目即是固定资本形成总额,它是指生产者在一定时期内获得的固定资产减处置的固定资产的价值总额,可分为有形固定资本形成总额和无形固定资本形成总额。有形固定资本形成总额包括一定时期内完成的建筑工程、安装工程和设备工器具购置(减处置)价值、土地改良以及新增役、种、奶、毛、娱乐用牲畜和新增经济林木的价值。无形固定资本形成总额包括矿藏的勘探、计算机软件等获得减处置。此外,固定资本形成总额按构成可分为建筑安装工程、设备工艺器具购置、土地改良和其他构成。

核算固定资本形成的基本方法,是以核算期内获取的固定资产价值与处置的固定资产价值相减求其净获取价值。获取的固定资产价值包括购入的固定资产、由易货交易或实物资本转移而获取的固定资产、生产者自制自用的固定资产。这些资产既可以是产出转化的新资产,也可以是过去时期形成的原有资产;固定资产处置应视为负资本形成看待,它包括出售与易货交易中付出的、实物资本转移时付出的、被所有人拆毁或报废或屠宰的固定资产等,但处置的对象仅限于原有资产。这样,根据固定资产的内容,一定时期固定资本形成应是下述项目加减的结果:

当期获取的有形固定资产 +
当期获取的无形固定资产 +
当期获取的附着在非生产资产上的资本形成 −
当期处置的原有固定资产价值
───────────────
当期固定资本形成价值

第五章 资本形成与金融交易核算分析

取得上述资料,原则上应以各机构单位有关会计核算资料为依据。在会计核算不完备的部门如住户部门,则需通过专门调查加以估算。总的来看,有关无形固定资产和附着于非生产资料上的固定资产的获取与处置一般数额较小且不易搜集,应视具体情况进行估算。

在我国,现阶段基本是利用固定资产投资统计资料来估算固定资本形成价值,主要是以固定资产投资完成额为基础,从中扣除不形成固定资产的费用,再加上投资统计中不包括的大修理支出,与建设有关的勘察设计支出,以及国防费中能用于民用的建筑物和设备等投资支出计算求得。具体计算是在固定资产投资额统计的基础上,加固定资产投资统计中没有包括的限额以下的固定资产投资额(单个项目)、新产品试制增加的固定资产价值、商品房销售额减建造成本的差额、开垦荒地形成的固定资产、所有权转移费形成的固定资产价值,减去购置旧建筑物、旧设备和土地购置费的价值。

(2)存货增加项目的核算。存货增加是指常住单位在一定时期内存货实物量变动的市场价值,即期末价值减期初价值的差额,再扣除当期由于价格变动而产生的持有收益。存货增加可以是正值,也可以是负值,正值表示存货上升,负值表示存货下降。

在各企业单位,会计核算对存货变化有详细记录,用期末存货总额减去期初存货总额即可得到期内存货变化额,而且期初与期末存货总额和期内存货变化额都反映在会计定期报表——资产负债表和财务状况变动表中,这就为宏观上计算存货变动提供了基本资料。但是,运用这些资料,必须注意其中隐含的价格问题。宏观经济核算所测算的存货变化价值,要求存货的获取和处置都应采用统一的当期市场价格估价。就是说,假定当期从存货中拨出的货物都是本期购入的,一律用当期购买价格估价;将当期入库的制成品和在制品都视同于出售,依当期出售价格估价。由于会计遵循实际成本(即历史成本)计价原则,所核算的存货期末价值和期内变动价值并不符合宏观经济核算的要求,只有采用后进先出法(即假定拨出的存货是最近购入的,依据最近购入价格计算价值)的情况下,而且对在制品和制成品存货价格由成本价调整为市场价。

我国实际核算中主要产业部门的存货增加的基本计算方法和资料来源因行业不同而有所区别。农、林、牧、渔业:国有企业存货增加根据财政部会计资料中期末和期初存货价值计算,农村集体企业存货增加根据农业部乡镇企业统计资料进行计算,农村个人的粮食、牲畜和家禽等存货增加根据国家统计局农业统计年报的核算期新增数量和相应的单位价格进行计算;工业:根据国家统计局工业统计年报财务统计资料中期末和期初存货价值计算限额以上企业存货增加,规模以下企业利用产值等资料进行推算;批发零售业:根据国家统计局批发零售贸易业统计年报中期末和期初商品库存价值进行计算;建筑业:根据国家统计局建筑业统计年报财务统计资料中期末和期初存货价值进行计算;交通运输仓储和邮电业:根据原铁道部、交通部(含民航总局)和国家邮政局等部门的会计资料中期末和期初存货价值进行计算。

6. 土地及其他非生产资产净购买项目的核算

土地净购买是指经由经济交易发生的土地获取与处置相减的净价值,从一国来看,各机构部门净购买会相互正负抵消土地净购买,总是为零。其他非生产资料,如地下资产的贮量以及专利权和购得的商誉等,与土地购买净额核算相似。

三、储蓄与资本转移核算

1. 储蓄核算

储蓄来自可支配收入使用账户,它是各机构部门可支配收入扣除消费后的余额。在资本账户中,储蓄代表了各机构部门进行投资活动的自有资金,是投资的主要资金来源。

2. 资本转移收支核算

转移是单方面的无回报的交易,资本转移是出于投资目的并影响到交易双方或一方资产负债存量的转移,因此它应计入资本账户。区分现期转移与资本转移很有必要,尽管这种区分在实际操作上有困难。现期转移发生在可支配收入形成之前,它的计量会影响到交易双方的收入量和储蓄量;资本转移发生在收入形成和储蓄计量之后,不会影响交易者的储蓄水平,因此它们对经济分析和经济决策提供了不同的信息。

资本转移可以是现金转移,也可以是实物转移,后一种情况应被视为两笔交易的合并:一方对一方转移资本,然后由另一方购买资本品。从大的方面看,资本转移包括三项内容:①资本税缴纳,这是指政府财政部门对机构单位所拥有的资产或净值不定期征收的捐税和当机构单位之间发生资产转移时所征收的税,如遗产税、赠予税等;②政府对各机构单位或国外拨付的用于这些单位获取固定资产的款项和实物;③其他资本转移,包括各单位对非营利机构固定资产形成的特大捐赠,各单位之间的巨额赠予,如遗产以及国际上经债权人和债务人协议取消的债务等。具体记录时,资本转移分资本转移收入和资本转移支出两个项目,资本转移收入即为获取的资本转移,资本转移支出即为出让的资本转移,各部门收入与支出相减的净额,形成了该部门净值的变化。从一国来看,国内各单位之间的资本转移会作为内部流量收支相抵,扣除这些内部流量后,对一国起作用的就是来自国外的资本转移和对国外的资本转移,两者相减的差额为来自国外或付给国外的资本净转移。

四、资本账户

1. 资本账户的概念及其使用

资本账户是记录各机构单位由经济交易而获得或处置的非金融资产价值以及与此有关的储蓄、资本转移活动的账户,这些交易被统称为非金融性资本交易。资本账户反映国内机构部门可用于资本形成的资金来源、资本形成的规模以及资金剩余或短缺的规模。

表 5-1 是资本账户的基本形式。账户左方记录经济交易中各种非金融资产的当期变动量,按照资产分类,包括固定资本形成总额、存货增加、其他非金融资产获得减处置等具体项目,其中前两者加和称为资本形成总额;其他非金融资产获得减处置是本部门除固定资产和存货以外的非金融资产价值的获得减去处置的差额。账户右方记录有关资本筹集的各项目,包括储蓄和资本转移,体现了一国或一机构部门所拥有净值在当期交易中的变动量;双方相减形成净贷出(+)/净借入(-),作为平衡项记录在账户左方。

表 5-1 资本账户   单位:亿元

资产变化		负债和净值变化	
资本形成总额	889	总储蓄	890
固定资本形成总额	905	固定资本消耗(-)	-589
存货增加	-16	净储蓄	301
固定资本消耗(-)	589	应收资本转移	91
其他非金融资产获得减处置	0	应付资本转移(-)	94
净贷出(+)/净借入(-)	-2		
合计	298	合计	298

根据表 5-1 中的数据,该国当期由储蓄和资本转移引起的净值变化为 298 亿元(301-94+91),非金融投资实现的非金融资产变化总额为 889 亿元,扣除固定资本消耗后的净额为 300 亿元,双方相抵为 -2 亿元(298-300),说明该国经济对国外资金的借入需求。

2. 部门综合资本账户

资本账户可按机构部门编制,对各机构部门账户进行合并处理,即形成部门合并账户,它综合反映了一国内部各部门有关资本筹集和非金融投资的整体状况(见表 5-2)。由表 5-2 资本账户右方可看到,资本筹集的主要来源是各部门的自身储蓄,储蓄量最大的是住户部门,其次是金融机构。由账户左方可见,非金融投资的主要部门是非金融企业和住户,主要项目是固定资本形成,存货增加,其他非金融资产获得减处置一般数额较小。经过资产积累之后,住户部门是资金有余的部门(净贷出 167 亿元),非金融企业则是资金短缺部门(净借入 89 亿元),政府部门也成为资金短缺部门(净借入 134 亿元)。这样,每一部门左右双方数额相等,形成部门账户资产变化方和负债净值变化方的平衡关系。以表 5-2 住户部门为例,该平衡关系为:

$$324+(-160)+(-20)+167=314+12+(-15)$$
（资产变化方）　　　　　（负债与净值变化方）

就是说,由储蓄和净资本转移引起的净值变化为 311 亿元(314 + 12 - 15),非金融资产变化总额为 304 亿元(324 - 20),净额为 144 亿元(304 - 160),净值变化与资产变化相减得净贷出为 167 亿元(311 - 144)。

表 5-2　部门综合资本账户　　　　　　　　　　　　单位:亿元

资产变化					交易与平衡项目	负债和净值变				
国外	国民经济	住户	政府	金融机构	非金融企业		非金融企业	金融机构	政府	住户	国民经济	国外
						储蓄净额	-25	69	-57	314	301	-1
	889	324	151	24	390	资本形成总额						
	905	328	144	23	410	固定资本形成总额						
	-16	-4	7	1	-20	存货增加						
	589	160	83	12	334	固定资本消耗(-)						
	0	-20	2	1	17	其他非金融资产获得减处置						
						应收资本转移	27	6	46	12	91	4
						应付资本转移(-)	18	8	53	15	94	1
						由于储蓄和净资本转移而引起的净值变化	-16	67	-64	311	298	2
2	-2	167	-134	54	-89	净贷出(+)/净借入(-)						

3. 资本账户与其他账户的关系

资本账户是一个流量账户,反映非金融资产的积累,它与资产负债存量账户和其他流量账户有紧密的联系。首先,它所记录的非金融投资改变了非金融资产的原有存量,储蓄与资本转移净收入作为资金来源则改变了净值的期初存量,因此,资本账户与资产负债账户之间是变动量与存量的关系。从流量上看,资本账户记录的非金融投资,如果不考虑进出口因素,其实物内容从宏观上理解就是当期最终产品用于积累投资的部分,它与生产账户在产品实物运动意义上相互联系,是使用去向和产品来源的关系。此外,资本账户所记录的储蓄,直接转自可支配收入使用账户,两账户之间相互连接,体现了收入与进一步使用的关系。资本账户与金融账户的联系在于后者解释了前者记录的非金融投资中的资金余缺,反映了净贷出的去向或净借入的来源。

4. 资本账户与资金流量表(1)的关系

资本账户可按机构部门编制,对各部门账户进行合并处置,即可以得到资金流量表(1)中的资本形成部分,它综合反映了一国内部各机构部门有关资本筹集和非金融投资的整体状况。资金流量表(1)在具体项目设置上与资本账户存在着差别,资本账户中的资金余缺项目在资金流量表中称为净金融投资,经过误差调整后的净金融投资具有双重性质;从实物交易角度看,它是指总储蓄加资本转移收入净额减非金融投资后的差额;从金融交易角度看,它是金融资产增加额减负债增加额的差额。

第三节 金融交易核算

一、金融资产的概念和分类

1. 金融资产的概念

金融资产是经济资产的组成部分,是指以金融债权(如通货、存款、贷款等)、货币黄金、国际货币基金组织分配的特别提款权、公司股票等形式存在的资产。

金融资产是由各机构单位及国外之间的各种金融交易累积形成的。一般来说,金融资产与负债具有对称性,即在同一金融项目下,一方的金融资产必然对应另一方负债。这样,从总体上看,所谓资产和负债只是同一事物的两面。只有货币黄金和特别提款权属于例外,它们不存在对应的负债。

2. 金融资产的分类

金融资产具有多种形式,除一些特殊类别外,它们是为满足交易者的不同要求和不同金融条件而出现的,金融市场越发达,金融资产的形式就越复杂多样。宏观经济核算对金融资产(及负债)做了分类归纳。分类的标准首先是资产的可流通性、可转让或转换性;其次是债权人与债务人之间关系的性质,在进一步细分类中还考虑了资产的期限。分类结果一般包括以下七种类型的主要金融资产,这些类型的金融资产形成有关机构单位的资产和负债。

(1)货币黄金和特别提款权。货币黄金是货币当局及受其有效控制的其他部门作为金融资产和外汇储备组成部分而实际持有的黄金;特别提款权是指货币当局持有的由国际货币基金组织发行的储备资产,它们作为一国的国际货币储备,是中央银行的资产,但不表现为任何一方的负债。

(2)货币和存款。货币区分为本币和外币,它们是持有者的资产,是发行者(金融机构或国外)的负债。存款包括活期存款和定期存款,它们是存款者的资产。国内存款是金融机构的负债,在国外的存款则是国外部门的负债。

(3)股票以外的证券。包括各种票据、债券,如公司债券、金融债券、政府债券以及一些派生性金融手段,以原始期限一年为标准可分为长期和短期两个类别。它们是证券持有者的资产,是证券发行、开具部门的负债。

(4)贷款。包括各金融单位贷给企业、政府和住户的所有贷款和预付款,按照原始期限一年的标准,可分为长期贷款和短期贷款。它们是金融机构的资产,接受贷款单位的负债。

(5)股票和其他产权。包括法人企业中的股票和产权以及准法人企业业主的净产权,是股票持有者和产权所有者的资产,是股票发行者的负债。

(6)保险专门准备金。包括两部分:①住户对人寿保险和养恤基金的净权益;②保险费预付款、未结索赔准备金,它们是投保人和受益人的资产,是各保险企业的负债。

(7)其他应收应付款项。包括商业信用、预付款和其他各种应收应付款项,是提供信用、预付、应收一方的资产,是享用信用、预收、应付一方的负债。

除了上述金融资产类型之外,还有金融衍生工具。它是在其他基础工具的基础上"衍生"出其自身价值的金融资产,例如,股票期权的价值是从股票衍生出来的。与债权性金融工具不同,衍生金融工具不需要支付本金,因此也不存在本金与财产收入的回收。衍生金融工具的形式多样,主要包括远期类工具和期权,期货和互换都属于远期类工具。

二、金融交易核算

1. 金融交易及其特点

交易是两个机构单位之间同时从事的一对组合活动。当交易的组合活动中涉及货币支付或金融资产的产生或消失时,该交易就是货币性交易。货币性交易包括两种情况:一是严格意义上的金融交易,即交易的两个组成部分都是金融性的,都涉及现有金融资产所有权的转移、金融资产或负债的产生和消失,例如,将现有债券兑付成现金,甲方是以债券换现金,实现金融资产形式的转换;乙方是以现金换债券,是以金融资产清偿负债。二是其他货币性交易,即交易只有一个方面是金融性的,另一方面却是非金融性的,例如,劳动者从企业获取货币工资,企业以存款或贷款购买资本货物。这时,金融资产或负债的产生与消失是伴随着实际资源的流动而发生的。

2. 金融交易核算的原则

金融交易核算需要遵守两项原则,以保证核算的准确和统一:一是估价原则。应按资产获得或处置的价格记录,不包括手续费、佣金及金融交易税,同时交易双方按同一价格登录。二是记录时间原则。当对应方是非金融流量时,金融核算在账户上记录的时间要与非金融核算的账户记录引起该项债权的时间保持一致,即按非金融交易的发生时间记录。在交易只涉及严格的金融交易的情况下,金融核算应在金融资产所有权转让时作出记录,并且交易双方应按同一时点记录。

与核算有关的还有取净值和合并问题,它们反映了金融核算的记录基础。在取净值原则下,金融核算只记录当期金融资产的净获得和负债的净发生。资产净获得是总获得与处置相抵后的净额;负债净发生是总发生与消失相抵后的净额。以存款为例,资产净获得是存款者当期存入量与取出量相减的净存入;负债净发生是金融机构当期接受存款与承付存款相减的净接受。这样,净值是以两个总值为基础得到的。

金融核算的合并是指把某一组机构单位的资产交易与同一组机构单位的对应负债相抵消的过程,它可以在经济总体、机构部门和分部门层次上进行。合并对于不同类型的经济分析很有必要。例如,在宏观经济层次上,金融核算的合并抵消了国内各机构部门之间的交易,所得数据集中反映了该经济体与国外之间的金融状况。同样,机构部门层次上的合并数据有利于追踪部门之间的金融流动,金融公司层次上的合并可以提供有关金融中介的详细信息。

3. 金融交易内容的核算

(1)货币黄金和特别提款权。货币黄金交易是货币当局之间黄金的出售和购买。当期购买减出售的黄金净额应记录为金融机构的资产增加或减少,同时记为国外部门的资产减少或增加作为对应。特别提款权的交易与此相似。其他部门进行的黄金交易,货币当局为使黄金货币化和非货币化而购买或处置的黄金,国际货币基金组织对特别提款权的分配和取消等,不能记入本账户。

(2)货币和存款。期末与期初相比,货币持有量的净增加记为各持有部门的资产变化,与此相对应,本国货币当期净发行额记为金融机构的负债变化,外国货币净流入额记为国外部门的负债变化。各部门当期存款净增加额应记录在各该部门金融账户的资产方,同时应记入金融机构的负债变化(指国内存款部分)和国外部门的负债变化(指存入国外部分)。

(3)股票以外的证券。以债券为例,各部门当期购买减处置(兑现或出售)的其他部门发行的债券净额,应记为各该部门的资产变化;各部门当期发行减兑付的债券净额,记为各该部门的负债变化。

(4)贷款。国内各金融机构当期对企业、政府、住户及国外发放的贷款扣除原有贷款当期清偿之净额,应分别记为金融机构的资产变化和各借入部门的负债变化;对自国外获得的净贷款应记为各借入部门的负债变化和国外部门的资产变化。

(5)股票及其他产权。对准法人企业,业主当期对企业股本的净增加(即增加减提取)应记为业主所属部门的资产变化和企业部门的负债变化。对法人企业,当期新发行股票及其他产权净增加应记为企业部门的负债变化,购买股票者及产权所有者所属部门的资产变化,原有股票的买卖及产权交易,各部门应按购入减出售的净额记为资产变化。

（6）保险专门准备金。住户对人寿保险准备金和养恤基金的净权益，按当期交易引起的增加减少的净变化记入住户部门金融账户的资产方和金融机构的负债方。引起净权益增加的因素有：保险企业当期收到的保险费总值和养恤基金收到的全部缴款，原保险准备金和养恤基金准备金投资所获得的净财产收入，同时扣除相应的劳务费或管理费；引起净权益减少的因素有：保险企业当期因保险到期或投保人死亡而应付给投保人和受益人的金额（包括红利和利润），养恤基金机构当期一次性或定期支付给退休人员及受抚养人的金额。对保险费预付款和未结索赔准备金，主要是按期初到期末的变化量计入投保人所属部门金融账户的资产方和金融机构金融账户的负债方，但其中不应包括持有资产损益。

（7）其他应收/应付款项。应按当期发生与结算的净额分别记为应收单位所属部门金融账户的资产变化和应付单位所属部门的负债变化。

此外，还有对衍生金融工具的核算，即对在其他基础工具的基础上"衍生"出其自身价值的金融资产的核算。

三、金融账户

1. 金融账户的概念

金融账户记录所有发生在各机构单位及国外之间的金融交易所引起的金融资产和负债的变动。表5-3是金融账户的基本形式，其左方记录由交易获得和处置的金融资产净额，右方记录由交易发生和清偿的负债净额，左右方项目按照金融手段（或称金融资产类型）做相同排列。金融资产净获得减去负债净发生之差额作为资金净贷出（+）/净借入（-）记在账户右方，使账户两方保持平衡。获得金融资产意味着出借（或贷出）资金，发生负债意味着借入资金，因此，金融资产净获得与负债净发生的正差额表示当期净贷出，即最终流出的资金量；负差额表示净借入，即最终流入的资金量。

表5-3　金融账户　　　　　　　　　　　　　　单位：亿元

资产变化		负债和净值变化	
		净贷出（+）/净借入（-）	-2
1. 黄金和特别提款权	2	1. 黄金和特别提款权	—
2. 通货和存款	595	2. 通货和存款	566
3. 股票以外的证券	300	3. 股票以外的证券	328
4. 贷款	332	4. 贷款	291
5. 股票与其他产权	273	5. 股票与其他产权	302
6. 保险专门准备金	72	6. 保险专门准备金	71
7. 其他应收款项	56	7. 其他应付款项	74
合　计	1 630	合　计	1 630

2. 部门综合金融账户及其平衡关系

按机构部门分别编制金融账户,然后加以合并,即可得到部门合并的金融账户(见表 5-4)。该账户将表示金融手段的各项目列于中间,左方各列记录各部门获得的资产净额,右方各列记录各部门发生的负债净额。这样,在账户上就形成了两种平衡关系:一是部门内部的平衡关系,即单个部门金融账户所显示的一部门当期金融资产净获得与负债净发生之间的平衡;二是在每一种金融资产类型上存在的资产净获得与负债净发生之间的平衡。

表 5-4　部门综合金融账户　　　　　　　单位:亿元

资产变化							负债和净值变化					
国外	国民经济	住户	政府	金融机构	非金融企业	交易和平衡项目	非金融企业	金融机构	政府	住户	国民经济	国外
						净贷出(+)/净借入(-)	-89	54	-134	167	-2	2
129	1 630	316	83	1 043	188	金融资产净获得						
						负债净发生	277	989	217	149	1 632	127
-2	2			2		黄金和特别提款权	—				—	
25	595	167	48	354	26	通货和存款	19	505	42		566	54
55	300	6	8	269	17	股票以外的证券	22	193	113		328	27
-14	332		-2	329	5	贷款	58	49	42	142	291	27
46	273	132	21	57	63	股票和其他产权	99	203			302	17
	72	68			4	保险专门准备金		71			71	1
19	56	-57	8	32	73	其他应收应付款	79	-32	20	7	74	1

从部门内部平衡关系看,以企业为例:

$$26+17+5+63+4+73=19+22+58+99+79+(-89)$$

　　资产净获得 = 负债净发生 + 净借入
　　　(188)　　　　(277)　　　(-89)

从每一种金融资产类型的平衡关系看,以通货与存款为例:

$$26+354+48+167+25=19+505+42+54$$

　　资产净获得 = 负债净发生
　　　(620)　　　 (620)

后一种平衡关系对于解释国内各部门与国外之间的关系尤为重要。根据国外部门的记账原理,其负债净发生额(或金融资产净获得额)即为国内对国外金融资产净获得额(或负债净发生额)。一国在某一种资产类型上资产净获得与负债净发生相减的差额,就是抵消国内各部门间金融资产负债变化后的对外净借入或净贷出额,它与国外部门记录的在这种资产类型上的资产获得与负债发生相减的差额,数量上相等但符号相反。仍以通货与存款为例,国内金融资产净获得(595亿元)减负债净发生(566亿元)的差额为29亿元,国外部门资产净获得(25亿元)减负债净发生(54亿元)的差额为-29亿元,说明当期国内在货币与存款项目上抵消了国内各部门之间的交易之后,仍有29的净额流向国外。推广到所有金融资产,国内资产净获得(1 630亿元)与负债净发生(1 632亿元)所决定的资金净借入(-2亿元),正好与国外部门的相应差额(2,即129-127亿元)相对应,表现了国外对该国资金的弥补作用。

3. 金融账户的作用

金融账户的核算范围涵盖了严格的金融交易和其他货币性交易。对前一种交易,所有的流量都被分别记录在交易双方的金融账户上,因而无论如何变化,只能表现为一种资产(或负债)转换为另一种资产(或负债),或者资产与负债同时产生或同时减少,账户登录结果可能影响金融资产或负债的形式组合,也可能改变金融资产和负债的数量,但不会影响金融资产和负债之间的平衡关系。

在后一种交易情况下,金融账户是非金融账户的对应账户或称决算账户,由交易引起的实际资源流量如货物和非金融资产所有权转手或要素收入支付等将分别记入生产账户、收入及使用账户和资本账户,对应的货币流量引起的金融资产与负债变动才记入金融账户。就是说,在非金融账户上作为来源记录的价值,必然在金融账户上有同等价值的资产增加或负债减少作对应记录;同样,前者作为使用记录的价值,必然对应后者关于资产减少或负债增加的记录。因此,这种交易的存在,改变了各部门金融账户上资产与负债的平衡关系,而且,使各部门金融账户的平衡与非金融账户的平衡联系在一起,即金融账户上一时期资产变动与负债变动的差额即资金净借入(-)/净贷出(+),与同期非金融账户上最终表现在资本账户上的资金净借入(-)/净贷出(+)相互对应存在,如果不考虑统计误差,二者数额相等,只是记录的方向相反。

从经济意义上解释这种现象,意味着如果一部门的净储蓄及资本转移净额未能全部用于非金融投资,形成的当期盈余即为资本账户的净贷出,它决定了该部门在金融市场上必然将此剩余资源以各种具体方式出借给其他部门,该部门金融账户上必然表现为资产增加或负债减少或二者的组合,表示资金自本部门流出。相反,如果一部门筹集的资本不足以弥补非金融投资,资本账户上表现为净借入,那么该部门必然要在金融市场上通过各种方式自其他部门借入资金以弥补缺口,该部门金融账户上必然最终表现为资产减少或负债增加或二者的组合。

上述原理可借助表5-2资本账户和表5-4金融账户资料加以说明。本例中,企业和政府部门当期资金短缺有借入需求,而金融机构和住户部门则有资金盈余,具有出借能力。其中,企业部门资本账户上产生89亿元的净借入需求(资本筹集-16亿元与非金融净投资73亿元相减),它通过金融账户上记录的发生负债(277亿元)和获得资产(188亿元)而得到解决;住户部门资产账户上有167亿元的净贷出能力(资本筹集311亿元与非金融投资144亿元相减),它通过金融账户上记录的获得资产(316亿元)和发生负债(149亿元)而最终为其盈余找到了出路;同样,金融机构资本账户上的资金盈余54亿元,通过获得金融资产1 043亿元和发生负债989亿元被转到其他部门使用。

从整个宏观经济来看,国内各机构部门之间的借入和贷出会相互抵消,整个经济总体的净贷出或净借入一定要到国外金融市场上寻找解决办法。在本例中,各机构部门资本账户上净借入/净贷出求和须整个宏观经济有借入需求,它是由对国外获得金融资产(127亿元,即国外部门负债净发生)和发生负债(129亿元,即国外部门金融资产净获得)而得到解决。

综上所述,金融账户的第一个作用在于它和资本账户密切联系,解释了各机构部门在非金融交易中形成的资金盈余的去向和资金短缺的来源,是使所有经济交易账户得以终结的账户。

金融账户的第二个作用在于它记录了金融资产、负债存量因经济交易而发生的变动量,这正是存量变化的主要部分。这决定了它与资产负债账户之间的紧密联系。此外,金融账户还综合反映了一国金融市场的总体状况及参与国际金融市场状况,通过不同金融项目分类记录了各种金融活动,为从宏观上把握当期金融市场总态势,分析当期金融活动的流量和主要流向提供了资料。

第四节 资金流量(金融交易)核算

一、资金流量的基本概念

资金流量表2(金融交易)是20世纪四五十年代发展起来的专门用于核算和分析金融交易状况的数表,后被纳入宏观经济核算体系。资金流量表2(金融交易)是金融交易核算的载体。

资金流量表2与资金流量表1(实物交易)一样,以二维结构表(交易项目×交易主体)作为标准表式。其主栏为交易项目;其宾栏为交易主体,即机构部门。每个机构部门都包括运用和来源两列,其中运用方记金融资产净增加,来源方记录负债的净增加,同时显示各部门为筹集或分配其金融资源而采取的手段。

我国资金流量表2(金融交易)由中国人民银行编制,资金流量表1(实物交易)由国家统计局编制,两张表由净金融投资(实物投资与储蓄之差)指标相连,由于数据上的差异,在资金流量表1(实物交易)中设置统计误差。

理解和应用资金流量表2(金融交易)应注意以下几个问题。

第一,由于金融交易核算遵循取净值和合并原则,因此在记录和读取数据时要注意表中数据并非各部门金融交易的总流量,而是各部门与其他部门交易的净流量。

第二,资金流量表2来源方和运用方所记录的金融工具具有相同分类,但是属性不同。金融工具对于运用方的机构部门而言是一种资产,即债权(货币黄金和特别提款权除外),对于来源方的机构部门而言是一种负债,即债务。在具体记录或应用数据时,一定要注意区分一项金融工具对机构部门的属性,弄清楚它在资金流量表上的正确位置。例如,上市公司既发行股票,也购买股票,前者是公司的负债,后者则是公司的资产,应分别记录在该部门的来源方和运用方。

第三,有些金融工具有特定的资产方和负债方,因此,一个机构部门并不会持有所有种类的金融资产或负债。例如,货币黄金和特别提款权是政府部门的资产,在其他部门的使用(资产)方不会出现;存款是金融部门的负债,在其他部门的来源(负债)方不会出现,等等。在记录和应用时应注意判断金融资产或负债所对应的部门是否正确。

第四,金融机构是相当一部分金融交易(即所谓间接金融)的中介者,为突出显示金融机构的作用,资金流量表中常常会保留一些特定的金融资产分类,目的是便于深入分析金融机构之间的交易。在中国资金流量表中保留了五个特定的交易项目:①结算资金,包括汇入汇出款、票据清算、待清算汇差和联行往来等;②金融机构往来,包括金融机构同业存放、同业拆借和证券买卖等;③准备金,指金融机构缴存中央银行的准备金;④库存现金,指金融机构的库存现金;⑤中央银行贷款,指中央银行对金融机构的贷款和再贴现。

第五,为了集中表现对外金融交易状况,中国资金流量表中专门将国内金融交易项目与对外金融交易项目区分开来,使后者得以独立列示。这些项目包括三类:①直接投资,指国外在中国的直接投资以及中国在国外的直接投资;②其他对外债权债务,指购买的外国债券、在国外发行的债券、贸易信贷以及其他没有包括在存贷款、股票和直接投资中的对外债权债务;③国际储备资产,包括外汇储备、货币黄金、特别提款权以及在国际组织的头寸。

二、资金流量表2(金融交易)

1. 二维的资金流量表2

二维的资金流量表2是联合国统计委员会推荐的标准表式,也是国际上通用的表式。中国2007年二维资金流量表(金融交易)如表5-5所示。

第五章　资本形成与金融交易核算分析

表 5-5　中国 2007 年资金流量表 2（金融交易）

单位：亿元

机构部门	非金融企业部门		金融机构部门		政府部门		住户部门		国内合计		国外部门		合计	
交易项目	运用	来源	运用	来源	运用	来源	运用	来源	运用	来源	运用	来源	运用	来源
净金融投资	−11 453.0		20 450.0		−6 540.0		23 119.0		25 575.0	−25 575.0	17 848.0			
资金运用合计	35 237.0		127 793.0		14 204.0		35 098.0		212 332.0			43 423.0		
资金来源合计		46 691.0		107 343.0		20 744.0		11 979.0		186 756.0			230 180.0	230 180.0
通货	297.0			3 303.0	67.0		2 741.0		3 105.0	3 303.0	198.0		3 303.0	3 303.0
存款	28 556.0		117.0	54 243.0	12 957.0		10 407.0		52 037.0	54 243.0	2 375.0	168.0	54 412.0	54 412.0
贷款		26 471.0	39 756.0	1 058.0		1.0	1 912.0	11 979.0	39 756.0	39 509.0	1 222.0	1 470.0	40 978.0	40 978.0
证券		7 760.0	36 367.0	14 370.0	257.0	17 292.0	3 438.0		38 536.0	39 422.0	886.0		39 422.0	39 422.0
证券投资基金份额	408.0		1 591.0	5 437.0			3 438.0		5 437.0	5 437.0			5 437.0	5 437.0
证券公司客户保证金				8 986.0			8 986.0		8 986.0	8 986.0			8 986.0	8 986.0
保险准备金	346.0		3 117.0		3 451.0		6 221.0		6 567.0	6 568.0			6 567.0	6 568.0
结算资金	500.0			483.0			−17.0		483.0	483.0			483.0	483.0
金融机构往来			−2 183.0	−2 317.0					−2 183.0	−2 317.0			−2 183.0	−2 317.0
准备金			20 713.0	20 713.0					20 713.0	20 713.0			20 713.0	20 713.0
库存现金			384.0	571.0					384.0	571.0		−187.0	384.0	384.0
中央银行贷款			−8 714.0	−8 714.0					−8 714.0	−8 714.0			−8 714.0	−8 714.0
其他（净）	2 918.0			5 386.0	923.0		1 410.0		5 251.0	5 386.0			5 251.0	5 386.0
直接投资	1 201.0	9 248.0		530.0					1 201.0	9 778.0	9 778.0	1 201.0	10 978.0	10 978.0
其他对外债权债务	1 011.0	2 054.0	7 143.0	177.0					8 154.0	2 230.0	2 230.0	8 154.0	10 385.0	10 385.0
国际储备资产			32 618.0						32 618.0			32 618.0	32 618.0	32 618.0
国际收支错误与遗漏		1 159.0								1 159.0	1 159.0		1 159.0	1 159.0

注：(1) 四舍五入引起尾数不相等。
(2) 本表数据来源于《中国统计年鉴（2009）》，中国统计出版社，2009 年版。

二维资金流量表2(金融交易)第一项指标为净金融投资,是资金运用合计减去资金来源合计的差额。以下各项指标详细记录了资金运用情况和资金来源情况。

2. 二维的资金流量表2(金融交易)的平衡关系

和实物交易一样,金融交易表中也有两个基本的平衡关系:一是部门内部的平衡关系;二是部门之间的平衡关系。从一个部门内部来看,其运用方记录合计等于其来源方记录合计,表示在该部门:

$$金融资产净增加 = 负债净增加 + 净金融投资$$

由此可以反映该部门参与金融市场的交易状况。以表5-5中"政府部门"数据为例,即:

$$14\,204.0 = 20\,744.0 - 6\,540.0$$

从部门之间来看,针对特定金融交易项目,各部门在来源方的记录合计等于各部门在运用方的记录合计,即:

$$各部门金融资产净增加合计 = 各部门负债净增加合计$$

从表5-5可以看到,对应每一个交易项目(如贷款),最右侧合计栏下所记录的来源和运用总是相等的(都是40 978.0)进一步可推导出:

$$一部门金融资产增加 = 其他部门负债增加或金融资产减少$$
$$一部门负债增加 = 其他部门资产增加或负债减少$$

将上述平衡关系推广到一个经济总体,表现为:

$$国内金融资产净增加 = 国内负债净增加 + 对国外净金融投资$$

考虑到国内各部门之间发生的金融交易可以相互抵消,剩余部分就是该经济总体与国外之间的关系,即:

$$对外金融资产净增加 = 对外负债净增加 + 对外净金融投资$$

用2007年中国数据演示,前一个关系式为:

$$212\,332.0 = 186\,756.0 + 25\,575.0 \quad (四舍五入引起尾数不相等)$$

后一个关系式为:

$$43\,423.0 = 17\,848.0 + 25\,575.0$$

3. 三维资金流量表2

二维资金流量表2虽然提供了各个部门"通过何种手段融资"的信息,但是它不能回答"谁为谁融资"的问题,比如,通过表5-5,我们可以知道2007年各部门所获得的贷款为40 979.0亿元,其中企业部门所获得的贷款为26 471.0亿元,但却不知道企业所获得的贷款多少来自国内金融机构,多少来自国外金融机构。为此需要将交易部门区分为债权方与债务方,从而将二维资金流量表2扩张为三维资金流量表2,也称为详细的资金流量表2。三维资金流量表2的结构变为债权人×债务人×金融交易。表5-6是SNA-1993所提供的表式。

第五章　资本形成与金融交易核算分析

表5-6　详细的资金流量表2

债权人							交易项目/机构部门	债务人						
国外	住户	政府	非金融企业	金融机构			^	金融机构			非金融企业	政府	住户	国外
				中央银行	其他存款性机构	其他金融中介	辅助金融机构	保险公司	合计 || 合计	保险公司	辅助金融机构	其他金融中介	其他存款性机构	中央银行				
								1. 货币黄金与SDR						
								2. 通货与存款						
								2.1 通货						
								2.1.1 本币						
								——常住居民						
								——非常住居民						
								2.1.2 外币						
								——常住居民						
								2.2 可转换存款						
								2.2.1 本币						
								——常住居民						
								——非常住居民						
								2.2.2 外币						
								⋮						
								2.3 可转换存款						
								3. 股票以外证券						
								3.1 短期						
								——非金融企业						
								——金融机构						
								——政府						
								——住户						
								——国外						
								3.2 长期						
								⋮						

资料来源：根据联合国等《国民经济核算体系(1993)》的表11.3改制，中国统计出版社，1995年版。

与一般资金流量表不同，表5-6分为左右两部分，左边机构部门的属性为债权人，右边机构部门的属性为债务人，同时在每个交易项目下也列出机构部门。阅读时，如果数据出现在左边，则该数据表示对应的交易项目是左边相应部门的金融资产变化，同时是交易项目下相应机构部门的负债变化；反之，如果数据出现在右边,则表示对应的交易项目是右边相应部门的负债变化,同时是交易项目下相应机构部门的金融资产变化。仍然以上述所举贷款为例,在三维资金流量表中,非金融企业获得贷款(作为负债发生)应记录在表右边非金融企业列,对应交易项目应当是贷款,并且要对应贷款这一交易项目下列出的机构部门(金融机构或国外),以显示这些贷款的来源。要更深入地揭示金融部门内部的金融交易,三维资金流量表还可以对金融机构和交易项目进行细分。

第五节 资本形成与金融交易分析

一、投资与投资函数模型分析

1. 投资率分析

(1)宏观经济投资率分析。非金融投资是指各机构单位一时期内在经济交易中所获取的非金融资产价值,也就是各单位为获取这些非金融资产而花费的支出。非金融投资从目的上看具有生产性,其量的大小是保证未来时期经济增长的重要因素,因此,利用有关核算资料对其规模加以分析非常必要。

一时期非金融投资规模首先由其价值额的大小来表现,若反映其相对规模,则要计算投资率指标,即:

$$投资率 = \frac{非金融投资总额(或净额)}{国民可支配收入总额(或净额)}$$

非金融投资是一时期可支配收入扣除消费后的储蓄的进一步使用,因此,投资率所表现的就是可支配收入中非金融投资所占的份额。如果不考虑对外资金流动,一国一时期计算的投资率应与同期储蓄率相等,它们与消费率互为余数关系。在对外资金流动量不大,或流入量与流出量大体相等(即国际资本往来大体平衡)的情况下,投资率与储蓄率差别不大,投资率的大小主要取决于储蓄率大小。也就是说,如果不是特殊情况发生,较高储蓄率必然带来较高投资率。

值得注意的是,在国内生产总值核算中也计算投资率,其计算公式为:

$$投资率 = \frac{资本形成总额}{支出法国内生产总值}$$

分析时应注意其差别。

(2)部门投资率分析。投资率也可在部门层次上计算,它是各机构部门非金融投资与其可支配收入的比值。由部门特点所决定,各部门投资率水平会有很大差异。根据表5-7的计算结果,企业部门投资率超过了100%,而金融机构部门投资率不到5%,住户部门投资率也不足15%。而且,由于国内各部门间资金流动的普遍性,各部门的投资率与其储蓄率不再具有高度的一致性。受部门间资金流向影响,住户与金融机构部门的储蓄率一般要大于投资率,企业部门则正好相反(具体见表5-7)。

表5-7 中国投资率与储蓄率表(2007年)

	非金融企业	金融机构	政 府	住 户	宏观经济
可支配总收入(亿元)	45 512.2	2 786.2	63 084.4	150 816.3	262 199.2
储蓄总额(亿元)	45 512.2	2 786.2	27 893.5	57 213.4	133 405.4
非金融投资总额	79 918.4	109.1	11 638.1	19 253.9	110 919.5
储蓄率(%)	100.0	100.0	44.2	37.9	50.9
投资率(%)	175.6	3.9	18.4	12.8	42.3
可支配收入部门结构(%)	17.3	1.1	24.1	57.5	100.0

注:由于四舍五入的原因,合计尾数略有不同。

一国经济总体投资率是各机构部门投资率的加权平均数,可支配收入的部门分布结构作为权数。这样,从部门与总体的关系上看,宏观经济总体投资率水平的确定,既和那些可支配收入占比重较大的部门的投资率水平高低相关,又和那些投资率水平最高或最低的部门可支配收入所占比重大小相关。由表5-7数据可知,宏观经济总体投资率为42.3%,各部门投资率以非金融企业为最高(达175.6%),金融机构和住户部门最低(3.9%和12.8%)。调节总体投资率水平,一方面要从收入分配出发调节各部门可支配收入所占份额;另一方面要引导消费,包括提高(或降低)消费率,以储蓄率的变化带动其投资率的变化。此外,增加(或减少)政府投资则是调节投资率的直接手段。

2. 投资变动与国内生产总值变动关系分析

投资是拉动生产的"三驾马车"之一。投资不仅影响当年的生产,还将影响今后年份的生产。因此,研究投资变动与国内生产总值变动的关系,确定合理的投资规模很有意义。

(1)投资乘数分析。投资乘数是指增加一个单位(1元)的投资带来的生产增量要大于一个单位(如1元),即投资乘数大于1。投资乘数 K 的计算公式为:

$$K = \frac{\Delta Y}{\Delta I}$$

式中,ΔY 为国内生产总值增量;ΔI 为投资增量。

根据经济学的原理,储蓄为消费剩余,则:

边际储蓄倾向 = 1 - 边际消费倾向

即:

$$\frac{\Delta S}{\Delta Y} = 1 - \frac{\Delta C}{\Delta Y}$$

式中,ΔS 为储蓄增量;ΔC 为消费增量。

有:$\Delta Y = \Delta S + \Delta C$,这里视 ΔY 为可支配收入增量,用国内生产总值增量代替。

假定:$\Delta S = \Delta I$,即投资增量等于储蓄增量,则:

$$K = \frac{\Delta Y}{\Delta I} = \frac{\Delta Y}{\Delta S} = \frac{1}{1 - \frac{\Delta C}{\Delta Y}}$$

因为 $\qquad 0 < \frac{\Delta C}{\Delta Y} < 1$(边际消费倾向大于0,小于1)

所以 $\qquad K = \frac{\Delta Y}{\Delta I} > 1$(投资乘数大于1)

这就是所谓的投资乘数作用。

(2)投资弹性分析。投资弹性分析的目的是揭示投资增长对经济增长的弹性作用大小,主要通过投资弹性系数进行分析。投资弹性系数是 GDP 增长速度与投资需求增长速度之比,即投资增长一个百分点带动经济增长的百分点数。投资弹性系数计算公式为:

$$\text{投资弹性系数} = \frac{\text{GDP 增长率}}{\text{投资增长率}} = \frac{\Delta Y/Y}{\Delta I/I} = \frac{\Delta Y}{\Delta I} \cdot \frac{I}{Y}$$

式中,Y 为 GDP;I 为资本形成总额(或固定资产投资)。

(3)投资对 GDP 增长贡献率和拉动分析。从支出法角度核算 GDP,可以计算支出法各项目对 GDP 增长贡献率和拉动作用。投资为支出法 GDP 项目,可以由此分析投资对支出法 GDP 增长贡献率和拉动作用。

$$\text{投资贡献率} = \frac{\text{资本形成总额增量}(\Delta I)}{\text{支出法 GDP 增量}(\Delta \text{GDP})}$$

$$\text{投资拉动作用} = \text{GDP 增长率} \times \text{投资贡献率}$$

3. 投资结构分析

投资结构包括部门(机构部门)结构、行业(产业部门)结构、地区结构和内容结构。

非金融投资在各机构部门的分布通常称为投资部门结构。一般由部门特点所决定,企业部门总是占有投资的最大份额,其次是住户部门、政府部门,金融机构所占份额最小。在表5-7中,它们各自所占份额依次为72.0%(79 918.4/110 919.5),17.4%(19 253.9/110 919.5),10.5%(11 638.1/110 919.5),0.1%(109.1/110 919.5)。

非金融投资是对原有非金融资产的追加,投资结构对于产业结构调整意义重大,为此有必要按照产业部门研究投资的行业结构,即对资本形成按产业部门分组计算构成。此外,为了研究区域经济,还可以对资本形成按地区(如省、区、市)分组计算构成。

非金融投资在固定资本形成、存货变化、土地等净购买等不同投资内容上的分布称为投资内容结构。固定资本形成总是占有绝大比重。如果存货变化数额占有较大比重,则很可能意味着出现了产品积压和流通不畅等问题。此外,还应就固定资本形成的具体类别、存货变化的类别计算其内部构成。通过内部构成资料,可以具体分析一时期宏观经济投资的方向,以及投资内容上的相互协调关系。如果将内容结构置于机构部门分组框架之下,则可观察到不同部门的投资特点。

4. 投资函数模型分析

投资函数模型是投资与决定投资的诸因素之间关系的数学描述,也是一定的投资行为理论的数学描述。投资活动是形成资本存量的过程,所以它与经济增长之间的关系是通过资本存量的变化实现的。这就决定了投资函数是由投资额、资本存量或增量和经济活动水平或增量,以及它们之间的关系构成的函数。

常见的几种重要的投资函数模型为:

$$I_t = \beta_0 + \beta_1 \Delta Y_t + U_t \tag{5-1}$$

式中,I_t 为第 t 年的投资额;ΔY_t 为 t 年国内生产总值增量;U_t 为随机扰动项。

$$I_t = \beta_0 + \beta_1 Y_t + \beta_2 K_{t-1} + U_t \tag{5-2}$$

式中,I_t, U_t 同(1)式;Y_t 为 t 年国内生产总值;K_{t-1} 为 $t-1$ 年的资本存量,例如固定资产原值。

$$I_t = \beta_0 + \beta_1 Y_{t-1} + \beta_2 I_{t-1} + U_t \tag{5-3}$$

式中,I_t, U_t 同(1)式;Y_{t-1} 为 $t-1$ 年国内生产总值;I_{t-1} 为 $t-1$ 年的投资额。

$$I_t = \beta_0 + \beta_1 \Delta Y_t + \beta_2 Y_{t-1} + \beta_2 I_{t-1} + U_t \tag{5-4}$$

式中,I_t, U_t 同(1)式;ΔY_t 同(2)式;Y_{t-1}, I_{t-1} 同(3)式。

中国的投资函数模型研究开展得较晚,加之缺乏规范的投资行为理论,所以没有能够为大家所认同的投资函数模型。国内专家通过研究,提出了下面的投资函数模型:

$$I_t = \beta_0 K_{t-1} + \beta_1 I_{t-1} + \beta_2 I_{t-2} + \cdots + \beta_{I_{t-l}} + U_t$$

模型以 t 年投资额为被解释变量,以资本存量的滞后一期变量和投资额的各期滞后变量为解释变量构造投资额。解释变量中投资额滞后期长短由经验(实证分析)给出。

二、金融交易分析

金融交易的目的,既是为了配合非金融交易而筹集和分配资金,又是为了转换资产负债类型而获利。从根本上说,一时期金融市场的容量和交易的规模取决于一国经济发展的水平和市场化程度。确定金融交易规模,首先要核算各部门当期金融资产获得和负债发生等融资总额指标;在此基础上,通过与其他经济变量的比较,表明其相对规模。例如,以融资总额与同期国内生产总值比较,反映经济的金融化程度;以融资总额与期初金融资产、负债存量比较,反映资产负债的变化速度,等等。此外，金融交易规模大小还可由一国与他国之间金融往来规模反映，以表明一国经济的开放程度和介入国际金融市场的程度。

1. 交易项目分析

金融交易项目的分析主要是针对各交易项目及其部门结构的分析，下面举两个例子加以说明。

(1)金融投资的总体结构分析。2007年，中国国内各部门的金融资产净增加为212 332.0亿元(见表5-5)。从部门分布来看，金融机构部门是金融资产净增加最大的部门，占60.2%，这是由金融机构的金融中介地位所决定的。非金融企业部门和住户部门的金融资产净增加规模相当，分别占16.6%和16.5%，政府部门的金融投资在全社会的比重最低，仅占6.7%。

从金融资产的分布来看(见表5-8)，2007年中国金融投资仍以存款和贷款为主，相当于证券投资的2.4倍，表明中国目前的金融结构仍是以间接融资为主。同时还可以看到，在国际金融投资方式中，中国目前以信贷和债券投资为主，相比之下直接投资所占比重较小，表明中国参与国际投资的方式有待多元化发展。

表5-8 中国2007年金融投资与净金融投资资产结构

项目	金融投资的资产结构(%)	净金融投资的资产结构(%)
通货	1.46	-0.77
存款	24.51	-8.63
贷款	18.72	0.97
证券	18.15	-3.46
证券投资基金份额	2.56	0
证券公司客户保证金	4.23	0
保险准备金	3.09	0
结算资金	0.23	0
金融机构往来	-1.03	0.52
准备金	9.76	0
库存现金	0.18	-0.73
中央银行贷款	-4.10	0
其他(净)	2.47	-0.53
直接投资	0.57	-33.54
其他对外债权债务	3.84	23.16
国际储备资产	15.36	127.53(误差：-4.52)

注："净金融投资的资产结构"中"国际收支错误与遗漏"为-4.52%。

进一步观察净金融投资的资产结构(见表 5-8)可以看到,在 16 种金融资产的净投资(即金融资产净获得减去相应负债的净发生)中,只有金融机构往来、贷款、其他对外债权债务和国际储备资产为正值,其他各项资产的净投资均为负值(或为 0)。其中,国际储备资产、其他对外债权债务为高额的正值,直接投资、存款出现高额负值。这种状况与金融投资的资产结构相结合,共同表明了中国的国内金融投资和国际金融投资都存在直接投资方式远远落后于间接投资方式的状况。

(2)证券投资的部门结构分析。在中国资金流量表上,只列出证券和证券投资基金份额和证券公司客户保证金,没有区分股票和其他权益、股票以外的证券。

2007 年,中国国内各机构部门的证券资产净增加 38 536.0 亿元,负债净发生 39 509.0 亿元。从部门分布来看:其一,从事证券投资(即资产增加)的主力军是金融机构,占到全部证券投资的 94.4%,住户和政府部门仅占 5.0% 和 0.6%;其二,从各部门的证券融资(即负债增加)状况来看,政府部门是最大的证券融资部门,占证券融资的 43.9%,其次是金融机构部门,占 36.5%,非金融企业部门占 19.6%。

2. 机构部门的分析

对机构部门的分析主要是针对各部门内部的金融交易特点进行分析,下面举例加以说明。

(1)非金融企业融资渠道分析。非金融企业部门是最大的资金短缺部门。由表 5-5 的数据可以看到,非金融企业融资的主要方式是贷款,占融资总额的 58.1%,证券投资只占 17.0%,这种结构反映出中国企业以间接融资方式为主的特点。此外还可以看到,从国际市场融资也已经成为非金融企业融资的重要途径,其中直接投资是主要的融资渠道,占非金融企业融资总额的 20.3%,占国外融资总额的 4/5 以上。

(2)住户部门投资方式分析。住户部门是最大的资金盈余部门,由表 5-5 的数据可以看到,住户将其盈余资金调剂出去的方式是存款,占其金融投资总额为 29.7%。其次是证券公司客户保证金,占投资总额的 25.6%。随着保险业的发展,投保也逐渐成为住户部门金融投资的一种重要方式,占投资总额的 17.7%。证券和证券投资基金份额投资规模偏低,仅占投资总额的 5.4% 和 9.8%。这种投资结构反映了住户以间接投资为主的特点。

(3)金融机构部门中介作用分析。金融交易有直接金融与间接金融之分,直接金融是最初投资者与最终融资者之间发生的交易,比如,股票就是实现直接金融的工具;间接金融则是以金融机构为中介进行的交易。在此类交易中,最初投资者是投资于金融机构,然后由金融机构把资金提供给最终融资者。从表 5-9 的数据可知,中国目前的金融市场间接金融仍占重要地位,所应用的金融工具主要是通货、存款和贷款,而主导这些金融工具的就是金融机构,其中当期通货增加(3 303.0

亿元)都是由国内金融机构发行的;再者是国内金融机构吸收的存款(54 243.0亿元),占当期存款增加规模(54 412.0亿元)的99.7%;国内金融机构当期发放的贷款(39 756.0亿元),占当期贷款净发放规模(40 978.0亿元)的97%。

需要补充说明,现有数据是将金融机构作为一个部门讨论其与其他各部门之间的关系,以凸显其作为间接金融中介的作用。事实上,金融机构部门是由各种不同的金融机构组成的,银行与保险公司等非银行金融机构参与金融市场的方式具有很大的区别,要进一步分析金融机构的作用,需要对其做进一步细分,编制详细的资金流量表。

表5-9 中国2007年各机构部门间接金融交易 单位:%

	非金融企业部门	金融机构部门	政府部门	住户部门	国内合计
在资金运用中所占比重(%)	100	100	100	100	100
通货	0.84	0.00	0.47	7.81	1.46
存款	84.04	0.09	91.22	29.65	24.51
贷款	0.00	31.11	—	—	18.72
三项合计	84.88	31.20	91.69	37.46	44.69
在资金来源中所占比重(%)	100	100	100	100	100
通货	—	3.08	—	—	1.77
存款	—	50.53	—	—	29.04
贷款	56.69	0.99	—	100.00	21.16
三项合计	56.69	54.60	0.00	100.00	51.97

注:政府部门贷款占资金来源为0.004 8%。

三、货币需求函数模型分析

1. 基本概念与理论

建立货币需求模型,首先需要确定的是货币存量的层次结构划分,以及选择哪一层次的货币存量作为货币需求模型的内生变量。在一般意义上,可以将货币存量的层次划分为:

$$M_0 = 现金$$
$$M_1 = M_0 + 流通性强的存款$$
$$M_2 = M_1 + 流通性弱的存款$$

除现金外,某类存款的流通性强弱程度是根据它的所有者是否能直接用它作为支付手段和购买手段完成商品交换。

我国货币存量各层次的定义为:

M_0 = 流通中的现金

M_1 = 货币 = M_0 + 活期存款

M_2 = 货币 + 准货币

= M_1 + 定期存款 + 储蓄存款 + 其他存款

= M_0 + 全部存款

现金存量对我国宏观经济的运行和发展的影响是非常大的,然而,就货币层次而言,M_0所包含的范围相对较小,因此,这里的货币需求模型主要是对M_1或者M_2而言的。

一般货币需求模型考虑的决定因素主要有三个方面:一是经济发展的规模,主要采用国内生产总值(GDP),它属于交易性货币需求,二者是同方向变化的;二是机会成本因素,如利率,它属于投机性货币需求,二者是反方向变化的;三是价格水平,把它作为从名义货币存量到实际货币存量的调整因子来处理。

按上述基本理论所建立的货币需求函数模型为:

$$\left(\frac{M^d}{p}\right)_t = \beta_0 + \beta_1 Y_t + \beta_2 R_t + \beta_3 \left(\frac{M^d}{p}\right)_{t-1}$$

式中,$\left(\frac{M^d}{p}\right)_t$为第$t$期实际货币余额,其中$M^d$为名义货币余额,$p$为价格平减指数;$Y_t$为第$t$期实际GDP;$R_t$为第$t$期的利率;$\beta_0,\beta_1,\beta_2,\beta_3$为参数。

在货币需求模型中,利率作为持有其他有息资产与相对地持有货币的机会成本的衡量方法。可替代的资产如果有较高的利率,会诱使人们比在利率较低时持有更少的货币。但是,到底使用哪种利率尚未有一致的意见。有经济学家认为,短期利率是恰当的变量,因为它衡量持有货币与最接近货币的替代资产的收益率的机会成本。在这一范畴中,储蓄和贷款、存款的利率或短期国库券的利率也许是最恰当的。一些经济学家认为,对实际现金余额的需求取决于股票和债券的收益,因此,适当的机会成本变量应包括长期利率。关于价格平减指数,对货币的实际交易需求而言,货币余额的平减指数应当是国内生产总值的平减指数。然而,如果用通货膨胀率作为购买物品与持有货币相比较机会成本的衡量方法,那么适当的价格平减指数可以是消费物价指数和批发价格指数。但实践证明,消费物价指数经常是一种不理想的指数,所采用的一揽子消费物品往往仅反映某一特定收入集团的购买型,采用的可能仅是与大城市有关的资料。此外,一些国家对在消费物价指数中起主要作用的商品的购买实行补贴,也影响其代表性。

2. 货币需求的计量经济模型

(1)莱德勒和帕金模型。莱德勒和帕金模型属于适应性期望模型,其表达式为:

$$M_t^d = \beta_0 + \beta_1 Y_t^e + \beta_2 R_t$$

式中,M^d为名义货币需求量;Y^e为预期的GDP;R为利率;β_0,β_1,β_2为参数。

预期的 GDP 与实际的 GDP 有如下平衡关系：

$$Y_t^e - Y_{t-1}^e = \lambda(Y_t - Y_{t-1}^e) \qquad (0 \leq \lambda \leq 1)$$

式中，λ 为调整参数。

利用滞后算子：$Y_{t-1}^e = \angle Y_t^e$（$\angle$ 为滞后算子），有：

$$Y_t^e - \angle Y_t^e = \lambda Y_t - \lambda \angle Y_t^e$$

$$(1 - \angle + \lambda \angle)Y_t^e = \lambda Y_t$$

$Y_t^e = (1 - \angle + \lambda \angle)^{-1} \lambda Y_t$，代入：$M_t^d = \beta_0 + \beta_1 Y_t^e + \beta_2 R_t$，则：

$$M_t^d = \beta_0 + \beta_1 [(1 - \angle + \lambda \angle)^{-1} \lambda] Y_t + \beta_2 R_t$$

$$(1 - \angle + \lambda \angle)M_t^d = (1 - \angle + \lambda \angle)\beta_0 + \beta_1 \lambda Y_t + (1 - \angle + \lambda \angle)\beta_2 R_t$$

$$M_t^d = \lambda \beta_0 + \lambda \beta_1 Y_t + \beta_2 R_t - \beta_2(1-\lambda) R_{t-1} + (1-\lambda) M_{t-1}^d$$

该模型的缺点是忽视了价格水平 P，对其进行修正，即得到最终模型：

$$\left(\frac{M^d}{p}\right)_t = \lambda \beta_0 + \lambda \beta_1 \left(\frac{Y}{p}\right)_t + \beta_2 R_t - \beta_2(1-\lambda) R_{t-1} + (1-\lambda)\left(\frac{M^d}{p}\right)_{t-1}$$

(2) 哈奇模型。哈奇模型属于存量调整模型，其表达式为：

$$\ln M_t^{*d} = \beta_0 + \beta_1 \ln Y_t + \beta_2 \ln P_t + \beta_3 \ln R_t$$

式中，M_t^{*d} 为期望货币存量；Y 为 GDP；P 为价格水平；R 为利率；$\beta_0, \beta_1, \beta_2, \beta_3$ 为参数。模型中的变量均取对数，属于弹性分析。

期望货币存量与实际货币存量之间的关系：

$$\ln M_t^d - \ln M_{t-1}^d = \delta(\ln M_t^{*d} - \ln M_{t-1}^d) \qquad (0 \leq \delta \leq 1)$$

式中，δ 为调整参数。

将上式变形：

$$\ln M_t^{*d} = \frac{1}{\delta}[\ln M_t^d - (1-\delta)\ln M_{t-1}^d]$$

代入原模型，有：

$$\ln M_t^d = \beta_0 \delta + \beta_1 \delta \ln Y + \beta_2 \delta \ln P + \beta_3 \delta \ln R_t + (1-\delta)\ln M_{t-1}^d$$

经常可设 $\beta_2 = 1$，其经济含义是货币需求量的期望值对价格的弹性为 1。则：

$$\ln\left(\frac{M_t^d}{P_t}\right) = \beta_0 \delta + \beta_1 \delta \ln Y + \beta_3 \delta \ln R_t + (1-\delta)\ln\left(\frac{M_{t-1}^d}{P_t}\right)$$

3. 中国货币需求函数模型示例

近年来，许多单位与研究者对中国的货币需求函数模型进行了研究，但成功的模型不多。主要因为我国还没有形成规范的货币需求机制，加之金融市场发育不够，上述货币需求函数模型的应用条件尚不具备。下面以几个发表于国内外期刊上的中国货币需求函数为例，说明建立模型的一般规律。

(1) 年度 M_0 需求函数模型。以年度流通中的现金 M_0 为被解释变量，那么解释

变量应当是与 M_0 对应的经济活动水平、社会商品零售总额 T、社会商品零售价格总指数 P。考虑到价格预期的影响,将预期的社会商品零售价格总指数 P^e 也引入解释变量;考虑到流通中现金的滞后影响,将 $M_0(-1)$ 也作为解释变量。以中国 1957—1986 年的年度数据为样本观测值,其中预期的社会商品零售价格总指数以前期的实际价格总指数为观测值,用普通最小二乘法估计模型。得到:

$$\ln \hat{M}_0 = -10.2377 - 0.0570 P^e \cdot D_{65} + 2.5281\ln P + 0.8565\ln T + 0.2252\ln M_0(-1)$$
$$(-6.4434)(-3.2451)\quad (6.7841)\quad (7.8745)\quad (2.2609)$$
$$R^2 = 0.9956 \quad F = 1088 \quad D.W. = 1.9921$$

由上述模型可见,所有解释变量都是显著的,模型拟合效果很好。模型参数估计值的经济意义基本合理。所以,该模型用以描述历史是可行的。其中,D_{65} 为虚变量,1965 年以前取值为 0,1965 年以后取值为 1,用以消除 M_0 的样本观测值中出现的阶段性差别。

(2) 年度 M_2 需求函数模型。这是一个中国年度 M_2 需求函数模型。被解释变量为 $m = M_2/P$,即实际的广义货币需求量。解释变量分别为实际的经济发展水平 ($y = Y/P$) 和货币化程度。引入货币化程度作为解释变量,反映了中国的实际情况。由于体制和经济发展水平等原因,中国的货币化程度是在不断变化的,尤其是进入 20 世纪 80 年代之后,变化速度加快。例如,原来通过国家调拨的生产资料逐渐市场化,这是体制转变的结果;农民的食品消费由自己生产逐渐转向在市场上购买,这是与经济发展水平有关的。用什么变量表示经济的货币化程度是一个值得研究的问题。在该模型中,用城镇人口占总人口的比例 (UP) 来表示。假定货币流通速度不变,作为一个常数处理。为了体现 1979 年前后体制变化对货币需求的影响,引入一个虚变量 D,对于 1952—1978 年其取值为 0,对于 1979—1989 年其取值为 1。以 1952—1989 年度数据,用广义最小二乘法估计模型。得到:

$$\ln(m) = -2.365 + 0.719\ln(y) + 0.949\ln(UP) + 0.185 D$$
$$(-3.20)(3.76)\quad (3.96)\quad (1.55)$$
$$R^2 = 0.814$$

模型参数估计值的经济意义基本合理,统计检验通过,广义最小二乘法旨在消除序列相关问题,所以是一个较好的年度货币需求函数模型。

(3) 季度 M_2 需求函数模型。由于货币需求量对经济的重要影响,有时甚至是决定性的影响,货币需求经常需要以季度为时间长度考察,所以,建立季度货币需求函数模型是完全必要的。下面是一个中国季度 M_2 需求函数模型。被解释变量为:$m = M_2/P$,即实际的广义货币需求量。解释变量分别为实际社会商品零售总额 ($rs = RS/P$) 和货币化程度。从理论上讲,与 M_2 需求相对应的经济活动水平应当是国内生产总值,因我国自 1991 年才开始进行季度测算,故用社会商品零售总额表示。这是一种常用的处理方法,即用一个与原来的解释变量高度相关的变量取代原变量。为了获取数据的方便,还引入预期的通货膨胀率 π 作为解释变量,以前一季度的实际通货膨胀率作为样本观测值。采用 1983 年 1 季度至 1989 年 4 季度的季度数据为样本观测值,用广义最小二乘法估计模型。得到:

$$\ln(m) = 1.152 + 0.657\ln(rs) + 0.530\ln(UP) - 0.004\pi$$
$$(3.16) \quad (5.03) \quad (5.18) \quad (-1.97)$$
$$R^2 = 0.932$$

模型参数估计值经济意义基本合理。其中,预期的通货膨胀率的参数为负,表明通过减少货币需求以抑制通货膨胀的政策;统计检验通过,广义最小二乘数旨在消除序列相关问题,所以是一个较好的季度货币需求函数模型。

思考题

1. 简述积累核算的内容及其账户表现。
2. 简要说明什么是生产资产,它有哪些分类?
3. 什么是资本转移?资本转移包括哪些内容?
4. 部门综合金融账户有哪些平衡关系?
5. 简述资本账户的基本结构。
6. 资本账户与其他账户之间有何联系?
7. 报告期居民可支配收入 6 800 亿元,当期消费支出 4 950 亿元,实物投资支出 800 亿元,银行存款 860 亿元,购买股票和债券 350 亿元,向保险机构缴款 280 亿元。

根据已知条件计算:

(1)居民储蓄额。

(2)居民的净金融投资额。

(3)居民的金融负债额。

(4)编制居民可支配收入使用账户、资本账户和金融账户,并简要说明资本账户和金融账户的联系。

8. 利用中国 2007 年资金流量表(实物交易)计算部门投资率,并结合资金流量表(金融交易)部分分析哪些部门资金短缺?哪些部门资金盈余?

9. 简述投资函数模型的基本形式,并列出一种适合我国采用的投资函数模型的计量形式。

10. 简述货币需求函数模型的基本形式。

第六章 国民资产负债核算分析

第一节 国民资产负债核算理论

一、国民资产负债核算的历史地位

1. **历史发展**

对于国民财富的估算可以追溯到17世纪。早在17世纪初英国海关总监在《不列颠商人》上曾发表了关于1600年英国国民财富估算的结果,17世纪中叶,W.配第和G.金也进行了英国国民财富的估算。嗣后,19世纪中美国普查局开始了每隔十年一次的国民财富普查,直到1922年。这些活动都为国民资产负债核算创造和积累了条件。至于国民资产负债表的建立,则是20世纪30年代以后的事情。美国的迪金森和伊金、R.W.戈德史密斯、J.W.肯德里克教授,英国剑桥大学应用经济学教授J.雷维尔等为国民资产负债核算的建立作出了重要贡献。

国民资产负债核算的系统化、制度化、标准化的工作则是逐步形成的。1953年,联合国发布《国民经济账户体系和辅助表式》,曾经提出过将分部门资产负债表纳入一个完整的宏观经济核算体系的设想,经过若干年的研究,到1968年,联合国修订颁布的《国民经济账户体系》中,将国民经济存量核算作为宏观经济核算体系的一个重要组成部分,但对国民资产负债结构及其与各经济流量的关系只是作了初步的描述,直到1977年联合国专门公布了一份《关于国民经济核算账户体系的国民和部门资产负债表及协调账户的临时国际指导》文献,对有关问题从理论原则和方法上作了较为详尽的说明,并设计了有关的账户和表式供各国参考采用。到1993年,联合国在又一次修订公布的《国民经济核算修订草案》中,将核算期资产负债的全部变化内容纳入积累账户,并引入了资产其他变化的新账户,使资产负债核算更加完善。

2. **在宏观经济核算体系中的地位**

国民资产负债是国民财富的一部分,一个完整的国民财富概念应包括全部国民资源,即含全部人力资源、自然资源和国民资产负债。将全部国民财富核算引入国民经济核算体系,它必须与该体系的其他经济流量在内容和结构上保持协调一致,才能形成一个完整的核算体系。对于人力资源、自然资源核算通常都是以自然单位(如人、面积、吨等)来计量的,虽然它们在宏观经济运行中占极其重要的地位,但将其与以货币单位计量的生产、收入、分配,使用等经济流量和资产负债存量相结合,难以协调一致。为此,它们在宏观经济核算体系的处理上往往是在价值核算体系之外另建立一个体系,如社会和人口统计体系,即 SSDS,或在体系之外另设置一些附属或辅助核算,如人口劳动力核算、环境核算和自然资源核算等,它们与体系的其他核算是相游离的。如果能将人力资源、自然资源等也进行价值估算,那就可以与整个核算体系相衔接,但这是一个在核算发展中已经提出而尚未解决的问题。

国民资产负债核算被引入宏观经济核算体系是经济发展的必然,这是构成一个完整的宏观经济核算体系所必要的。戈德史密斯曾明确提出,一个宏观经济核算体系,如果缺少了国民经济负债表的话,就不能认为是完整的。为了全面描述经济运行过程,仅是有经济流量,诸如投入产出、收入支出、积累消费、进口出口等的核算是不够的,还必须有资产负债经济存量,诸如形成的有形资产、金融债权债务和其他权益等的核算。从经济运行的循环过程可以明显看出,经济流量和存量之间有着密不可分的联系。一般来说,各种经济流量的沉淀、积累形成存量,而经济存量又是一个再生产过程的起点和结果,它的增减变动则是流量的体现,二者是相互转化、紧密联系在一起的。从整个社会再生产过程看,资产负债存量核算反映了社会再生产基本条件的物力、财力的存量核算,期初的资产存量是国民经济流量运行的条件、起点,期末资产存量则是国民经济流量运行的结果,同时又是下一轮再生产运行的起点,把期初与期末资产存量、资产负债联系起来的就是这一时期内一切生产与收支、储蓄与投资、贷出与借入的结果形成的整个积累过程而体现出的资产负债流量情况。由此可见,在一个完整的宏观经济核算体系中,国民资产负债核算是其重要的组成部分,它与体系内的其他部分的经济流量是有机结合在一起的。从方法上看,国民资产负债核算与生产核算、收入分配和使用核算、积累核算和国外核算在资料上是相互衔接和联系的,可以相互利用、补充和验证。从经济内容上看,结合起来可以全面反映经济运行的过程和结果,进行更全面的经济分析。

二、国民资产负债核算与分类

1. 国民资产负债的核算

这里所说的资产是经济资产,是指机构单位对它拥有所有权,所有者通过对它的使用可以获得经济利益的实体,负债则是资产的对应物。国民资产负债核算包括资产负债的存量核算和资产负债变动的流量核算。国民资产负债核算是指对国家(或地区、部门)或企业在一定时点上(通常为期初或期末)拥有的全部财产,包括有形资产、金融资产负债和其他资产的核算。资产负债流量核算是指两个时点

第六章 国民资产负债核算分析

间资产负债变动的核算,也就是为积累而引起资产负债变动的核算。

资产负债无论在宏观经济或微观经济中都是十分重要的经济概念。从微观经济方面讲,资产负债核算大多是以企业资产负债表的形式表现,它全面反映企业在一定时点上的财务状况,即资产负债和所有者权益的状况,可以表明企业拥有的或控制的经济资源和资金实力,企业的偿债能力和筹资能力以及企业所有者权益的结构和负债经营情况等,是企业经营管理的一项重要核算。从宏观经济方面讲,资产负债核算具有综合性,即以一个国家(或地区、部门)为整体的核算,通常称为国民资产负债核算,也就是对国民财富的核算,它是以国民资产负债表或账户形式(也可以是国民财富表形式)表现,它反映整个宏观经济或部门在一定时点上拥有各类资产和负债的状况,表明宏观经济运行的起始和终结。国民资产负债核算以企业资产负债核算为基础,二者的基本概念是一致的,但包含的具体项目及其分类,以及核算所采用的价格,由于目的不同而有较大的差异。因此,国民资产负债核算不是企业资产负债核算的简单加总,而是需要对它进行多种调整、综合核算才能形成。

2. 国民资产负债的分类

为了考察研究全国资产负债的归属、占有关系及其内在联系,需要对资产负债进行部门分类,由于资产负债的占有、归属是与经济主体的财务决策权紧密相连的,所以对它进行的部门分类应与资金流量核算的部门分类相一致,即按机构部门分类。从前文已知,SNA 分为非金融法人公司或企业、金融机构或公司、一般政府部门、为居民服务的私人非营利机构和住户部门。我国宏观经济核算体系中的机构部门分类是非金融企业部门、金融机构部门、政府部门、住户部门、国外部门等。这些都是第一层次分类,为了研究的需要,还可以进一步进行细化分类。

为了考察研究全国、各部门资产负债存量的结构、内容,以便进行核算和分析,需要对资产负债进行分类,即将经济性质相同或相近的资产负债归为一类。这与企业资产首先按流动性分类有所不同,企业按资产负债流动性分类,是将资产分为非流动资产(如长期投资、固定资产、在建工程、无形资产、递延资产及其他资产等)和流动资产(如现金、存款、有价证券、应收及预收款项、存货等);将负债分为长期负债(如长期借款、应付债券、长期应付款等)和流动负债(如短期借款、应付票据、应付账款、预收货款、应付工资、应交税金、应付利润、其他应付款及预提费用等)。企业资产负债分类主要着眼于企业经营过程,以便揭示企业经营活动和成果及其变现能力。新 SNA 资产负债分类着眼于资产性质,以便掌握国家(或部门)拥有各类资产负债的状况。新 SNA 资产负债的具体分类大体可以如图 6-1 所示。负债是与金融资产相对应的,同样按各种金融手段来细分。分类的具体内容已在第五章讲述过。

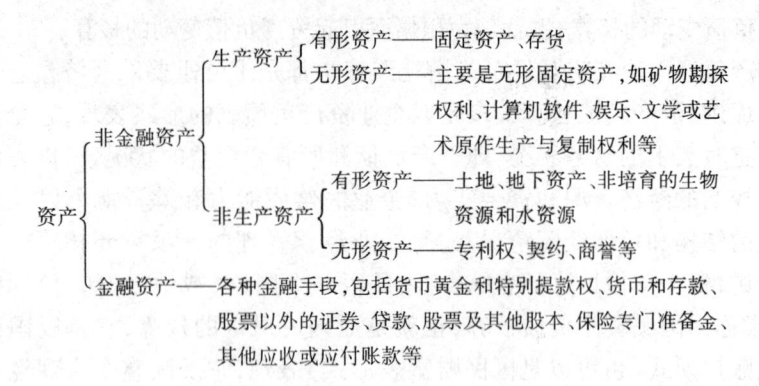

```
                    ┌ 生产资产 ┌ 有形资产——固定资产、存货
                    │         └ 无形资产——主要是无形固定资产,如矿物勘探
                    │                    权利、计算机软件、娱乐、文学或艺
     ┌ 非金融资产 ┤                    术原作生产与复制权利等
     │              │          ┌ 有形资产——土地、地下资产、非培育的生物
资产 ┤              └ 非生产资产┤                 资源和水资源
     │                         └ 无形资产——专利权、契约、商誉等
     │
     └ 金融资产——各种金融手段,包括货币黄金和特别提款权、货币和存款、
                  股票以外的证券、贷款、股票及其他股本、保险专门准备金、
                  其他应收或应付账款等
```

图 6-1 新 SNA 资产负债的分类

第二节 国民资产负债核算原则和方法

一、资产负债估价原则

对资产负债核算的估价是指对各类资产和负债项目的价值计量,包括对各类非金融资产和金融资产与负债的估价。

资产负债估价一般应遵循以下四项原则。

1. 现行市场价格估价

作为宏观经济核算体系一个组成部分的国民资产负债的估价应与整个体系所确定的核算估价原则相一致,即采用资产负债核算时的现行市场价格进行估价,它与企业资产负债核算采用的历史成本价格是不一样的。这里所说的现行市场价格可以是实际的,也可以是估计的。前者是指某些资产在市场交易中实际买卖的价格;后者则是指某些资产在市场上并未进行实际交易,而是采用相关联的同类资产的估算价格。对于以外币标价的资产和负债则应按现行的市场汇率折算成本国货币进行估价。

2. 交易双方同一估价

就一笔特定资产来说,价格对交易者买卖双方记录是一致的,即采用同一估价;就金融资产负债来说,价格对债权人和债务人双方也应采用一致的估价。

3. 估价真实性

对各类资产负债估价应考虑资产负债计量价值的有用性,要设法采用合适的估价方式,尽可能地做到较真实地反映当前的资产(或负债)价值水平、资产结构和现实状况,以适应研究财力、物力规模、结构和经济实力的需要。

4. 资产负债存量重估价

在核算某一时点的资产负债价值时要考虑对资产负债进行重新估价取得重估价值,简称重估价。因为无论从任何一时点看,全社会(或单位)所拥有的各种资产和负债都是在不同时期形成,并经过一段时期的经营和使用,而在这一段时期内由于生产发展等多种因素的影响,它们的市场价格以及与价格相关联的市场利率和汇率等都会发生变动,甚至有较大的变动。这些变动必然会引起资产负债的账面价值和实际价值的严重背离,或者增值,或者减值,所以需要对它们进行重新估价。

二、资产负债估价方法

对资产负债进行估价或重估价的方法多种多样,常用的有以下六种。

1. 现行市价法

现行市价法是指通过比较需要估算的资产负债与其他同类资产负债的市场价格来确定被估资产的价值。通常有三种估价方法:①市场测定价值法,即直接根据资产负债在市场交易的成交价格估算其价值;②市场价格参照法,即以市场上相同的或类似的资产的交易价格为参照物确定资产的估算价值;③市场折余法,即以同样资产在全新情况下的市场价格为基础,减去按现行市价计算的已使用年限的累计折旧额估算资产价值。这些方法都是通过销售价格的比较确定价值,较多地考虑了市场变动的因素,运用较为灵活,使用范围也较广,适用所有固定资产、存货和金融资产负债,只是操作起来较难掌握统一标准。

2. 重置成本法

重置成本法是将过去购建形成的资产按现在的重置价值重新进行估价。重置成本是指用现行市场价估计该资产全新状况的全部支出;折旧后的重置成本则是指重置成本扣减它的有形损耗、无形损耗和经济性损耗以后的估计价值。重置成本可分复原重置成本和更新重置成本,前者是指以现行市场价值购建与原资产当时所用材料、技术相同的同样全新资产所需的成本;后者是指以现行市场价格,但用新的材料、技术等购建与原资产相似,或有同等功能资产所需的成本。通常,从促进技术进步着眼,大多采用重置成本。用此法估算的资产价值能够比较接近于实际价值,但由于它涉及经济参数较多,操作起来有一定难度,一般比较适用于少数自制的、价值量较大的特殊设备,或经过多次技术改造的设备,或多次翻修的房屋建筑等的价值估算。

3. 物价指数法

物价指数法以各类资产购建年度的资产价格为定基价格,计算出一定时期该类资产价格变动的指数,依此指数对资产价值进行估算。此法的关键是准确编制各类资产价格指数,具体估价操作比较容易,适用性也较广,它比较适用于对机器设备价值的估算。

4. 未来收益现值法

未来收益现值法是指通过测算出被估算资产的未来预测收益,并按照一定折现率估算出资产的现值。运用这一方法,未来收益额和折现率是确定资产估算价值的两个基本因素。未来收益额须依据某项资产在经营寿命期限内发展变化的诸多因素(如矿藏的开采、管理水平和社会环境等)考虑确定,折现率是将未来资产折算成现实资金(即现值)的比率,它一般采用银行利率加一定幅度的风险利率确定。此法通常适用于生产资产中的无形固定资产和非生产资产的估价。

5. 外币资产汇率调整法

外币资产汇率调整法是以原资产实际购入价格为定基价格,按外币汇率变动指数确定资产的估算价值。外币汇率变动指数反映的是资产重估年度汇率与资产购置年度汇率相比的变动相对数。这个方法主要适用于对少数以外汇进口的技术设备,而国内又暂时不能生产,受汇率影响较大的一些资产价值的估算。

6. 永续盘存法

永续盘存法是在 SNA 中用来对固定资产存量、固定资产消耗以及存货的存量进行估价推算的方法。由于固定资产和存货具有不同性质和特点,因而对这一方法的应用也不一样,这里主要介绍利用此法由固定资产流量数据推算固定资产存量、固定资产消耗和重估价估计数的具体方法,以联合国统计委员会的材料为例(见表 6-1)。应用这种方法,需要掌握固定资产形成总额、资本消耗或固定资产使用年限和有关资本物的价格指数等数据。例中已知各年固定资产形成总额(按现行价格计算)即 a 行,各年固定资产价格指数即 b 行,并假定各有关资产使用期为 4 年,据此可以推算出年末固定资产存量净额、固定资产消耗和重估价等数值。

表 6-1 根据固定资产流量数据推算固定资产存量的永续盘存法

行次	项目	价格基础	年份*							
			1	2	3	4	5	6	7	8
a	固定资产形成总额	现行价格	500	735	848	920	1 150	1 560	2 600	2 700
b	价格指数(第一年=100)		100	105	106	115	115	120	130	150
c	固定资产形成总额	第一年价格	500	700	800	800	1 000	1 300	2 000	1 800
d	年末固定资产存量	第一年价格	500	1 200	2 000	2 800	3 300	3 900	5 100	6 100
e	资产消耗	第一年价格	125	300	500	700	825	975	1 275	1 525

第六章 国民资产负债核算分析

续表

行次	项目	价格基础	年份*							
			1	2	3	4	5	6	7	8
f	存量净额年度增加额	第一年价格	375	400	300	100	175	325	725	275
g	年末资产存量净额	第一年价格	375	775	1 075	1 175	1 350	1 675	2 400	2 675
h	年末资产存量净额	现行价格	375	814	1 140	1 351	1 552	2 010	3 120	4 013
i	年初存量	现行价格	0	375	814	1 140	1 351	1 552	2 010	3 120
j	固定资产形成总额	现行价格	500	735	848	920	1 150	1 560	2 600	2 700
k	资产消耗	现行价格	125	315	530	805	949	1 170	1 658	2 288
l	重估价	现行价格	—	19	8	96	—	68	168	481
m	年末资产存量净额	现行价格	375	814	1 140	1 351	1 552	2 010	3 120	4 013

* 为简化起见,假设第一年以前的存量为零,假设采用直线折旧法,并假定固定资产使用期限为4年。

资料来源:联合国统计委员会:《关于国民经济核算体系的国民和部门资产负债表及协调账户的临时国际指导(1997)》,1997年,第112页。

具体估算顺序如下(以第4年数据为例计算)。

(1)先把历年按现行价格计算的固定资产形成总额统一换算为按基年(即第一年)价格计算的固定资产形成总额即C行,假设 n 为年份,其计算公式为:

$$(C)_n = (a)_n \div (b)_n$$
$$C_4 = 920 \div 115\% = 800$$

(2)求按第一年价格计算的某年固定资产存量即d行,因假定固定资产使用期限为4年,所以第4年就应将连续年份的按第一年价格计算的固定资产形成总额相加,其计算公式为:

$$(d)_n = (C)_{n-3} + (C)_{n-2} + (C)_{n-1} + (C)_n$$
$$d_4 = 500 + 700 + 800 + 800 = 2\ 800$$

(3)求按第一年价格计算的固定资产消耗即e行,这是将各年按第一年价格计算的年末固定资产存量除固定资产使用年限 l(本例为4年),其计算公式为:

$$(e)_n = (d)_n \div l$$
$$e_4 = 2\ 800 \div 4 = 700$$

(4)求按第一年价格计算的固定资产存量净额年度增加额即f行,以按第一年价格计算的某年固定资产形成总额减该年按第一年价格计算的资本消耗,其计算公式为:

$$(f)_n = (c)_n - (e)_n$$

$$f_4 = 800 - 700 = 100$$

（5）求按第一年价格计算的年末资产存量净额即 g 行，这是由上年度按第一年价格计算的年末固定资产存量净额加该年按第一年价格计算的年末资产存量净额年度增加额，其计算公式为：

$$(g)_n = (g)_{n-1} + (f)_n$$
$$(g)_4 = 1\,075 + 100 = 1\,175$$

（6）推算出按现行价格计算的年末固定资产存量净额即 h 行或 m 行，这是按第一年价格计算的某年年末固定资产存量净额乘以该年价格指数，其计算公式为：

$$(h)_n = (g)_n \times (b)_n$$
$$(h)_4 = 1\,175 \times 115\% = 1\,351$$

（7）求按现行价格计算的年初资产存量净额即 i 行，这就是上年按现行价格计算的年末资产存量净额，其计算公式为：

$$(i)_n = (h)_{n-1}$$
$$i_4 = 1\,140$$

（8）推算出按现行价格计算的固定资产消耗即 k 行，这就是按第一年价格计算的某年固定资产消耗乘以该年价格指数，其计算公式为：

$$(k)_n = (e)_n \times (b)_n$$
$$k_4 = 700 \times 115\% = 805$$

（9）推算出资产重估价（即因价格变动形成的资产持有收益）即 l 行，这是按现行价格计算的年末资产存量净额（m）减年末资产存量总额（即按现价计算的年初存量加固定资产形成总额 i + j）与按现价计算的固定资产消耗（k）之差，其计算公式为：

$$(l)_n = (m)_n - [(i+j)_n - (k)_n]$$
$$l_4 = 1\,351 - [(1140 + 920) - 805] = 96$$

这样，利用永续盘存法就可以推算出期末固定资产存量净额，同时附带推算出该期固定资产消耗与重估价的所得持有资产损益。

存货存量也可以采用永续盘存法进行估价，但要求必须对入库或出库的货物随时记录和估价，这是有一定难度的，比较复杂，所以一般较少采用。实践中常采用一种近似永续盘存法的方法，即用核算期期末、期初存货实物量之间的差额乘以核算期平均价格进行估价。该方法也称为数量测定法，它一般是在整个核算期产品库存稳定升降，而产品价格基本不变的情况下应用较为合适。如果核算期价格不断变动，库存水平又上下波动，这种方法的计算结果就会有较大误差。

第三节 国民资产负债核算

一、国民资产负债账户(或表)

1. 国民资产负债核算的概念

国民资产负债核算包括对一定时期一国或地区期初、期末所拥有资产负债存量状况的核算,以及该时期内由于各种因素影响引起资产负债变化情况流量的核算。通常前者是以期初、期末资产负债账户(或表)形式表现,后者是以资产负债变化账户(或表),包括资本账户、金融账户、资产数量其他变化账户与重估账户表现,它主要反映期初与期末资产负债账户(或表)之间的变化,这就将资产负债的存量与流量的积累核算联系起来,便于进行系统的研究。

2. 期初、期末国民资产负债账户(或表)

期初、期末国民资产负债账户与表表现的基本原理是一致的。从账户上看,一般都以账户左方列为资产,右方列为负债和净值,净值相当于全部资产与负债的差额,表明整个宏观经济或部门拥有的自有资产。简单账户形式见表6-2(其数据是假想的)。

表6-2 期初资产负债账户 单位:亿元

资　产		负债与净值	
非金融资产	17 260	负债	21 200
生产资产	11 482		
非生产资产	5 778	净值	17 460
金融资产	21 400		
合计	38 660	合计	38 660

这个账户可以分别按各机构部门或整个宏观经济编制,整个宏观经济资产负债账户是各机构部门资产负债账户的综合。若将各部门(含国外)与整个宏观经济账户列在一起就形成综合的账户形式,见表6-3。这是综合账户一览表的形式,从中可以看出各机构部门拥有非金融资产以及金融资产和负债的状况,并能看出整个宏观经济拥有资产负债的状况,如非金融企业部门拥有非金融资产5 700亿元,金融资产4 300亿元,金融负债6 600亿元,故有净值即该部门自有资金为3 400亿元(5 700+4 300-6 600)。国外一列反映国外拥有该国金融资产负债的状况,表明国外拥有该国金融资产2 600亿元,金融负债2 800亿元,因而有净值-200亿元,也就是该国拥有国外财产净值。

表6-3　期初资产负债综合账户　　　　　　　　单位:亿元

| 资产 |||||| 项目 | 负债和净值变化 ||||||
总计	国外	国民经济	住户	政府	金融机构	非金融企业		非金融企业	金融机构	政府	住户	国民经济	国外	总计
17 260		17 260	10 220	1 130	210	5 700	非金融资产								
11 482		11 482	5 670	1 000	202	4 610	生产资产								
5 778		5 778	4 550	130	8	1 090	非生产资产								
24 000	2 600	21 400	4 700	1 600	10 800	4 300	金融资产								
							负债	6 600	10 700	1 900	2 000	21 200	2 800	24 000
							净值	3 400	310	830	12 920	17 460	-200	17 260

资产负债账户与资产负债表所要表述的问题一致,只是表现的形式不同,前者以账户表的形式表现,后者以平衡表的形式表现。下面给出机构部门与整个宏观经济综合在一起表现的资产负债表表式(见表6-4)。

表6-4　期初资产负债表　　　　　　　　　　　单位:亿元

	非金融企业		金融机构		政府		住户		国民经济		国外		合计	
	使用	来源	使用	来源	使用	来源	使用	来源	使用	来源	使用	来源	使用	来源
非金融资产	5 700		210		1 130		10 220		17 260				17 260	
生产资产	4 610		202		1 000		5 670		11 482				11 482	
非生产资产	1 090		8		130		4 550		5 778				5 778	
金融资产	4 300		10 800		1 600		4 700		21 400		2 600		24 000	
负债		6 600		10 700		1 900		2 000		21 200		2 800		24 000
净值(资产负债差额)		3 400		310		830		12 920		17 460		-200		17 260

这个表式对各部门都设有"使用"与"来源"项。"使用"是指部门拥有的资产,"来源"是指部门的负债和净值。这样,每一部门列都成为一张部门的资产负债表,反映了部门在一时点上拥有资产、负债和净值的状况。其中,国外列反映国外

142

拥有该国金融资产负债的状况,其净值表明国外对国内的金融投资净额,表内的 -200 反映国内向国外贷出的多余资金。国民经济列就是国民资产负债表,它反映全国在一定时点上拥有资产负债和净值的状况,以及与国外融资活动的情况。

3. 国民资产负债平衡关系

不论是部门、宏观经济资产负债综合账户或资产负债表,都具有如下基本平衡关系。

(1)国内各机构部门和国民经济列的全部资产(即非金融资产和金融资产)与金融负债之差为净值,即为它们各自的自有资产。

(2)国民经济列的资产、负债是各机构部门(不包括国外)列相应资产、负债分别相加之和,国民经济列的资产负债差额即净值也就是各机构部门净值相加之和,它反映了一个国家所拥有的国民财产(如 17 460 亿元)。因为一个国家国内金融资产与金融负债也就是债权与债务总是相对应等量发生的,从宏观经济整体看,在不考虑货币黄金和特别提款权的情况下,它们是会相互抵消的。因而,整个宏观经济金融资产和金融负债所形成的差额只可能是与国外发生金融往来的金额,通常称为国外金融资产净额,可能是正,也可能是负。所以,一国国民财产可以等于一国非金融资产加上国外金融资产净额(含储备资产)。

(3)国民经济列的金融资产通常都是不等于金融负债的,其差额是与国外的融资往来,也就是国外金融资产净额,即国外列的净值。

(4)国内各机构部门金融资产和负债通常都是不相等的。一般讲,非金融企业部门大多是资金不足,即金融资产小于负债;住户部门则多是资金有余,即金融资产大于负债;金融机构部门主要是融资中介机构,组织各部门单位间接融资活动,其金融资产可能大于、也可能小于金融负债;政府包括财政参与资金分配活动,常常要发行国债筹措资金,致使它的金融资产往往小于其负债。

(5)国外部门一般不核算其非金融资产,只核算其金融资产和负债,二者的差额即其净值,正是国内融资活动的结果,称国外金融资产净额。如金融资产大于负债,表明国内净借入,以弥补国内资金不足;相反,如金融资产小于负债,表明国内净贷出,即向国外贷出多余资金。

(6)将国民经济列与国外列归并的总计列,其金融资产负债是恒等的,其中各项金融手段的资产与负债也是相等的,而总计列的非金融资产额就是国内非金融资产额。上述资产负债账户(或表)所列资产负债项都是合并项,是最基本的表式,实际编制时需要具体列出各类资产负债的项目,通常是根据研究需要和资料的可能,分解为各具体项目,以便分析各类资产负债的结构内容。

4. 我国的国民资产负债表

我国新国民经济核算体系方案中提出了资产负债表,以 1998 年为例,见表 6-5。

宏观经济核算分析

表6-5 中国1998年国民资产负债表

单位:亿元

机构部门	代码	非金融企业部门 使用	非金融企业部门 来源	金融机构部门 使用	金融机构部门 来源	政府部门 使用	政府部门 来源	住户部门 使用	住户部门 来源	国内部门合计 使用	国内部门合计 来源	国外 使用	国外 来源	合计 使用	合计 来源
项目 甲	乙	1	2	3	4	5	6	7	8	9	10	11	12	13	14
一、非金融资产	01	172 763		10 302		24 506		57 428		264 999				264 999	
1. 固定资产	02	114 077		4001		23 958		46 723		188 758				188 758	
其中:在建工程	03	23 390		830		4 412				28 632				28 632	
2. 存货	04	41 286				532		10 462		52 280				52 280	
其中:产成品和商品库存	05	11 134						7 168		18 302				18 302	
3. 其他非金融资产	06	17 401		6 301		16		244		23 961				23 961	
其中:无形资产	07	3 167		506						3 674				3 674	
二、金融资产与负债	08	95 146	212 313	146 767	151 747	40 473	15 844	85 019	472	367 405	380 376	33 542	20 936	400 947	400 947
(一) 国内金融资产与负债	09	90 108	188 094	130 869	145 360	40 473	12 543	85 019	472	346 469	346 469			346 469	346 469
1. 通货	10	1 681		224	11 204	336		8 963		11 204	11 204			11 204	11 204
2. 存款	11	40 509			102 463	3 812		5 8143		102 463	102 463			102 463	102 463
长期	12	14 715			62 233	992		46 527		62 233	62 233			62 233	62 233
短期	13	25 794			40 230	2 820		11 616		40 230	40 230			40 230	40 230
3. 贷款	14		92 940	94 993			1 582		472	94 993	94 993			94 993	94 993
长期	15		32 798	34 380			1 582			34 380	34 380			34 380	34 380
短期	16		60 142	60 613					472	60 613	60 613			60 613	60 613
4. 股票及其他股权	17	20 847	60 757	7 318	8 575	35 051		6 117		69 333	69 333			69 333	69 333
5. 证券(不含股票)	18	77	677	8 396	5 121	31	10 466	7 759		16 264	16 264			16 264	16 264
6. 保险准备金	19	451			1 556			1 105		1 556	1 556			1 556	1 556

第六章 国民资产负债核算分析

续表

机构部门 项目	代码	非金融企业部门 使用	非金融企业部门 来源	金融机构部门 使用	金融机构部门 来源	政府部门 使用	政府部门 来源	住户部门 使用	住户部门 来源	国内部门合计 使用	国内部门合计 来源	国外 使用	国外 来源	合计 使用	合计 来源
7. 其他	20	26 543	33 720	19 937	16 440	1 244	495	2 932		50 655	50 655		8 253	50 655	50 655
(二) 国外金融资产与负债	21	5 038	24 219	3 197	6 387		3 301	0	0	8 235	33 907	33 907	8 253	42 142	42 142
1. 直接投资	22	2 493	19 491							24 93	19 491	19 491	2 493	21 983	21 983
2. 证券投资	23		1 222	1 436			1 102			1 436	2 324	2 324	1 436	3 761	3 761
3. 其他投资	24	2 545	3 506	1 761	6 387		2 199			4 306	12 092	12 092	4 306	16 398	16 398
(三) 储备资产	25			12 701						12 701		-365	12 701	12 337	12 337
其中：1. 货币黄金和特别提款权	26			365						365		-365			
2. 外汇	27			12 001						12 001			12 001	12 001	12 001
三、资产负债差额（资产净值）	28		55 596	5 321		49 136		141 976		252 029		12 606		264 999	
四、资产、负债与差额总计	29	267 909	267 909	157 069	157 069	64 980	64 980	142 447	142 447	632 404	632 404	33 542	33 542	665 946	665 946

注：中国尚未正式公布各年资产负债数据。本表转引自国家统计局国民经济核算司：《中国国民经济核算》表 6.2，中国统计出版社，2004 年版。因四舍五入的原因，数据对应关系可能有些许误差；对表的内容格式进行了调整。

145

表6-5(国民资产负债表)内,从宏观经济整体层次看,国内金融资产与负债是相互对应等量的,二者相抵为零,它们不形成一国的国民财产。若将国民资产负债表内这一等量的国内金融资产与负债舍去,就剩下一国拥有的非金融资产和该国与国外金融资产往来净额,这正是一个国家拥有国民财产的结构状况,可用国民财产表列示,见表6-6。

表6-6 中国1998年国民财产表　　　　　　　　　　　　　单位:亿元

资　产		负债和净值	
非金融资产	264 999	净值	252 029
对外金融投资净额	-12 970		
合　计	252 029	合　计	252 029

二、国民资产负债的估价核算

前面论述了资产负债估价的一般原则和方法,在编制资产负债账户或表时,由于各类资产负债的内容特点不同,对各类资产负债入账的具体估价核算也不一样。大体归纳说明如下。

1. 生产资产估价核算

生产资产包括固定资产、存货等。一般对于有形固定资产,如建筑物、机器设备等,总是按当时扣除固定资产累计消耗以后的现时购买者价格,也就是扣除固定资产累计消耗以后的重置价值计价。有些资产如果没有现时市场购买者价格,则可借用近似的物价指数调整过去购买时的原始价值计价。对作为耐用生产资料用的牲畜如役畜、种畜、奶牛等则是根据某一特定年度牲畜的现时市价估价。对于无形固定资产如矿物勘探、计算机软件等,对矿物勘探凡与其他机构单位签订合同者就按合同实际支付金额计价,凡自给自用的就按实际发生的费用计价,凡过去进行而尚未注销的勘探部分则按当时现行价格或成本重新计价;对计算机软件一般是根据支付软件的购买者价格计价,若软件是自己生产的则按生产成本估价;同样,如果过去年份获得而现在仍在使用的软件,则应按扣除应注销部分的现时价格或成本重新估价。

对于存货中的制成品库存,应按产品现时的基本价格计价;对生产中使用的材料、供应品以及转售商品库存,应按现时购买者价格估价;对在制品库存,应根据制成品现时基本价格或现时生产成本估价。

2. 非生产资产估价核算

非生产资产区分有形与无形。有形非生产资产包括土地、地下资产和其他自然资产等。通常土地由于所处位置和用途的不同,价格差异很大,应按其市场现时购买价格计价。严格讲,土地与在其上建造的建筑物价值和在其上种植的作物、树木和饲养牲畜的价值应当区分开,如果直接区分有困难,有可能的话可按综合估价的土地和建筑物(或其他物)的比率来区分,否则,就将其综合价值归入代表其较大部分价值的一类中去。地下资产主要是指在经济上可开发、已探明的矿藏储量,这些资产所有权在市场上的转手并不很多,较难取得其合适的市场价格,通常是由它们的商业开发所产生的预期净利润的现值来确定其估价。无形非生产资产包括有专利权、版权、特许权、商标等财产权,租约和其他有转让的合同等资产。一般应当按照在市场上实际交易的现时市场价格估价。如果是过去成交支付的价格,则应用有关的综合物价指数调整并减去资产消耗价值(资产消耗年限可依专利权使用费或其他收益预期可收取的年数来确定)重估成现行价格。假若没有市场价格则需要利用这类资产所有人将收到的预期未来利润现值估价。

3. 金融资产负债估价核算

金融资产负债主要包括货币、存款和贷款、股票以外的各种证券、股票和其他股本以及保险准备金等金融手段。通常,货币即按票面价值计价;存款、贷款是按债务人根据存款或贷款合同规定的条件,在存款兑现或贷款到期时,应偿还债权人的货币金额计价;股票以外的证券不论是短期或长期证券,一般都是按在金融市场上正规交易时的证券现时的市场价格估价;股票和其他股本在有组织金融市场上正常交易时就按它们现时的市场价格估价,如果没有在股票交易所上市或其他正常交易的股票,则可依据与在收益上相似的可比较的上市股票的价格来估算。估算时应考虑这些未上市股票的适销性或流动性较差,估算价格可以适当下调。对于保险专门准备金通常是按其实际或估计的现时市场价格估价。此外,对于货币黄金依据中央银行所确定的价格计价。

三、国民资产负债账户(或表)的编制

编制资产负债账户(或表)需要大量的基础资料,并要对资料进行科学的加工、整理,是一项涉及面极广,难度较大,比较复杂的工作,这里只是提出有关编制的一般问题。

1. 资料搜集

要搜集所有资产负债有关总量和结构的资料,诸如生产资产、非生产资产和金融资产负债的总量和结构资料,这些资料可以在企业单位的会计核算中取得大部分。已如前述,企业资产负债表的基本格式和内容,即按资产=负债+所有者权益的顺序排列编制,与国民资产负债表是有共同点的,前者是后者的基础,尽管它们在资产的分类、价格上会存有较大差异。除此之外则要借助有关部门的财务决算和专门调查取得关于资产负债的各种直接或间接资料。

2. 资料加工整理

对从各方面搜集的资料要进行加工整理，以满足编制部门或国民经济资产负债表的需要。比如，企业、单位资产负债表内的各项目也并不都是可以直接采用的，如前已述，企业资产负债表内资产负债是按流动性质分类的，是按历史成本，即购买时的经济价格入账的。为此，对这些资料不仅要进行项目调整和重新归类，而且要进行价格调整，一律按现时市场价格估价入账，这除了要按市场直接测定外，还需要对一系列分行业的有关资产价格指数进行重新估价。对专门调查资料(住户部门较多)也要根据要求进行必要的估计推算。将各方面数据汇集填表后还要进行资料的调整平衡。

3. 国民资产负债账户(或表)的编制

编制国民资产账户(或表)，资料的取得和调整是有相当难度的。资产负债的项目应由粗到细，先编制几个资产大项目，而后再就各资产项目内部结构细化。当然，项目越细越有利于分析研究，不过要考虑可能性。资产负债账户(或表)的编制可以由部门到整个宏观经济，先编制各机构部门的。各部门资料情况不同，难度也不一样。一般讲，企业部门和金融部门资料比较齐全，相对讲，编制较易进行；政府部门主要是行政事业单位的资料在三次产业调查和经济普查的基础上也会有一定基础；住户部门缺少系统资料，主要依靠专门调查和城乡住户调查的有关资料推算，编制的难度会更大些。有了各机构部门资产负债账户(或表)，将其汇总就可以得到整体的宏观经济资产负债账户(或表)。

第四节 资产负债变动核算

一、国民资产负债变动核算的概念

资产负债变动核算是指对一段时期内即期初与期末之间全部资产负债所发生的价值变化的核算，这正是前面谈到的积累核算的内容。一定时期内资产负债的价值变动可以区分为两部分，将它们分别记录在不同账户上：一是由于持有资产(或负债)数量方面的变化而导致的价值变化，这些数量方面的变化可分为两大类：①由于某资产项目在各机构单位间实际的或虚拟的交易而引起的数量变化，这些变化一般都记录在资本和金融账户上；②由于某些意外事件(或者说非正常事件)发生而引起的数量变化，这些变化一般记录在资产数量其他变化账户上。二是由于资产负债价格变化而导致价值上的变化，这些变化必然会引起持有资产产生损益，一般是记录在重估价账户上。这三类账户是组成积累核算的系列账户。其中的资本和金融账户核算内容已在第五章讲述过，这里主要讲后两类账户的核算内容。

二、国民资产数量其他变化核算和账户

1. 国民资产数量其他变化内容的核算

国民资产数量其他变化是指由于机构单位无法控制的外生因素或事件(即意外事件)而发生的外生变动,主要有:由于地下资源的发现或耗减;由于战争或其他政治事件破坏或大自然灾害的破坏;由于资产所属机构部门和资产分类的变化以及机构部门结构的变化等。资产数量其他变化账户就是专门记录由于这些外生因素的变化而使资产(包括负债和净值)数量发生的变化,即资产的增加或减少。其作用在于对资产负债的数量进行调整,具体内容主要包括如下各项。

(1)非生产资产的经济出现和消失,主要是指资产在以生产过程以外的方式形成或减少的产物,它们是由社会或自然新发现的,包含有可开采地下资源的总量增加或减少;一些自然资产向经济活动转移和经济活动造成的耗减,如荒地开垦为有用地,原始森林的商业开发,无形非生产资产(如专利财产权、可转让合同)的创造或出现,各种自然资源(如土地、森林、海洋、鱼类等)的耗减,即由于开采枯竭而使价值减少等。

(2)非培育生物资源的自然生长或消失,是指一些自然林木、港湾鱼类不是在某种机构控制、管理下,而是完全自然增长或消失的。

(3)生产资产的经济出现,主要是指贵重物品和古迹首次被发现或承认,不被记录在资本账户上而记入该账户。

(4)意外大灾害造成的资产毁灭和损失。意外大灾害是指不可投保的各种自然灾害(如地震、飓风、水旱灾等)以及战争、暴乱和政治事件等灾害;所造成的损失是指因异常洪水、风灾造成土地质量的恶化;因旱灾或疾病流行造成培育资产的破坏;因森林火灾、地震等造成建筑物、设备等的毁坏;以及因自然灾害或政治事件造成货币或无记名证券的意外损失等。

(5)不另分类的非金融资产的其他数量变化,主要是指与固定资产消耗相关联,但并未作为固定资产消耗列入资本账户中的一些影响固定资产价值下降的部分,如资产的意外陈旧、破碎而造成固定资产的过早报废;资产由于受到意外环境影响(如酸雨对建筑物外表的侵蚀)而造成固定资产价值降低;生产设施在完工或投入经济使用前的废弃。此外,还有存货的异常损失,即存货受火灾、虫灾、偷盗等造成的异常损失等,以及一些资产的延续的时间在经济上或物质上可能比预期的要长,其延续的估算价值都应记入这些变化。

(6)不另分类的金融资产和负债的其他数量变化,如债权人由于债务人破产或其他因素不能偿还的债务;国际货币基金组织新分配或取消的特别提款权等都可以记入该项目。

(7)分类或结构的变化包括两类:①部门分类和结构变化,是指一机构单位从

一部门重新划归到另一部门,或者是一部门内部组成结构变化导致相应资产负债发生变化;②资产和负债分类的变化,是指分类变化前后的价值不变,如黄金的货币化或非货币化,土地用途的变化等,即变化前后记录的是相同的价值。

2. 国民资产数量其他变化综合账户

上述各项目的核算可以账户形式列示,它与前述资产负债综合账户是类似的,具体见表6-7。

表6-7 资产数量其他变化综合账户

资产变化					交易与平衡项目	负债和净值变化				
国民经济	住户	政府	金融机构	非金融企业		非金融企业	金融机构	政府	住户	国民经济
					一、非金融资产					
					1. 生产资产					
					生产资产的经济出现					
					大灾害损失					
					不另分类的非金融资产其他数量变化					
					分类和结构变化					
					2. 非生产资产					
					非生产资产的经济出现					
					非培育生物资源的自然生长					
					非生产资产的经济消失					
					大灾害损失					
					不另分类的非金融资产其他数量变化					
					分类和结构变化					
					二、金融资产					
					大灾害损失					
					不另分类的金融资产和负债的其他数量变化					
					分类和结构变化					
					三、资产数量其他变化造成的净值的变化					

三、重估价核算和账户

重估价账户专门记录一定时期内资产负债完全由于价格变化(或者说货币价值的变化)而形成的持有资产(或负债)的收益和损失,它们与核算期持有资产在数量上或质量上的任何改变毫无关系。该账户的作用主要是为了对资产负债进行估价调整,此外也有它的独立意义(这些内容其后将进行介绍,见表6-8)。

这类资产负债损益通常被称为名义持有资产损益,其正值为收益,负值为损

第六章 国民资产负债核算分析

失,人们习惯上多直接用持有资产收益(负债表明持有资产损失)的概念。为分析需要,名义持有资产收益往往再进一步分解为中性持有资产收益和实际持有资产收益,它们各有不同的意义。

1. 名义持有资产收益及其核算

从某一核算时期看,名义持有资产收益表明整个核算期由于价格(含市场价格、市场利率、汇率)变动而引起的全部价值收益,其收益包括四项:①整个核算期内都持有的资产负债收益,即在期初、期末资产负债表上都记录的资产负债收益;②在核算期初时持有,而在期间内已处置了的资产负债收益;③在核算期内购入并持有到期末资产负债的收益;④核算期内购入并处置了的持有资产负债收益。这些收益有的已经实现,如②④,有的尚未实现,如①③,不管实现与否都应计入本期名义持有的资产收益。

名义持有资产收益的计算一般有以下两种方法。

(1) 直接法,即依据它所包含的内容直接核算。假设在整个核算期内都持有的某项资产(或负债)价值的收益为 $(p_n - p_0)q_0$,其中 p_n、p_0 分别为期末、期初价格,q_0 为期初到期末都持有的某项资产(或负债)数量;又假设,期内处置了或购入的该项资产(或负债)价值的收益为 $\sum(p_n - p_t)d_t$,其中,p_t 为期间各种变动的价格,d_t 为期间该项资产(或负债)在时间间隔 t 发生的数量变化。名义持有资产收益 G 应当是这两部分之和,以公式表示为:

$$G = (p_n - p_0)q_0 + \sum_{t=1}^{n}(p_n - p_t)d_t \qquad (6-1)$$

这样核算需要全部资产购入或处置的时间、价格和数量的资料,但这些资料不易得到,核算起来比较复杂,难以进行。

(2) 间接推算法。如前所述,核算期间(即期末与期初)资产负债价值的变化是由两部分形成的:其一,核算期内发生的所有交易变化与其他外生变化的总价值;其二,核算期名义持有资产收益。根据这个关系,我们可以从核算期资产负债全部价值变化,即期末资产价值与期初价值之差,若以符号表示为 $p_n q_n - p_0 q_0$,减去期内交易变化与其他外生变化的总价值,若以符号表示为 $\sum p_t d_t$,就可以间接推算出名义持有资产收益,以公式表示为:

$$G = (p_n q_n - p_0 q_0) - \sum p_t d_t \qquad (6-2)$$

这两部分资料可分别从资产负债表和相关的资本账户、金融账户和资产数量其他变化账户取得,因而采用这一方法是可行的,但也有较大难度。

2. 中性持有资产收益及其核算

名义持有资产收益由于价格影响的不同,可以分解为中性持有资产收益和实际持有资产收益。中性持有资产收益是指资产价格与一般物价水平的变动幅度相同而形成的持有资产收益,它意味着资产的实际价值没有提高或降低,也就是说,资产价值能够换取的其他货物和服务的数量不变,即实际购买力不变。这里所说的一般物价水平变动最好选用一项综合物价指数表现,它能涵盖较多货物、服务和资产的价格变动。比较理想的是采用按最终支出法计算的国内生产总值的价格指数,但由于这种价格指数取得的周期较长,一般为一年,至少也是一季,所以,通常可以选用月度计算的消费物价指数替代。为此,中性持有资产收益的计算公式,与上述名义持有资产收益计算公式的道理是一样的,只是资产的价格 p_o 要按综合物价指数的变动同幅度变动。若将综合物价指数以 r_n 或 r_t 表示,其变动可以写为 r_n/r_o 或 r_t/r_o。其中,r_o 为核算期初综合物价指数,假定 $r_o = 1$,则 r_n 为以 r_o 为基础的整个核算期的综合物价指数,r_t 为以 r_o 为基础的核算期间的综合物价指数。那么,计算中性持有资产收益的价格不再是价格 p_n,而是 $p_o(r_n/r_o)$,即 $p_o r_n$,也不再是价格 p_t,而是 $p_o r_t/r_o$,即 $p_o r_t$。这样,中性持有资产收益 NG 的计算公式可以列为:

$$NG = (r_n p_o q_n - p_o q_o) - \sum_{t=1}^{n} r_t p_o d_t \qquad (6-3)$$

公式(6-3)右端的第一、三项交易价值的数据都是较难取得的。中性持有资产收益的核算目的之一是为了求得实际持有资产收益,二者有密切关系。

3. 实际持有资产收益及其核算

实际持有资产收益是指资产价格相对于经济中一般物价水平的变化,或者说,资产相对价格变化而形成的持有资产收益,它反映了资产持有人实际购买力的变化,即资产持有人在期末可以获得(或损失)一笔额外的资产实际资源(货物、服务和资产)的价值。换句话说,就是当资产相对价格有变动(上涨或下降)时,该笔资产能够换取的由综合物价指数所涵盖的货物、服务和资产的数量,期末比期初会更多(或更少)些。实际持有资产收益是一项极有现实意义的重要经济指标,它的多少将直接影响某单位的实际净值变化。一单位实际净值变化就是该单位全部资产负债正负实际持有资产收益的代数和,它反映了该单位核算期从事所有经济活动的净效果和实际财富的变化。

这里所说的相对价格变化具体讲就是指整个核算期综合物价指数与同期资产价格变化的比率,以公式表示为:

$$K = \frac{r_n}{r_o} \Big/ \frac{p_n}{p_o}$$

因为 $$r_o = 1$$

所以 $$K = \frac{r_n p_o}{p_n}$$

式中,K 是度量整个核算期资产相对价格变化的标准。为简便起见,期间($o < t < n$)相对价格变化以 K 的几何平均数估算,即 $K^{\frac{1}{2}}$,这也就假定:

$$K^{\frac{1}{2}} = \frac{r_t}{r_o} / \frac{p_t}{p_o}$$

因为 $$r_o = 1$$

所以 $$K^{\frac{1}{2}} = \frac{r_t p_o}{p_t}$$

这样就可以以 $Kp_n q_n$ 取代 $r_n p_o q_n$，以 $K^{\frac{1}{2}} \sum p_t d_t$ 取代 $\sum r_t p_o d_t$，由此可以将上述中性持有资产收益的计算公式(6-3)改写为：

$$NG = (Kp_n q_n - p_o q_o) - K^{\frac{1}{2}} \sum p_t d_t \tag{6-4}$$

从公式(6-4)可以清楚看出，所需资料与上述公式(6-2)计算名义持有资产收益的资料是相同的，只是需要再加上关于整个核算期资产相对价格变化的资料，就可以计算出中性持有资产收益。有了名义持有资产收益 G 和中性持有资产收益 NG，将二者相减就可以求得实际持有资产收益 RG，其计算公式为：

$$\begin{aligned} RG &= G - NG \\ &= [(p_n q_n - p_o q_o) - \sum p_t d_t] - [(Kp_n q_o - p_o q_o) - K^{\frac{1}{2}} \sum p_t d_t] \\ &= (1-K)p_n q_n - (1-K^{\frac{1}{2}}) \sum p_t d_t \end{aligned} \tag{6-5}$$

4. 名义、中性、实际持有资产收益的简单核算方法

上面论述了名义、中性和实际持有资产收益的核算方法，实际上要想核算出期内全部交易和其他数量变化的总价值是不容易的。通常依据资产负债表数据，采用较简单的方法也可以估算出这几种持有资产收益。不过需要有一个假定条件，即假定在整个核算期始末，资产价格和数量都是均匀变化的，这样就可以平均价格 $\bar{p}$、平均数量 $\bar{q}$ 来表现，以公式表示为：

$$\bar{p} = \frac{p_o + p_n}{2}, \bar{q} = \frac{q_o + q_n}{2}$$

为此，期内交易和其他数量变化的价值就可以公式表示，即：

$$\bar{p}(q_n - q_o) \tag{6-6}$$

而名义持有资产收益可以公式表示，即：

$$G = \bar{q}(p_n - p_o) \tag{6-7}$$

公式(6-6)和公式(6-7)相加之和正好等同于期末与期初资产负债表上资产负债总价值之差，以公式表示为：

$$p_n q_n - p_o q_o = \bar{p}(q_n - q_o) + \bar{q}(p_n - p_o)$$

如果核算期综合物价指数变动为 $r_n / r_o, r_o = 1$，那么就很容易地估算出核算期中性和实际持有资产收益，其计算公式为：

中性持有资产收益 $NG = \bar{q}(r_n p_o - p_o)$ 因为以 $r_n p_o$ 代替 p_n

$$= r_n p_o \bar{q} - p_o \bar{q}$$
$$= (r_n - 1) p_o \bar{q}$$

$$或 = (r_n/r_o - 1)p_o\bar{q} \quad 因为 r_o = 1$$

实际持有资产收益 $RG = G - NG$

$$= \bar{q}(p_n - p_o) - (\frac{r_n}{r_o} - 1)p_o\bar{q}$$

$$= p_n\bar{q} - p_o\bar{q} - \frac{r_n}{r_o}p_o\bar{q} + p_o\bar{q}$$

$$= \left(\frac{p_n}{p_o} - \frac{r_n}{r_o}\right)p_o\bar{q}$$

这一简便方法在资产数量和价格变动不是太大、变动又较均匀的情况下,计算结果才会接近实际,否则差异会较大。

5. 几种特殊情形下,名义、中性、实际持有资产收益间的关系

资产负债重估价形成的名义、中性、实际持有资产收益三者是密切相关的,依据三者的关系可以明显看出:如果整个核算期综合物价水平不变或较为稳定,即不存在通货膨胀的情况,中性持有资产收益就必然为零,而名义持有资产收益将与实际持有资产收益是一致的,二者都是由于相对价格变动而引起。例如,土地这种资产即使物价总水平不变,随着经济的发展,它的价格也会趋于上升。如果整个核算期内资产相对价格不变,即 $K=1$,那么实际持有资产收益一定为零,而名义持有资产收益大小就会完全取决于中性持有资产收益,也就是取决于一般物价水平的变化。这样,资产负债的实际价值并未发生变化,即某项资产期末和期初可以换取的货物、服务和资产的数量是同等的。

对于一些以货币形式确定的资产,如现金、存款、贷款等,其价格是不变的,因而名义持有资产收益肯定为零;但是,它们的实际持有资产收益是会有变化的,其变化大小与中性持有资产收益是相等的,但符号相反。一般而言,在通货膨胀的情况下,为了使这些固定货币价值资产的购买力保持不变,中性持有资产收益一定会随物价总水平的上涨而提高,呈现为正值,而实际持有资产收益则肯定会成为等量的负值。与这些固定货币价值资产相对应的以货币形式固定的负债情况则与其相同,只是符号与其相反,即名义持有资产收益为零,而在通货膨胀的情况下,中性持有资产收益一定为负值,实际持有资产收益则为正值。这里应当看到,在通货膨胀的情况下,债务人负债发生的实际持有资产收益,恰恰等于债权人在资产上发生的实际持有资产的损失,这中间发生了一个从债权人到债务人价值的隐性转移,为此,就会促使债权人要求得到较高的名义利息,从而会导致利息率提高,以补偿债权人实际持有资产的损失。

6. 重估价账户的表现形式

上面所述内容可以重估价账户及其附属的两个子账户,即中性持有资产收益账户和实际持有资产收益账户表现(见表6-8),也可以三个账户形式表现。

第六章 国民资产负债核算分析

表6-8 重估价账户　　　　　　　　　　　　　　　　　　　　单位:亿元

账户	资产变化						交易与平衡项目	负债和净值变化						账户
	总计	国外	国民经济合计	住户	政府	金融机构	非金融企业		非金融企业	金融机构	政府	住户	国民经济	国外	总计	
重估价账户	541 410 131 1 135	164	541 410 131 971	295 190 105 301	41 38 3 19	8 8 277	197 174 23 374	1. 名义持有资产收益 2. 非金融资产 3. 生产资产 4. 非生产资产 5. 金融资产 6. 负债 7. 名义持有资产损益造成的净值变化	509 62	466 -161	6 54	596	961 551	174 -10	1 135 541	重估价账户
其中:中性持有资产收益账户								1. 中性持有资产收益 2. 非金融资产 3. 生产资产 4. 非生产资产 5. 金融资产 6. 负债 7. 中性持有资产损益造成的净值变化								其中:中性持有资产收益账户
实际持有资产收益账户								1. 实际持有资产收益 2. 非金融资产 3. 生产资产 4. 非生产资产 5. 金融资产 6. 负债 7. 实际持有资产损益造成的净值变化								实际持有资产收益账户

在表6-8中,只在重估价账户即名义持有资产收益部分列出数据,两个子账户未分列数据。从重估价账户的部门列,如非金融企业部门列表来看,因重估价形成的名义持有资产收益,资产总额为571亿元,其中非金融资产为197亿元,金融资产为374亿元,负债为509亿元,因而由于实际价格变化引起该部门净值增加62亿元(571-509)。从国民经济列来看,名义持有资产收益,资产总额为1 512亿元,其中非金融资产为541亿元,金融资产为971亿元,负债为961亿元,因而由于实际价格变化使净值增加551亿元(1 512-961)。这里应当注意,从国民经济列来看,国内金融资产变化与金融负债变化是相对应的,差额为零,但例中国民经济列名义持有资产收益,金融资产为971亿元,负债为961亿元,二者相差10亿元,这

155

应当是与国外金融交易形成金融资产与负债重估价的结果。从国外列来看,金融资产负债重估价形成的名义持有资产收益分别为164亿元和174亿元,负债大于资产10亿元,这正好与国民经济列的金融资产大于负债10亿元是相对应的。这说明,国民经济列包含了国外对该国拥有金融资产与负债重估价的结果,即表明国内拥有国外金融资产大于负债形成净值10亿元。从净值变化551亿元中可以看出,其中541亿元是对非金融资产重估价形成的,10亿元则是对国内拥有的国外金融资产与负债的重估价形成的。

四、国民资产负债账户(或表)和积累账户之间的联系

期末与期初资产负债账户(或表)内相应的各项资产、负债的差额就是该时期资产负债的全部变化,这些变化正是通过积累的系列账户,即资本账户、金融账户、资产数量其他变化账户和重估价账户分别表现的。若将这些变化集中,可以通过一张资产负债变化表来表现,以宏观经济总体为例,见表6-9。

表6-9 资产负债变化表　　　　　　　　　　　　单位:亿元

资产变化		负债和净值变化	
总资产变化	3 440	总负债变化	2 593
非金融资产	839	总净值变化	847
生产资产	710	储蓄和净资本转移	298
非生产资产	129	资产数量其他变化	-2
金融资产	2 601	实际价格变化	551
		其中:中性持有资产收益	
		实际持有资产收益	

若将期初、期末资产负债表与资产负债变化表结合(见表6-10),表中数字可以反映其间的联系。为简单明确起见,表6-10只列出整个宏观经济的总量,各机构部门所表现的关系是一样的(具体内容见第八章)。

表6-10中资产负债变化表的内容,实际上反映积累四个序列账户的总和,表6-11将其简单列出。

表6-10 资产负债及其变化表　　　　　　　　　单位:亿元

	资产	交易和平衡项	负债和净值
期初资产负债表	17 260	非金融资产	
	11 482	生产资产	
	5 778	非生产资产	
	21 400	金融资产	
		负债	21 200
		净值	17 460

第六章 国民资产负债核算分析

续表

		资产	交易和平衡项	负债和净值
资产负债变化表	变化表	3 440 839 710 129 2 601	总资产变化 非金融资产 生产资产 非生产资产 金融资产 总负债变化 总净值变化 储蓄和净资本转移 资本数量其他变化 名义持有资产收益 （由于实际价格变化）	 2 593 847 298 -2 551
期末资产负债表		18 099 12 192 5 907 24 001	非金融资产 生产资产 非生产资产 金融资产 负债 净值	 23 793 18 307

表 6-11 积累账户　　　　　　　　　　　　　　　　　　单位：亿元

积累系列账户	资产变化	交易和平衡项	负债和净值变化
资本账户	 889 905 -16 -589 -2	储蓄净额 资本形成总额 固定资本形成总额 存货变化 固定资本消耗 应收资本转移 应付资本转移（一） 由于储蓄和净资本转移引起的净值变化 净借入	301 91 94 298
金融账户	1 630 	金融资产获得净额 负债净额 （细项省略） 净借入	 1 632 -2
资产数量其他变化账户	-2	非生产资产的经济出现（+） 非生产资产的经济消失（-） … 分类和结构变化（+/-） 由于资产数量其他变化引起的净值变化	 -2

续表

积累系列账户	资产变化	交易和平衡项	负债和净值变化
重估价账户	541 410 131 971	名义持有资产收益（由于实际价格变化） 非金融资产 生产资产 非生产资产 金融资产 负债 由于实际价格变化引起的净值变化 （中性、实际持有资产收益省略）	961 551

根据表 6-10、表 6-11 的内容,非金融资产的其间关系表现为:期初为 17 260 亿元,期间变化为 839 亿元,其中,由于资本交易变化 300 亿元,资产数量其他变化 -2 亿元,重估价变化 541 亿元,期末为 18 099 亿元,即 17 260 + 839 = 18 099 亿元;839 亿元 = 300 - 2 + 541。

金融资产的其间关系表现为:期初为 21 400 亿元,期内变化为 2 601 亿元。其中,由于金融交易获得净额 1 630 亿元,重估价变化 971 亿元,期末 24 001 亿元。即 21 400 + 2 601 = 24 001 亿元,2 601 亿元 = 1 630 + 971。

金融负债的其间关系表现为:期初为 21 200 亿元,期内变化为 2 593 亿元。其中,由于金融交易产生负债净额 1 632 亿元,重估价变化 961 亿元,期末 23 793 亿元,即 21 200 + 2 593 = 23 793 亿元;2 593 亿元 = 1 632 + 961。

净值的其间关系表现为:期初为 17 460 亿元,期内变化为 847 亿元。其中,由于储蓄和净资本转移引起的变化 298 亿元,由于资产数量其他变化引起的变化 -2 亿元,由于实际价格变化引起的变化 551 亿元,期末 18 307 亿元,即 17 460 + 847 = 18 307 亿元;847 亿元 = 298 - 2 + 551。

上述可见,资产负债账户(或表)与积累账户在资产、负债、净值的项目分类上是衔接一致的,其账户关系也可以综合列示如表 6-12。

表 6-12 资产负债账户(或表)与积累账户的关系

资产、负债、净值项目分类	期初资产负债账户	积累账户			期末资产负债账户
^	^	资本账户	金融账户	资产数量其他变化账户	重估价账户 || ^
^	^	^	^	^	中性持有资产损益	实际持有资产损益	^

第五节 国民资产负债分析

国民资产负债核算对整个宏观经济(地区、部门)拥有的全部资产和负债的规模与结构作了全面、系统的描述,为研究整个国家(地区、部门)的经济实力、财产结构以及财产经济效益的状况,提供了极为丰富的资料,应用这些资料可以作如下具体分析。

一、对资产总体规模和基本结构的分析

利用整个宏观经济(地区、部门)资产核算的总量和总体内部的结构资料可以综合反映拥有的国民财产规模和资产的基本结构状况。这里资产的基本结构主要是指非金融资产与金融资产的结构,国民经济各部门(机构部门和产业部门)、各地区、各经济类型资产的分布结构。如表6-5所示,我国1998年期末拥有的国民财富为252 029亿元,其中国内非金融资产为264 999亿元,对外金融净资产为-12 970亿元;期末宏观经济整体的非金融资产为264 999亿元和金融资产367 405亿元各占全部资产632 404亿元的比重为41.9%、58.1%,二者比例为1:1.39;期末国民经济各部门(机构部门)即非金融企业、金融机构、政府、住户净值(国民财富)所占比重分别为22.1%、2.1%、19.5%、56.3%。进一步还可考察各部门内部拥有非金融资产和金融资产的比例等。不同部门拥有资产负债状况会有不同的特点,可以分析研究不同问题,例如,对住户部门在资料可能的条件下,可以将住户按拥有资产的多少进行分组,考察不同组住户占有资产结构和负债的特点,从中找出一些规律。这些资料可以揭示一国拥有国民财富的经济实力和财富在各方面的占用关系,是进一步扩大再生产的物力、财产的条件,是国家制定经济发展战略、实行资源合理配置的依据。

二、对非金融资产特别是实物资产结构的分析

利用整个宏观经济(地区、部门)非金融资产存量核算资料,就其内部结构讲,可以研究生产资产与非生产资产的结构。生产资产中主要是有形实物资产,分析其中固定资产与存货结构十分重要,它们的合适比例将直接关系到对经济增长的影响。对固定资产内部结构的研究有助于掌握财产的基本特征和分析资产的技术状况,具体如设备与建筑物的比率、设备使用新旧程度的比率。前一比率在企业部门考察更有利于分析资产存量与生产发展的关系;后一比率分部门考察更有助于分析设备的技术性能状况,为实施技术改造提供依据。

对实物资产在各部门、各地区、各经济类型中结构变动和分布状况的分析研究也十分重要。这有助于分析生产和生活间的实物资产比率,反映用于生产和生活的各种设施的比例关系,用于生产的实物资产存量直接关系到生产力的迅速发展,用于生活的实物资产存量则直接关系到生活质量的改善提高;有助于分析三次产业间的实物比率,将直接关系到三次产业发展规划的制定和进行产业间资产存量、

增量的调整；有助于分析各地区实物资产比率，以制定区域发展战略；有助于分析各经济类型实物资产的比率，以反映各种所有制资产占有关系及其在国民经济发展中所占的地位和所起的作用。

三、对金融资产负债的分析

利用金融资产负债存量核算资料，就其内部结构讲，可以研究金融资产负债的各项目的构成，特别是存款、贷款结构，票证和其他结构等，结合机构部门考察，有助于分析部门间的债权债务关系，以及存款、贷款、票证等在各部门的分布及其来源和运用的状况，这不仅可以反映整个社会和部门金融活动的全貌，而且可以为提高资金利用效果、控制信贷规模，从而为制定正确的货币政策、信贷政策提供条件，也有助于分析一国金融事业的发展及其在经济发展中的作用。

将金融资产与有形实物资产（即固定资产和存货总量）结合计算比率，通常称为金融联系比率，这是表明宏观经济中金融事业发展的一项重要指标，它反映了一国经济中金融事业与它的真实财富的关系，也可以将金融资产与全部资产结合计算比率。对机构部门来讲，这一比率是有意义的，它可以反映它们的财富结构状况以及金融资产的作用，也可以将金融资产中流动性较大的资产，如通货、存款、政府证券等与全部资产对比计算比率，用以分析金融资产的流动性程度以及偿债能力的状况。此外，还可以计算金融负债和资产的比率（也称债务资产比率），它反映债权人权益的保障程度。可用以分析通过债务筹集资金的程度。一般而言，金融部门的这一比率较高。

四、将资产负债存量与其他有关流量相结合的分析

资产负债存量核算反映一国宏观经济（地区、部门）的财产实力状况，是进行扩大再生产的基础，为此，将这些存量资料与人口、产出、收益等资料结合可以有助于进一步分析资产的实力和利用效益状况；有利于更好地挖掘资金的潜力，提高设备的利用率，发挥资产的利用效能。主要的分析指标有三个。

1. 单位国民财产创造的国内生产总值

其计算公式为：

$$单位国民财产创造的国内生产总值 = \frac{国内生产总值（亿元）}{全部国民财产（亿元）}$$

式中，国民财产是一个总量，因而计算结果反映的是较为综合的财产效益状况。实际上，国民财产的各组成部分是各自以不同方式，不同程度生产的，所以，分母也可以采用全部资产或实物资产、金融资产，甚至只用固定资产等资产指标，计算出各类资产与产出比率，也就是资产生产率，用以反映各类资源利用的效益，或者反映每单位产出中资源利用的节约程度。

2. 人均拥有的国民财产

其计算公式为：

$$\text{人均拥有的国民财产} = \frac{\text{全部国民财产（亿元）}}{\text{年平均人口数（亿人）}}$$

国民财产虽然反映一国的经济实力，但它发挥作用却要受人口因素的影响，所以这一指标更能恰当地反映一国经济实力或者说国情国力的状况。从动态上看，如果国民财产的增加相当于或低于人口的增加，就不能说经济实力有所发展，只有国民财产增长快于人口增长才表明一国经济实力的发展和提高。

3. 贷款利税率

其计算公式为：

$$\text{贷款利税率} = \frac{\text{利税总额（亿元）}}{\text{贷款总额（亿元）}}$$

金融部门从事融资活动，贷款是其资金运用的主要部分，这一指标可以反映贷款运用的综合效果。

此外，还可以根据对资产负债分析研究的需要，计算其他有关的资产利用效益指标。

对资产负债存量进行上述各项分析，不仅限于静态观察，而且要看它们的动态变化情况。分析各类资产负债总量、结构、比率的动态演变，对进行经济研究或者国际比较研究都是非常重要的。

五、对重估价账户形成持有资产收益的分析

利用持有资产收益的资料可以分析通货膨胀对于各类资产、负债以及实际净值所造成的影响。比如，对某些非金融资产持有资产收益，可用以分析各项资产在市场上的供求状况。一般而言，某类资产实际持有资产收益在核算期内大于零，即为正值，表明资产持有人可得一笔收益，货币购买力相对会有所提高，因而会引发市场需求，从而导致各机构部门对这些资产投资的增加。相反，实际持有资产收益小于零，即为负值，表明持有人拥有的这笔资产的货币购买力会有所降低，因而会影响市场需求减少，从而导致投资的减少。这有利于决策者作为预测、规划这类资产，或某类行业投资与发展的依据。又如，对金融资产的债券来说，债券由于市场利率变化会引起它的价格变化，二者变化的走向是相反的。一般而言，市场利率提高，债券价格下降，会使债券发行人产生名义持有资产收益，而使债券持有人产生等量的名义持有资产损失；反之，如果利率下降，债券价格会上升，情况就会完全相反了。由此有利于对金融市场融资活动进行预测，并指导参与者的经济行为。

思考题

1. 简述国民资产负债核算在 SNA 中的地位。
2. 宏观资产负债核算与微观资产负债核算的关系怎样?
3. 简述资产负债估价的一般原则。
4. 资产负债常用的估价方法有哪几种?
5. 国民资产负债表中都有哪些平衡关系?
6. 国民资产负债估价核算中如何对生产资产进行估价?
7. 国民资产数量其他变化核算包括哪些内容?
8. 对国民资产核算可进行哪些方面的应用分析?
9. 已知:如下机构部门的资料。

(1)期初资料:非金融资产 2 000 万元;现金和存款 300 万元;证券 400 万元;其他金融资产 300 万元;长期贷款 800 万元;商业信用 600 万元;其他负债 400 万元。

(2)期内流量资料:实物投资额 200 万元;金融投资 2 040 万元,其中,黄金和存款 1 680 万元,证券 160 万元,其他金融资产 200 万元;金融负债 1 320 万元,其中,长期贷款 1 160 万元,负债 160 万元。

(3)重估价资料:非金融资产 220 万元;证券 200 万元;其他金融资产 220 万元。

根据上述资料编制该部门的期末资产负债表。

10. 资产负债简表如表 6-13 所示。

表 6-13 资产负债简表　　　　　　　单位:亿元

项目	住户 使用	住户 来源	企业 使用	企业 来源	政府 使用	政府 来源	金融 使用	金融 来源
一、非金融资产	2 500	—	10 500	—	600	—	50	—
二、国内金融资产与负债	1 400	10	1 100	3 350	100	40	3 100	2 300
三、国外金融资产与负债	0	0	10	100	0	10	10	20
四、储备资产	0	0	0	0	0	0	250	0

根据表 6-13 中的数据计算:

(1)该国的非金融资产数量。
(2)该国的国外金融资产净额。
(3)该国的国民财产。

第七章 对外经济核算分析

第一节 对外经济核算理论

一、对外经济核算的基本概念

1. 常住单位和非常住单位

一国国民经济由该国经济领土上的常住单位组成。常住单位是按照一单位的经济利益中心所作出定义的,即在我国的经济领土范围内具有一定的场所,如住房、厂房或其他建筑物,从事一定规模的经济活动并超过一定时期(一般为一年),则称之为我国的常住单位。一个独立核算的企业,如果它的全部经济活动始终发生在我国经济领土范围内,那么它就是我国的常住单位;一个企业虽然它的经济活动并非全部发生在我国的经济领土范围内,但在我国经济领土内建立了一个子企业,该子企业从事一年以上的生产经营活动,则认为母企业在我国建立了一个常住单位;一个住户,如果它在我国的经济领土范围内拥有住房,该住房为它的主要场所,则认为它是我国的常住单位。一个政府单位是它行使管辖权的经济领土范围内的常住单位,中央政府组成单位包括位于国外的使领馆、军事单位或其他政府实体(包括由政府出资并控制的非营利机构)都属于我国的常住单位。

非常住单位是指与我国常住单位发生交易的又不属于常住单位的那些单位。

2. 国外的概念

国外是宏观经济核算体系的专门用语,是对应特定国家而存在的概念,它指与该国发生联系但又不属于该国范围的所有交易者。国外的定义是与"国内"定义联系在一起的,它是指与一国常住单位进行交易的所有非常住单位。具体讲,处在外国经济领土上的企业和其他团体单位,无论由外国人所有还是该国对外投资所形成,都应属于国外。外国人在该国投资兴办的企业和团体,则应视为该国的常住单位,在一国经济领土上拥有土地和建筑(包括住房)所有权,无论是否本国人所有,都应视为该国常住单位。本国所有的经营流动设备如船只、飞机、钻井井架和井台、铁路车辆等,如果只是活动于国际水域或空域,应视为本国常住单位,倘若是在其他国家经营,则应视为国外。短期到国外旅游、访问或从事季节性劳动的个人,仍是本国常住居民,一国接纳的国外短期逗留者应视为国外,一旦这种短期逗留变为长期性行为,则应按与上述相反的方式处理。

3. 对外交易的概念

对外交易是指一国常住单位与非常住单位之间的交易。在内容和形式上,对外交易与国内交易颇具相似之处。从内容上看,对外交易包括货物与服务交易、收入分配交易、投资交易和金融交易等。从形式上看,大部分对外交易是交换式的,是一种资源换取另一种资源的双向运动,同时也存在一部分单方面转移,如发生在各国间的馈赠、援助;大部分对外交易属于货币性交易,但也有一部分属于实物性交易,如国际易货贸易、实物转移等。

然而,对外交易在经济意义上不同于国内交易。国内交易的双方都在一国范围之内,交易结果是资源在国内的流动和重新配置,不会影响一国资源总量;而对外交易涉及国外一方,交易结果是资源在一国与他国之间的流动,它会增加或减少一国拥有的资源总量。例如,出口(或进口)的货物减少(或增加)了可供国内使用的产品量,自国外取得(或支付)一笔财产收入,会增加(或减少)一国收入总量。这就决定了宏观经济核算有必要就对外交易进行专门核算。

二、对外经济核算的理论和方法

前面各章大都涉及了对外经济核算的内容。在生产账户中有与国外部门发生的货物和服务的进出口;收入分配账户中设置了国外部门,用以反映本国与他国之间的收入分配流量;资本账户与金融账户以及资产负债账户中利用国外部门表现了一国与他国之间的金融流量和存量关系。这些内容可以反映一国的对外经济往来,但它们都是作为各账户的组成部分而存在,是为了使各账户能够在复式记账原则下保持平衡而设置的,其项目设置和分类的详细程度都要从属于各账户的特定目的。因此,它们没有完成对外经济系统核算的任务。

进行综合的对外经济核算有两种做法:①几十年来形成的并在世界各国广泛应用的传统做法是编制一国的国际收支平衡表。它将一国所有对外经济往来都按照借贷记账方法归纳到一个平衡表中,借以系统表达一国的对外经济状况。②在宏观经济核算的账户体系中,对外经济核算采用了设置"国外"账户的做法。"国外"被视为与本国住户、政府、非金融企业、金融机构具有同样地位的机构部门,它的功能在于系统地反映一国与他国的经济关系。

国际收支平衡表与国外账户并不是截然不同的两种做法。二者对国外具有基本一致的定义,在核算范围上保持了一致;同时对对外交易采用了大体一致的分类,核算中体现了大体相似的层次。事实上,国外账户经常要以国际收支平衡表的资料为基础来编制。那么,为何在平衡表之后还要编制国外账户?原因在于国际收支平衡表乃是一个相对独立的核算表,国外账户却是宏观经济核算整套账户中的有机组成部分。二者在核算方式上的最大区别是国外账户立足于国外编制,国际收支平衡表则立足于本国编制。国外账户的设计从属于整个账户体系的设计,所使用的概念、分类及核算的层次也遵循了国民账户体系的一贯定义和标准。因此,本章从核算体系的完整性考虑,将首先介绍国际收支平衡表,然后阐述国外账户的编制原理。

三、对外经济核算的原则

对外经济核算的原则与账户体系所遵循的原则是一致的,具体而言主要有以下三项原则。

1. *估价原则*

估价原则以市场价格作为估价的基础。就是说,关于货物和服务、收入分配和再分配、金融资产和负债的交易,应按交易者实际商定的价格估价;资产和负债存量则要按账户编制时间的现价估价。具体估价方法将在下一节详述。

2. *记录时间原则*

记录时间以权责发生制为原则,即在经济活动的价值产生、转换、交换、转移或消失时进行记录。只要所有权发生变更,都应按照规则记入国外账户及其他账户。

3. *记账单位与换算原则*

应以编制国本国货币为基准记账单位。由于许多项目的对外交易价值和对外资产负债存量价值最初是用各种不同的货币或其他价值标准(如特别提款权或欧洲货币)表示的,于是就产生了国外账户编制中特有的价值换算问题。按照核算体系的估价和记录时间原则,用以将交易货币单位折算成本国记账单位的适当汇率应是交易日期的通行汇率,如无此汇率则应采用可以得到的最短时期的平均汇率;为折算对外金融资产和负债存量数据,可使用账户编制日期通行的市场汇率。所采用汇率应取当期买入和卖出汇率的中间值。

第二节 国际收支平衡表

一、国际收支的概念

国际收支概念的起源可以追溯到 17 世纪重商主义时期的贸易差额理论以及相应的货币流出流入差额的计算。最早的国际收支平衡表产生于 19 世纪上半叶的英国。目前世界各国应用的国际收支平衡表大都是由国际货币基金组织提出的。为了分析其成员国的国际收支状况,该组织特别编制出版了《国际收支手册》,以指导其成员国按国际可比方式编制自己国家的国际收支资料。

早期的国际收支仅限于对外贸易收支,因为对外贸易几乎是当时国际经济往来的全部。第一次世界大战之后,由于战争赔款和国际信贷活动的出现,使国际经济交往的范围突破了原来单一贸易交往的格局,再加上国际货币金本位制的崩溃,最终促使国际收支概念逐步由贸易收支演变为外汇收支,即一国国际收支是指该国的对外外汇资金收支,人们通常将此称为狭义国际收支。第二次世界大战以后,国际经济交往日益增多,形式日趋多样化,除原有形式外,又逐渐出现了易货贸易、租赁贸易、加工装配、经济援助和多种形式的信贷。为了全面反映一国国际经济交往的状况,国际收支概念进一步从狭义扩大到广义,泛指一国与世界其他国家(地区)之间由各种经济往来而发生的收入和支付,既包括涉及外汇收支的国际经济往来,也包括不涉及外汇收支的国际经济往来;既包括国际的交换行为,也包括那些单方面转移及其他诸如黄金货币化、特别提款权分配与取消、债权债务再分类等行为,它们被统称为对外交易。这就是现代意义上的国际收支概念。

国际收支概念的演变反映了国际收支平衡表核算范围的演变。目前各国通用的国际收支平衡表就是按照广义国际收支概念编制的、反映一国对外经济状况的平衡表。

二、国际收支平衡表

国际收支平衡表是对一国在一定时期内对外经济往来收支的系统记录。同时,考虑到国际收支统计的特点,又特别设立了"错误与遗漏"项目。因此,国际收支平衡表的项目内容一般包括经常项目、资本和金融项目、储备资产、净误差与遗漏四个部分。

1. 我国的国际收支平衡表

我国于1980年开始编制国际收支平衡表,它是按照国际货币基金组织要求的标准表式设计的。1998年,国家外汇管理局又根据国际货币基金组织关于国际收支平衡表的最新版本的标准表式进行了重新修订。表7-1是我国2007年的国际收支平衡表。

表7-1　中国2007年国际收支平衡表　　　　单位:万美元

项目	差额	贷方	借方
一、经常项目	37 183 262	146 788 200	109 604 938
A.货物和服务	30 747 660	134 220 596	103 472 936
a.货物	31 538 140	121 999 963	90 461 823
b.服务	-790 479	12 220 633	13 011 113
1.运输	-1 194 692	3 132 382	4 327 074
2.旅游	744 695	3 723 300	2 978 605
3.通信服务	9 289	117 455	108 167

第七章　对外经济核算分析

续表

项目	差额	贷方	借方
4.建筑服务	246 728	537 710	290 982
5.保险服务	-976 043	90 370	1 066 413
6.金融服务	-32 643	23 049	55 692
7.计算机和信息服务	213 668	434 475	220 807
8.专有权利使用费和特许费	-784 944	34 263	819 207
9.咨询	72 418	1 158 055	1 085 637
10.广告、宣传	57 535	191 227	133 692
11.电影、音像	16 257	31 629	15 372
12.其他商业服务	867 679	2 691 485	1 823 806
13.别处未提及的政府服务	-30 426	55 234	85 660
B.收益	2 568 849	8 303 031	5 734 182
1.职工报酬	434 007	683 313	249 306
2.投资收益	2 134 842	7 619 718	5 484 876
C.经常转移	3 866 753	4 264 573	397 820
1.各级政府	-16 596	3 495	20 091
2.其他部门	3 883 348	4 261 078	377 730
二、资本和金融项目	7 350 925	92 196 070	84 845 145
A.资本项目	309 908	331 470	21 562
B.金融项目	7 041 017	91 864 600	84 823 583
1.直接投资	12 141 833	15 155 369	3 013 536
1.1　我国在外直接投资	-1 699 488	192 998	1 892 484
1.2　外国在华直接投资	13 841 318	14 962 371	1 121 053
2.证券投资	1 867 199	6 396 924	4 529 725
2.1　资产	-232 401	4 264 324	4 496 725
2.1.1　股本证券	-1 518 860	175 320	1 694 180
2.1.2　债务证券	1 286 459	4 089 004	2 802 545
2.1.2.1　(中)长期债券	1 059 059	3 861 604	2 802 545
2.1.2.2　货币市场工具	227 400	227 400	
2.2　负债	2 099 600	2 132 600	33 000
2.2.1　股本证券	1 850 961	1 850 961	

续表

项目	差额	贷方	借方
2.2.2 债务证券	248 640	281 640	33 000
2.2.2.1 （中）长期债券	248 640	281 640	33 000
2.2.2.2 货币市场工具			
3. 其他投资	-6 968 014	70 312 307	77 280 321
3.1 资产	-15 148 587	2 987 903	18 136 490
3.1.1 贸易信贷	-2 380 000		2 380 000
长期	-166 600		166 600
短期	-2 213 400		2 213 400
3.1.2 贷款	-2 080 551	29 433	2 109 984
长期	-411 900		411 900
短期	-1 668 651	29 433	1 698 084
3.1.3 货币和存款	-238 176	1 599 486	1 837 662
3.1.4 其他资产	-10 449 859	1 358 985	11 808 844
长期			
短期	-10 449 859	1 358 985	11 808 844
3.2 负债	8 180 572	67 324 404	59 143 832
3.2.1 贸易信贷	2 910 000	2 910 000	
长期	203 700	203 700	
短期	2 706 300	2 706 300	
3.2.2 贷款	1 729 603	54 896 008	53 166 405
长期	698 811	2 088 274	1 389 463
短期	1 030 791	52 807 734	51 776 943
3.2.3 货币和存款	3 431 694	9 163 418	5 731 724
3.2.4 其他负债	109 275	354 977	245 702
长期	113 231	116 794	3 563
短期	-3 956	238 183	242 139
三、储备资产	-46 174 410	23 977	46 198 387
3.1 货币黄金			
3.2 特别提款权	-7 887		7 887
3.3 在基金组织的储备头寸	23 977	23 977	

续表

项目	差额	贷方	借方
3.4 外汇	-46 190 500		46 190 500
3.5 其他债权			
四、净误差与遗漏	1 640 223	1 640 223	

注:1.本表贸易数据来自海关统计。
2.本表直接投资贷方数据来自商务部统计和间接申报中的"与土地有关的土地批租和租赁";借方数据来自间接申报统计。
3.本表其余数据来自间接申报统计。

2. 国际收支平衡表的具体内容

(1)经常项目。它是涉及货物、服务、收益、经常转移等非金融性经济价值的对外交易的归纳,记录了对外交易中实际资源的流动。具体包括对外贸易、服务、收益和经常转移四部分。

对外贸易,记录各种货物交易活动,反映出口收入额和进口支出额。进口形成支出,意味着国内经济资源的增加,出口形成收入,表示经济资源的减少。

服务,记录各种因提供服务产生的收支行为,具体包括运输、旅游、通信、建筑、保险、国际金融服务、计算机和信息服务、专有权利使用费和特许费、各种商业服务、个人娱乐服务和政府服务方面的国际收支。

收益,是指在国际往来中发生的职工报酬和投资收益方面的国际收支。其中,投资收益包括直接投资、证券投资和其他投资的收益和收支,直接投资的收益再投资也包括在此项目内。

经常转移,记录所有非资本转移的各种单方面转让的收支,如侨汇、工人汇款、无偿捐赠和赔偿等项目。国际经常转移收支中经常用到"官方"和"其他"两个概念:官方是指国外的捐赠者或受援者为国际组织和政府部门;其他是指国外的捐赠者和受援者为国际组织和政府部门以外的其他部门或个人。

(2)资本和金融项目。它是反映资金在国际上流动的项目,从资金角度记录除储备资产以外的有关对外金融资产与负债变动的所有交易,即记录这些金融资产和负债在当期的变动额,具体包括资本项目和金融项目。资本项目包括移民转移、债务减免等资本性转移以及与专利等非生产非金融资产转让有关的非金融资产增减变化;金融项目包括直接投资、证券投资和其他投资。直接投资是指外国、港澳台地区在我国和我国在外国、港澳台地区以独资、合资、合作及合作勘探开发方式进行的投资;证券投资是指外国、港澳台地区购买(或我国买回)我国(包括地方政府和企业)发行的股票、债券等有价证券和我国(政府、企业、私人)买卖外国、港澳台地区发行的股票、债券等有价证券;其他投资是指外国提供给我国和我国提供给外国的贸易信贷、贷款、货币和存款以及其他资产。

（3）储备资产。它是记录储备资产当期变动量的项目。储备资产是指一国货币当局所持有的可直接用于国际支付的国际货币存量，包括货币黄金、外汇、特别提款权和储备头寸等，其主要作用是弥补经常项目和资本往来项目收支差额，保证国际收支平衡。

（4）误差与遗漏。它是指编制国际收支平衡表时，因资料不完整、统计时间和计价标准不一致以及货币换算等因素所造成的差错和遗漏，它是为使国际收支核算保持平衡而设置的平衡项目。

上述项目往往是相互对应存在的，主要表现在经常项目与资本和金融项目（包括资本转移、金融资产与负债和储备资产变动额）之间在反映对外交易上的对应关系。大部分对外交易会在形成实际资源流动的同时引发金融方面债权债务的变动，如出口货物的同时会获取一笔债权。因此，经常项目与资本和金融项目往往是对同一交易不同侧面的记录，具体可见下述编制原理。

三、国际收支平衡表的编制

国际收支平衡表运用会计借贷记账原理编制。表中每一项目都分为借贷两方，分别记录本项目的国际支出和收入。其中，借方记录支出性经济行为，包括实际资源增加（如进口）、金融资产增加（如购买国外证券，即证券投资）和负债减少（如归还借款）；贷方记录收入性经济行为，包括实际资源减少（如出口）、金融资产减少（如出售所持国外证券）和负债增加（如对外发行证券）。每一项经济交易活动都会涉及两个及以上方面。据此特点，具体记录时应遵循有借必有贷、借贷数额相等的原则，使每一项经济交易同时记入两个及以上对应项目，并使一项目的借方与另一项目的贷方形成对应关系。例如，进口商品同外汇储备支付，应记入对外贸易的借方，表示实际资源增加，同时应记入储备资产增减额的贷方，表示金融资产减少，如果是用借款支付，则应记入资本往来有关项目的贷方，以表示负债增加，同样可以与对外贸易项目保持借贷对应关系。这样，如果把当期发生的所有经济交易活动都综合记录到一张平衡表上，全部项目的借方数额总计与贷方数额总计必然相等。

在实际工作中编制国际收支平衡表，不可能像会计那样逐笔记录，只能是按照项目从不同来源一次性地搜集一段时期（如一季度）内的汇总数据，如从海关搜集有关货物进出口的数据，有关资本项目的数据则要从银行等方面取得。这些数据在统计口径、计价、换算与估算等方面不可避免地会产生一定误差，设置"误差与遗漏"项目记录这些误差，最终可保证国际收支平衡表借方与贷方的总量平衡关系。

按照发生的国际收入和支出金额分别记入贷方和借方,对应每一项目,用贷方发生额减借方发生额所得差额记入表中"差额"一栏,表示各具体项目的国际收支差额。一般借大于贷时差额为负,表示该项目支大于收的国际收支逆差;贷大于借时差额为正,表示收大于支的国际收支顺差。

四、国际收支平衡表中的平衡关系

国际收支平衡表中存在一些重要的平衡关系。

首先是各个账户内部的平衡关系,即:

$$项目差额 = 贷方总额 - 借方总额$$

根据项目汇总的层次不同,可以得到不同的差额。例如,在经常账户内,有如下不同层次的平衡关系:

货物贸易差额　　　　　货物出口 - 货物进口
服务贸易差额　　　　　服务出口 - 服务进口
职工报酬差额 = 贷方 - 借方 = 来自国外的职工报酬 - 支付给国外的职工报酬
投资收益差额　　　　　来自国外的投资收益 - 支付给国外的投资收益
经常转移差额　　　　　来自国外的经常转移 - 支付给国外的经常转移
　贸易差额　　　　　　货物贸易差额 + 服务贸易差额
　收益差额 = 贷方 - 借方 = 职工报酬差额 + 投资收益差额
　经常账户差额 = 贷方 - 借方 = 贸易差额 + 收益差额 + 经常转移差额

其次是账户之间的平衡关系。受复式记账原理影响,如果在任一项目之下划线,把国际收支平衡表区分为两个部分,其线上所有项目差额的合计必然等于线下所有项目差额合计的相反数。划线的位置根据分析需要可以灵活设定,一般认为线上项目是自主交易项目,即一国主动进行的交易,而线下项目是调节项目,是为了给线上项目融资而发生的交易。比如,可以把经常账户作为自主交易,在经常账户下划线,于是有如下的平衡关系:

$$经常项目差额 = -(资本和金融项目差额 + 储备资产差额)$$

也可以把储备资产变动作为调节项目,在其上划线,结果就形成如下平衡关系:

$$经常项目差额 + 资本和金融项目差额 = -储备资产差额$$

依据上述平衡关系,可以进行深入的国际收支分析。

第三节　国外账户核算

一、国外账户的特点与核算内容

1. 国外账户的特点

国外账户与国内账户相比具有三个特点:①国外账户是立足于国外来反映一

国对外交易状况的,因此,账户来源方和使用方(或资产获得方和负债发生方)的意义与国内账户正好相反,即国外的来源正是本国的使用,国外的使用正是本国的来源。某平衡项为正值所表示的国外盈余或顺差,正说明该国的亏损或逆差;平衡项为负值时,情况正好相反。②国外账户只记录一国常住单位与非常住单位之间发生的各类经济交易,它并不与任何特定的经济活动如生产、消费、资本形成等相联系。例如,货物与服务对外账户只反映国外与国内各单位之间发生的货物与服务进出口,并不反映生产量;在有关收入分配和资本对外账户中,也只反映有关交易的流量,不能表示国外的消费量和资本形成数量。因此,尽管国外账户从国外角度而设置,但它仍然只是一国对外经济关系的一面镜子,并不反映国外全部经济活动或经济交易的整体。③国外账户记录的交易都不是孤立存在的,它总是国内机构部门账户上记录的某项经济交易的对应登录。例如,国内某部门记录的对非常住单位的财产收入支付,对应产生了国外部门原始收入分配账户上应收财产收入的记录。由此看来,国外账户应是国内机构部门账户系列的补充。

2. 国外账户核算的内容

依据对外交易的类别和国民经济账户的一般结构,国外账户包括四项核算内容:①货物与服务对外账户,反映货物与服务的对外交易;②原始收入和经常转移对外账户,反映关于收入分配的对外交易;③积累对外账户,包括反映对外资本转移、非生产非金融资产获取与买卖交易的对外资本账户,反映对外金融资产与负债交易的对外金融账户,反映非经济交易原因引起的对外资产数量变化的资产数量其他变化账户和持有资产损益状况的重估价账户;④对外资产负债账户,反映期初和期末的对外资产与负债存量,以及在期初与期末间这些存量的变化关系。

下面分别阐述国外账户核算的具体内容。

二、货物与服务对外账户

货物与服务对外账户是记录一国常住单位与非常住单位之间货物与服务往来的账户。由于立足于国外设置,该账户来源方按货物和服务进口列示,表明因国内进口使国外获取的收入;使用方按货物和服务出口列示,表明国内出口使国外花费的支出。这些流量与国内各部门相应货物与服务流量都有对应登录项,实际上反映了一国当期所获得的国外产出和提供给国外的产出。货物与服务对外交易差额作为平衡项列在账户使用方,差额为正值,表明进口大于出口,国外货物与服务交易收支相抵有顺差,也就是该国对外有逆差;负值差额表明国外的逆差和国内的对外顺差。具体账户形式见表7-2。在本例中采用假想数据(下同),出口总值1 124亿元大于进口总值1 093亿元,形成国外逆差31亿元,以负值记在账户上,说明该国对外货物与服务交易的顺差为31亿元。

第七章 对外经济核算分析

表7-2 货物与服务对外账户 单位：亿元

使用		来源	
货物与服务出口	1 124	货物与服务进口	1 093
货物出口		货物进口	
服务出口		服务进口	
货物与服务对外交易差额	-31		
合计	1 093	合计	1 093

货物与服务出口是指当期国内常住单位对非常住单位出售或赠予的货物和服务；进口则是指国内常住单位从非常住单位那里购买或接受赠予的货物与服务。鉴于货物交易和服务交易的不同性质，在进口和出口中要将二者区分开来。一般情况下，一国对外货物交易总是占有较大份额。

1. 货物进出口核算

（1）货物进出口的核算范围。货物进出口的核算范围包括所有当期常住单位与非常住单位之间提供和获取货物的经济行为。实际购买或出售的货物应当计入，单方面转移的货物也应计入。此外，金融租赁形式下提供或获取的货物、分属国内和国外的企业与子公司或附属机构之间流动的货物、出于加工目的提供或获取但改变了原有形态的货物等也应包括在内。货物进出口常常要跨越一国的地理边界，但判断交易是否应作为货物进出口核算，并不以货物是否跨越国界为标准，而是要看货物是否在常住单位和非常住单位之间发生所有权变更。有些货物虽未跨越国界，但仍应作为出口销售或进口购买处理，如经营流动设备的单位在国外出售其产出或原有资产，或就近购买生产用物品和消费品；有些货物虽跨越国界但不能计为货物进出口，如过境货物、进出一国领土飞地的货物、送出国外进行简单加工或修理的货物等。

（2）货物进出口的计价。货物进出口的计价应按照在统一估价地点（出口国关境）的市场价格记录，即无论进口还是出口，都依照货物在关境离岸价（简称FOB）估价。它包括货物的生产价值和到达出口关境以前的销售服务费用，但不包括从出口国关境到达进口国关境的运输和保险费用。这样做有助于保持进出口总值计价的一致性，同时也有助于将运输、保险等服务发生与货物自身的价值区分开来。对一国核算来说，大部分出口货物都可以从提交海关或其他行政机关的单据上获取相当准确的离岸价格；而进口货物，有关单据上记录的常常是到岸价格，需要从中扣除运输费用和保险费用才能求得离岸价格。这种调整一般难以个别进行，常用方法是根据对大宗出口平均运费、保险费和平均运送距离的了解，或运用贸易发票抽样调查获取的信息,来估计在进出口边界之间的运输和保险费用,然后对大宗进口或全部进口的到岸价值进行全面性调整。

(3)货物进出口的记录时间。应以货物所有权在常住单位与非常住单位之间发生变更的时间为准,以确定某项货物进出口应计入本期还是计入其他时期。在金融租赁情况下,应视租赁开始时间为货物所有权变更时间;对企业与其分支单位之间的货物流动,应视有关企业或单位的记账时间为所有权变更时间。在实际生活中,货物所有权变更时间也许和货物发送与收到时间、货款支付结算时间存在或大或小的差异,有关贸易统计很可能是依据后面的标准来估算当期进出口量,如果以此为资料来源编制货物与服务对外账户,应注意记录对时间差异的调整。

海关统计是货物进出口核算的主要资料来源。然而由上述原理可知,海关统计并不完全符合国外账户对货物进出口的定义,二者在核算范围、估价原则和记录时间上都存在一定差异,因此进行适当调整是必要的。

2. 服务进出口核算

服务进出口是指一国所有常住单位与非常住单位之间提供和使用服务的行为。由于服务是无形的,生产与使用同时进行,服务进出口很可能表现为生产者或使用者的流动,如生产者到使用者所在国提供服务,使用者到生产者所在国获取服务。服务进出口的内容极为广泛,最主要的服务类别有国际建筑、安装活动中的服务,国际客、货运输服务,国际旅游活动中的服务,国际文化交流、留学活动中的服务,国际保险服务,国际上无形非生产非金融资产及所有权的许可费用和国际金融服务等。

三、原始收入与经常转移对外账户

原始收入与经常转移对外账户是记录一国常住单位与非常住单位之间收入分配流量的账户。收入分配的项目包括雇员报酬、财产收入、生产税与进口税减补贴、现期收入与财产税、社会缴款与福利、其他经常转移等。账户来源方记录国外在上述项目上的应收额,使用方记录国外对上述项目上的应付额;货物与服务对外交易差额作为本账户核算起点也被列在来源方。平衡项"经常交易对外差额"列在使用方,该差额的功能类似于国内机构部门账户的储蓄。当差额为正值时,表示国外对该国经常性交易具有盈余,负值差额则表示国外的逆差,它们反过来恰恰表示了该国经济对外经常交易的逆差或顺差,如表7-3所示。在本例中,国外货物与服务对外交易差额为-31亿元,当期获得的原始收入和经常转移为317亿元,支付的原始收入和经常转移为287亿元,来源与使用相减后所得经常交易对外差额为-1亿元,反映了国外的亏损额,也就是该国经常交易的盈余额。

表7-3 原始收入与经常转移对外账户　　　　　　　　单位:亿元

使用		来源	
雇员报酬	10	货物与劳务对外交易差额	-31
财产收入	191	雇员报酬	20
生产税、进口税减补贴	0	财产收入	207
现期收入与财产税	1	生产税、进口税减补贴	5
社会缴款与福利	7	现期收入与财产税	0
其他经常转移	78	社会缴款与福利	75
经常交易对外差额	-1	其他经常转移	10
合计	286	合计	286

原始收入与经常转移对外账户记录的收入项目与该国国内收入初次分配和再分配账户的记录是对应存在的。其中,雇员报酬、财产收入、生产税与进口税减补贴三个项目作为国外原始收入分配流量与该国国内机构部门初次分配账户相关项目有关;现期收入与财产税、社会缴款与福利、其他经常转移三项作为国外经常转移分配流量,再现了再分配账户的对外部分。由此可见,国外账户记录的这些收入流量,正是造成一国由国内生产总值到国民总收入,然后到国民可支配总收入一系列总量之间差异的那些流量,其中前三项收入流量与从国内生产总值到国民总收入的计算有关,表现为:

$$4\,778+(10+191+0)-(20+207+5)=4\,747(亿元)$$

后三项收入流量与从国民总收入到国民可支配总收入的计算有关,表现为:

$$4\,747+(1+7+78)-(0+75+10)=4\,748(亿元)$$

编制原始收入与经常转移对外账户的关键,在于各种收入项目分配流量数据的取得,主要涉及一国各常住单位与非常住单位之间的收入支付行为。例如,雇员报酬是指个人在所居住国之外的另一经济总体中工作而获得的现金或实物工资、其他补助以及雇主为雇员支付的保险计划缴款等;财产收入是指由国内与国外之间金融资产所有权而产生的收入,包括利息、股息和直接投资收益。

四、对外资本账户和对外金融账户

对外资本账户和对外金融账户是对外积累账户的组成部分,反映因对外经济交易而引起的对外资产、负债和净值变化的情况。

对外资本账户记录一国常住单位与国外发生的非金融性资本交易。账户右方为负债和净值变化方,反映资金筹集来源,首先记录经常交易对外差额,以体现资本账户与收入账户的联系;同时记录国外对该国的应收资本转移和应付资本转移

(-)。账户左方为资产变化,反映资金使用。按照惯例,非常住单位不可能直接对该经济总体发生资本形成和土地购买,因为当此类交易发生时,要创立一个实际的或虚拟的名义使常住单位拥有这些资本品和土地,同时视国外所有者对该名义单位从而对该经济总体拥有一笔金融债权。因此,对外资本账户资产变化方只记录有关专利权、租约和商誉等无形资产的购买减卖出。负债和净值变化减去资产变化的结果称为国外净贷出或净借入,这是本账户的平衡项。数值为正时称为净贷出,表示国外资本账户的盈余,也就是国内的对外净借入;数值为负时称为净借入,表示国外资本账户的亏缺,也就是国内资本账户的对外净贷出,记录在左方。具体可见表7-4。由表中数据可知,当期国外应收资本转移净额为3亿元,加上经常交易差额-1亿元,减去无形资产净购买0亿元,使资本账户显示出2亿元的净贷出,也就是该国对国外有2亿元的净借入要求。

表7-4　对外资本账户　　　　　　　　　　单位:亿元

资产变化		负债和净值变化	
非生产非金融资产净购买	0	经常交易对外差额	-1
净贷出(+)/净借入(-)	2	应收资本转移	4
		应付资本转移(-)	1
合计	2	合计	2

对外金融账户紧接对外资本账户,是记录国外与该国常住单位之间所有金融交易的账户。账户资产变化方记录国外对该国金融资产的购买净额;负债与净值变化方记录国外对该国负债的净发生,两者相减的差额为国外对该国的净贷出(+)/净借入(-),记录在右方,从而与资本账户连接起来(见表7-5)。这些记录及平衡项与国内金融账户记录的对外金融交易是对应存在的,前者记录的国外金融资产购买净额(或负债净发生)正是后者记录的对外负债净发生(或金融资产购买净额),前者记录的净贷出(+)或净借入(-),正反映了国内需从国外净借入或净贷出的数额。在本例中,国外负债变化为127亿元,资产变化为129亿元,二者相减得净贷出2亿元,说明国外最终对该国贷出(即该国自国外借入)2亿元的资金,这与前述对外资本账户的结果是一致的。

表7-5　对外金融账户　　　　　　　　　　单位:亿元

资产变化		负债和净值变化	
黄金和特别提款权	-2	黄金和特别提款权	-
货币和存款	25	货币和存款	54
股票以外的证券	55	股票以外的证券	27

第七章　对外经济核算分析

续表

资产变化		负债和净值变化	
贷款	-14	贷款	27
股票和其他产权	46	股票和其他产权	17
保险专门准备金	0	保险专门准备金	1
其他应收账款	19	其他应付账款	1
		净贷出(+)净借入(-)	2
合计	129	合计	129

上述金融项目的分类和定义与第五章关于金融资产的分类和定义完全相同，有关交易流量的核算方法和计价、记录时间原则也是一致的。这里需要明确两个问题：①关于货币黄金和特别提款权，对外金融账户只记录国外货币当局和国际货币基金组织与该国货币当局之间的交易，国际货币基金组织对特别提款权的分配和取消不能计入本账户。②按照惯例，非常住单位在某国完成的与资本形成和土地有关的交易，应首先解释为对该国金融资产所有权的变化，因此，这些交易应作为金融交易被计入对外金融账户，国外对该国完成的上述交易记录在资产变化方，该国对国外完成的上述交易计入负债变化方，所涉及的金融项目主要是"股票和其他产权"。由金融租赁产生的金融债权也作类似处理，一般计入"其他应收应付账款"项目。此外，有关外国直接投资产生的投资收益再投资，应在作为财产收入计入原始收入与经常转移对外账户的同时，也作为投资（如股票、证券等）计入对外金融账户。

五、对外资产其他变化账户

对外资产其他变化账户是对外积累账户的一部分，它与对外资本账户和金融账户并列，反映因非经济交易原因引起的对外资产、负债和净值的变化，具体包括对外资产数量其他变化账户和重估价账户。

对外资产数量其他变化账户的内容和功能与整个体系的资产数量其他变化账户相似，只是它专门用于记录一国常住单位与非常单位之间由于非经济交易原因引起的存量变化。账户左边记录国外资产变化，右边记录国外负债变化，记录的内容包括各种非金融无形资产，如专利、软件等的无偿没收，金融资产和负债的无偿没收，未另分类的金融资产和负债的其他数量变动（如坏账注销），以及与机构合并引起的类别和结构变动有关的登记。国外资产变化与负债变化相减，产生平衡项"因资产数量其他变化引起的净值变化"记录在账户右方，见表7-6。

宏观经济核算分析

表7-6 对外资产数量其他变化账户

资产变化	负债和净值变化
无偿没收	无偿没收
未另分类的金融资产其他数量变化	未另分类的负债其他数量变化
分类和结构变动	分类和结构变动
	因资产数量其他变化引起的净值变化
合计	合计

国外账户中的重估价账户专门用于记录国外对该国资产负债的重估价结果,一般仅涉及金融资产和负债。账户左方记录国外持有资产由重估价引起的价值增减,右方记录国外持有负债由重估价引起的价值增减。这些价值增减都被记录在名义持有资产损益项目之下,并被区分为中性持有资产损益和实际持有资产损益。将两方记录的价值净变化相减(或者说将两方记录的净损益相加)即得该账户平衡项"因名义持有资产损益引起的净值变化",以及中性持有资产损益和实际持有资产损益引起的净值变化两个分项,以表示资产负债价值重估对国外所拥有净值的影响(见表7-7)。

表7-7 对外重估价账户　　　　　　　　　　单位:亿元

资产变化		负债和净值变化	
名义持有资产收益(+)/损失(-)	164	名义持有资产收益(-)/损失(+)	174
中性持有资产损益		中性持有资产损益	
实际持有资产损益		实际持有资产损益	
		因名义持有损益引起的净值变化	-10
		中性持有资产损益引起的净值变化	
		实际持有资产损益引起的净值变化	
合计	164	合计	164

由国外账户与国内账户的对应关系可知,资产重估价为国外带来的收益(或损失)正是该国对国外资产重估价所产生的损失(或收益)。因此,从该国来看,表7-7中左方所列国外名义持有资产收益164亿元,正是该国以对外负债的名义持有资产损失;右方所列国外名义持有资产损失174亿元,正是该国对外资产的持有收益;国外因名义持有损益引起的净值变化——净损失10亿元,正是国内对外金融资产负债在重估价过程中产生的净值增加即净收益。

六、对外资产负债账户

对外资产负债账户反映某时点上国外对该国拥有的金融资产与负债存量,以及从核算期期初到期末这一存量的变化过程。

期末(或期初)时点的对外资产负债账户在账户结构上与整个体系的资产负债账户基本类似,只是前者所核算的资产仅限于金融资产。该账户的左方记录国外对该国的金融资产存量(即该国对国外的负债存量),右方记录国外对该国的负债存量(即该国对外的金融资产存量),二者之差作为平衡项记录在账户的右方,正值差额表示国外对该国拥有的资产净值(即该国对国外的负债净值),负值差额表示国外对该国的负债净值(即该国对外的金融资产净值)。具体表式如表 7-8。依照表中数据,国外对该国的金融资产(2 893 亿元)小于对该国的负债(3 101 亿元),因此,国外对该国的负债净值为 208 亿元,这也就是该国对外的资产净值。在核算过程中,各项资产负债都应按核算时点的市场价格估价,在市场价格不易取得的情况下,应采用估计价和近似价;以外国货币称价的资产和负债则要按核算时点上通行的市场汇率(取买进卖出现汇汇率的中间值)换算为本国货币。

表 7-8 期末对外资产负债账户   单位:亿元

资产		负债和净值	
金融资产	28 93	负债	3 101
		净值	-208
合计	2 893	合计	2 893

将对外积累账户的核算结果加以综合,即可得对外资产负债变化表。表的左方记录资产的变化,右方记录负债和净值的变化,它们分别是对本期对外资本账户、金融账户、资产数量其他变化账户、重估价账户上所记录资产变化和负债与净值变化的综合。依照本例数据,国外资产总变化为 293 亿元(129 + 164),国外负债总变化为 301 亿元(127 + 174),国外净值总变化为 -8 亿元(293 - 301)或(2 - 10)。将期初对外资产负债表、对外资产负债变动表和期末对外资产负债表合并起来,可以反映国外对该国资产负债自期初到期末的动态平衡关系,也就是该国对外资产负债的动态平衡关系(见表 7-9)。

表 7-9 对外资产负债动态平衡表   单位:亿元

期初金融资产	2 600	期初负债	2 800
		期初净值	-200

续表

期内金融资产变化	293	期内负债变化	301
		期内净值变化	-8
期末金融资产	2 893	期末负债	3 101
		期末净值	-208

七、国际收支平衡表与国外账户的比较

国际收支平衡表与国外账户是密切关联、相互结合的。一般各国总是先编制国际收支平衡表,然后将其纳入国外账户体系。二者关于国外和对外交易的定义、范围、核算原则的规定具有一致性。在核算层次上,国际收支平衡表的经常项目与国外账户中货物与服务对外账户、原始收入和经常转移对外账户基本对应,资本和金融项目与对外积累账户中资本账户、金融账户也是基本对应的。

但是,国际收支平衡表并不完全等同于国外账户。除了前者立足国内编制、后者立足国外编制外,还存在三方面的差别:①国际收支平衡表是对当期对外交易流量的记录,并不反映对外经济存量的多少,而国外账户却包括反映对外资产负债存量的账户。②关于分类的差别。对金融项目,国外账户以金融手段的种类作为主要分类基础,据此区分为七个类别,然后再考虑长期与短期分类;国际收支平衡表则以期限和功能为主要分类基础,首先区分为资本项目和金融项目,金融项目又区分为直接投资、证券投资和其他资本。其中,证券投资、其他资本按资产和负债分列,然后是资产、负债的具体项目,储备资产,分金融手段反映。③关于计算单位的区别。我国国际收支平衡表一般以美元作为计算单位,国外账户以人民币作为计算单位。

上述差别并未使国际收支平衡表与国外账户变得完全不相兼容,但它的存在不仅使数据转换遇到或大或小的困难,更重要的是体现了核算目的上的差别,并由此引起分析功能上的差别。例如,储备资产是一个非常重要的分析因素,作为一国政府和货币当局可直接利用、控制的对外资产,其增减变动反映了当期国际收支不平衡的弥补作用,以及通过各种行动(如对外汇市场的干预)间接调剂这种不平衡的程度。但国外账户中没有直接体现储备资产及增减变动的项目,其组成部分按照金融手段被分列到各不同项目之中,因此就不能充分体现这种分析功能。又如,国际收支平衡表只能提供当期一国对外资产负债变动额资料,不能反映对外资产负债存量,由此使得国际收支平衡表不能为从存量上研究一国对外经济状况(如外债问题)提供分析框架,同时也使其有关流量的分析失去了存量基础。综上所述,可以说,从分析应用的目的看,国际收支平衡表和国外账户的相互结合是非常重

要的。

第四节　对外经济分析

一、国际收支平衡状况分析

国际收支平衡是指一国对外经常活动收与支之间的协调关系。保持一时期国际收支平衡，是一国对外经济活动的最重要约束。

在国际收支平衡表（或国外账户一系列流量账户）上，由于复式记账法的应用，贷方收入合计恒等于借方支出合计，但这种账面平衡并不反映国际收支的平衡关系。从理论上讲，国际收支平衡是指一国自发性对外交易的收支平衡。所谓自发性交易，是指交易者为了营利或其他政治、道义等目的自主进行的交易，与此对应的另一些交易被称为调节性交易，是指为了调节和弥补其他交易造成的缺口而完成的交易。

在核算实践中，明确区分自发性交易和调节性交易并不容易。一般认为，储备资产增减额是最典型的调节性交易项目，因为虽然不排除一国有可能为营利目的主动转换资产形式而增加或减少其储备资产，但储备资产的主要功能却是平抑国际收支的不平衡。所以，观察一国国际收支平衡状况，最常用的方法是将经常项目和资本与金融项目视为自发性交易项目，根据所计算的综合收支差额（即国际收支总差额）状况及与储备资产增减额的对应关系来作出具体判断。国际收支总差额为负（即呈逆差），必然对应储备资产的减少额；差额为正（即呈顺差），必然对应储备资产的增加额。

然而，调节性交易项目并不仅限于储备资产变动额，因为一国储备资产在总量上具有稳定性质，当自发性交易收支出现不平衡时，总是首先以增减对外债权、债务来加以调节，动用储备在一定程度上可以视为是最后的调节手段，由此产生了观察一国国际收支平衡的其他做法：一是将短期资本往来也视为调节性交易项目；另一做法是仅将经常项目收支差额作为自发性交易差额。

上述不同做法不仅反映了对自发性交易的不同定义，而且体现了分析国际收支平衡状况的不同层次。在各国核算实践中，人们习惯于将国际收支项目按经常项目、资本和金融项目、储备资产增减额项目的顺序作递进分析，认为经常收支差额是非常重要的指标，其顺逆状况将为整个国际收支平衡奠定基础；资本和金融项目对经常项目收支差额具有调节弥补作用，但也有其自身的独立性，尤其是长期资本往来；最后是储备资产增减额这一最终调节性项目。三者之间的对应关系可以有多种组合，但综合各国情况，最典型的情况有以下四种。

（1）经常项目顺差，资本往来项目也是顺差，结果使储备资产有很大增加额（即逆差）。说明该国既能保持在贸易和非贸易往来中的主动地位，又能有效地吸引国外资金，这是经济极具扩张力的表现，但从长远看应注意对储备资产的有效利用。

（2）经常项目顺差，资本往来项目逆差，但在数额上前者大于后者或基本持平，使储备资产略有增加或保持稳定。说明该国对外经常性交易具有优势，多余收入转化为投资流向国外，这是发达国家国际收支的典型特征。

（3）经常项目逆差，资本往来项目也是逆差，从而造成储备资产较大幅度的减少（即顺差）。就是说，出口不能抵补进口，同时又不能吸引外部资金，这是那些落后的发展中国家所面临的困境。有限的国家储备不允许这种情况长期存在，否则，最后的结果只能是压缩进口、货币贬值。

（4）经常项目逆差，资本往来项目顺差，但在数额上前者大于后者或基本持平，使储备资产略有减少。处于这种情况下的国家从长远看必须注意提高本国出口的竞争力，并密切关注外债的规模和偿还能力。

2007年，中国经常项目实现3 718.33亿美元的顺差，同时资本金融项目实现735.09亿元的顺差。这种双顺差格局的直接结果就是中国外汇储备快速增长，到2007年年底，中国外汇储备达到15 282.49亿美元，由此使中国国际清偿能力不断上升，人民币的国际形象也日趋积极，属于上述的第一种情况。但是持续的双顺差也为中国经常项目带来了一些消极影响，比如，对人民币带来巨大的升值压力，为外汇储备管理带来困难；导致中央银行基础货币投放大幅增加，从而带来通货膨胀的压力。因此，从长远看，逐步恢复到国际收支基本平衡的状态，才是宏观管理的最佳目标。

国际收支平衡是一个带有综合性的问题，除了通过收支差额进行直接观测外，还应利用一些间接观测指标，如贸易条件指数和进出口商品结构、汇率变动等，对国际收支平衡状况及形成的原因作进一步的深入分析。

二、对外经济结构分析

对外经济活动的发展，不仅要求交易总量的较快增长和收支的平衡，而且还要求结构的不断优化。以对外贸易为例，在经济发展初级阶段，外贸出口总是强烈地体现出本国的自然资源优势，进口则体现本国的劣势；当经济演进到较高阶段时，外贸进出口结构就会突破自然资源的约束，改变以单一产品出口为基础的结构状况。进一步说，一时期对外经济结构状况还是分析对外收支平衡、对外经济扩张或收缩原因的重要方面。

对外经济结构应在当期流量和期末存量两个层次上进行观察。

第七章 对外经济核算分析

从当期对外交易流量上看,结构首先表现为不同性质活动内容在收入、支出中的组成结构。在经常收支中,它是指对外货物进出口、服务进出口和原始收入、转移等形成的收支各自所占的比重。在资本性收支(或称金融性收支)中,它是指按金融手段区分的不同债权、债务形式当期增减额各自所占比重;按功能分类的直接投资、股票债券投资、其他资本当期收支各自所占的比重;按期限区分的长期性收支和短期性收支各自所占的比重,以及储备资产增减变动额中各储备资产形式的内部结构。对一些重要的交易项目还应作进一步的区分,研究其构成状况,如对货物进出口,可按产品类别作进一步分组,对服务进出口,可进一步按服务类别分组。通过结构分析,可以找出影响对外经济活动的主要方面,并与以往时期的结构资料比较,反映结构的演变情况。

2007年,货物服务贸易活动依然是中国经常账户的基础,尤其是其中的货物贸易,出口和进口分别为12 200亿美元和9 046.18亿美元。在经常账户的收入中,货物贸易占83.1%,服务贸易占8.3%,收益分配占5.7%,经常转移占2.9%;在经常账户的支出中,货物贸易占82.5%,服务贸易占11.9%,收益分配占5.2%,经常转移占0.4%。

2007年,中国对外资本性收支中,金融项目特别是其中的其他投资占据重要地位,其他投资收入为7 031.23亿美元,其他投资支出为7 728.03亿美元。在资本和金融项目的收入中,资本项目占0.4%,直接投资占16.4%,证券投资占6.9%,其他投资占76.3%;在资本和金融项目的支出中,资本项目占0.02%,直接投资占3.6%,证券投资占5.3%,其他投资占91.08%。

对外交易流量结构还体现在部门分布结构上,即分别对收入、支出流量按机构部门分组,对一些重要项目如货物进出口、直接投资等还可按产业部门分组,观察各部门所占份额。做到这一点,须对国外流量账户作进一步扩展,将来源方和负债变化方流量按收入部门分解,使用方和资产变化方流量按支出部门分解,形成部门×交易项目数据表,以此反映"谁"自国外通过何种途径获取了收入,"谁"向国外通过何种途径提供了支出。

从期末存量上观察对外经济结构,主要是对金融项目而言,反映对外金融资产和负债总量的组成状况,既包括各种金融手段下金融项目之间的结构关系,又包括各部门对资产和负债的占有关系。在此基础上可以进一步就一些综合性问题进行结构分析,比如,外债结构分析、利用外资总量结构分析和官方持有资产结构分析等。

由中国国际投资头寸表可知,2007年年末,中国对外资产存量为22 881亿美元,对外负债存量为12 661亿美元,对外资产规模高于负债规模,净头寸为10 220亿美元。由此可以看出,中国在长期的对外经济活动过程中已经积累起一定实力,具备了较强的国际清偿能力。2007年年末,中国对外资产中,对外直接投资占4.7%,证券投资占10.5%,其他投资占17.7%,储备资产占67.1%;中国对外负债中,外国来华直接投资占58.6%,证券投资占11.3%,其他投资占30.1%。

三、对外经济依存度分析

对外经济活动的发生,与本国宏观经济具有紧密联系,既是宏观经济发展的结果,又是宏观经济发展的前提。对外经济依存度分析就是指对外经济活动与宏观(国民)经济相互依存关系的分析。一国经济越发达,开放程度越高,对外经济依存程度就越高。

1. 对外贸易依存度分析

这是关于货物进出口(或货物与服务进出口)与国内生产总值的关系的分析,从实物资源流量上反映国民经济的对外依赖和支撑程度。可以就货物进出口总额与国内生产总值相比计算进出口依存度,也可就进口总额和出口总额分别计算依存度,观察国民经济作为需求者对进口的依赖程度和国民经济作为供应者对出口的依赖程度。当对外贸易存在差额时,国民经济对进口依存度和出口依存度会有所不同。依据2007年的资料,国内生产总值为266 043.81亿元,进口总额为74 020.55亿元,出口总额为95 540.99亿元,则计算的进出口依存度为0.637。其中,进口依存度为0.278,出口依存度为0.359。显然,比值越高,对外依存度越高,说明该国开放程度、介入国际经济市场的程度越高,一国经济受国际经济状况的影响就越大。从动态上看,随着经济的开放,一国经济发展会带来对外贸易的更快发展,从而其对外贸易依存度应是不断提高的。

2. 对外资金依存度分析

这是指一国对外资金流动与国内资金流动及运用关系的分析。

一时期资金对外流动,与该国国内储蓄关系密切。对外流出的资金是当期国内储蓄的组成部分,被用于国外投资以创造收入;自国外流入的资金则补充了国内储蓄的不足,以促进国内生产创造价值。因此,一国对外资金依存度在当期流量层次上看,就是指资金流出量、流入量分别与国内储蓄相比较的比值,以及净流出(或流入)量与国内储蓄比较的比值。按照国民账户的记录,资金流出量即当期国内金融资产净获得,资金流入量即当期国内负债净发生。根据2007年的资料,当期国内净储蓄为96 149.87亿元,资金流入为17 848亿元,资金流出为43 423亿元,资金净流出为25 575亿元,所计算的资金流入、流出和净流出依存度分别为0.186、0.452和0.266。

对外资金依存度还可在期末存量层次上计算。这时,对外流出的资金由该国对外拥有的金融资产表示,自外流入的资金由该国对外承担的负债表示,计算的对外资金依存度应是上述对外资金量与国内净值(资产负债净值)之间的比值。其中,对外金融资产与国内净值的比值反映了本国资金对外运用的程度,对外负债与国内净值的比值反映了本国对外部资金的运用程度。一般来讲,一国经济越开放,参与国际投资和国际金融市场的程度越深,上述比值就会越高。

对于那些经济比较富有活力但资金相对短缺的国家来说,对外资金依存度计算和分析的焦点主要在于外部流入资金的依存度。与此相关产生了许多综合性的分析课题,如外债问题、利用外资问题等。但这些问题的分析已不仅限于用对外资金依存度高低来反映,而是涉及经济整体的诸多方面。

四、进出口函数模型分析

1. 进出口函数的基本形式

(1)出口商品需求量函数。

设:E 为出口商品需求量;Y_W 为外国的收入水平;π 为出口商品的相对价格,则:

$$E = f(Y_W, \pi)$$

式中,$\pi = \dfrac{P_D}{P_W}$,P_D 为本国价格指数;P_W 为世界市场交易价格指数。

定义:

$$出口的收入弹性 = \frac{\Delta E}{E} \Big/ \frac{\Delta Y_W}{Y_W} = \frac{\Delta E}{\Delta Y_W} \cdot \frac{Y_W}{E} \xrightarrow{\Delta \to 0} \frac{\partial E}{\partial Y_W} \cdot \frac{Y_W}{E}$$

$$出口的价格弹性 = \frac{\Delta E}{E} \Big/ \frac{\Delta \pi}{\pi} = \frac{\Delta E}{\Delta \pi} \cdot \frac{\pi}{E} \xrightarrow{\Delta \to 0} \frac{\partial E}{\partial \pi} \cdot \frac{\pi}{E}$$

(2)进口商品需求量函数。

设:M 为进口商品需求量;Y_D 为本国的收入水平;π^* 为进口商品的相对价格,则:

$$M = f(Y_D, \pi^*)$$

式中,$\pi^* = \dfrac{P_W}{P_D}$,P_W、P_D 分别为世界市场交易价格指数和本国价格指数;π^* 与 π 是倒数关系。

定义:

$$进口的收入弹性 = \frac{\Delta M}{M} \Big/ \frac{\Delta Y_D}{Y_D} = \frac{\Delta M}{\Delta Y_D} \cdot \frac{Y_D}{M} \xrightarrow{\Delta \to 0} \frac{\partial M}{\partial Y_D} \cdot \frac{Y_D}{M}$$

$$进口的价格弹性 = \frac{\Delta M}{M} \Big/ \frac{\Delta \pi^*}{\pi^*} = \frac{\Delta M}{\Delta \pi^*} \cdot \frac{\pi^*}{M} \xrightarrow{\Delta \to 0} \frac{\partial M}{\partial \pi^*} \cdot \frac{\pi^*}{M}$$

根据日本 LINK 模型,进口收入弹性为 1.15,出口收入弹性为 1.62,若日本与世界经济同步增长,则其出口增长将远远超过进口增长,出口价格弹性为 2.38。

2. 马歇尔—勒纳条件

设:T 为出口总额与进口总额之比,即进出口比值:

$$T = \frac{P_D \cdot E}{P_W \cdot M} = \frac{E}{M} \cdot \pi$$

两边取对数：
$$\ln T = \ln E - \ln M + \ln \pi$$

取微分：
$$d(\ln T) = d(\ln E) - d(\ln M) + d(\ln \pi)$$

即：
$$\frac{dT}{T} = \frac{dE}{E} - \frac{dM}{M} + \frac{d\pi}{\pi}$$

因为
$$E = f(Y_W, \pi)$$

运用全微分公式：

所以
$$dE = \frac{\partial E}{\partial Y_W} dY_W + \frac{\partial E}{\partial \pi} \cdot d\pi$$

设：

出口收入弹性为 $\alpha_1 = \frac{\partial E}{\partial Y_W} \cdot \frac{Y_W}{E}$

出口价格弹性为 $\alpha_2 = \frac{\partial E}{\partial \pi} \cdot \frac{\pi}{E}$

则：
$$\frac{dE}{E} = \alpha_1 \frac{dY_W}{Y_W} + \alpha_2 \frac{d\pi}{\pi}$$

又因为
$$M = f(Y_D, \pi^*)$$

运用全微分公式：

所以：
$$dM = \frac{\partial M}{\partial Y_D} dY_D + \frac{\partial M}{\partial \pi^*} d\pi^*$$

设：

进口收入弹性为 $\beta_1 = \frac{\partial M}{\partial Y_D} \cdot \frac{Y_D}{M}$

进口价格弹性为 $\beta_2 = \frac{\partial M}{\partial \pi^*} \cdot \frac{\pi^*}{M}$

则：
$$\frac{dM}{M} = \beta_1 \frac{dY_D}{Y_D} + \beta_2 \frac{d\pi^*}{\pi^*}$$

因为
$$\frac{d\pi^*}{\pi^*} = \frac{d\left(\frac{1}{\pi}\right)}{\frac{1}{\pi}} = -\frac{d\pi}{\pi}$$

所以
$$\frac{dT}{T} = \left(\alpha_1 \frac{dY_W}{Y_W} - \beta_1 \frac{dY_D}{Y_D}\right) + (\alpha_2 + \beta_2 + 1)\frac{d\pi}{\pi}$$

假定短期内国民收入不变：
$$\frac{dY_W}{Y_W} = \frac{dY_D}{Y_D} = 0$$

有：
$$\frac{dT}{T} = (\alpha_2 + \beta_2 + 1)\frac{d\pi}{\pi}$$

那么,想要通过降低出口商品的相对价格,即 $\frac{d\pi}{\pi} < 0$ 促使 $\frac{dT}{T} > 0$,必须满足 $\alpha_2 + \beta_2 + 1 < 0$;由于价格弹性为负值,$|\alpha_2 + \beta_2| > 1$,即所谓的马歇尔—勒纳条件。

3. 进出口函数的计量经济学模型

由于要研究进出口商品额的收入弹性和价格弹性,一般选取双对数线性模型。

(1) 出口商品模型:

$$\ln E = \alpha_0 + \alpha_1 \ln Y_W + \alpha_2 \ln\left(\frac{P_D}{P_W}\right) + u$$

(2) 进口商品模型:

$$\ln M = \beta_0 + \beta_1 \ln Y_D + \beta_2 \ln\left(\frac{P_W}{P_D}\right) + v$$

五、国际经济比较与汇率函数模型分析

1. GDP 国际比较的汇率法

汇率法是进行 GDP 国际比较的最常用方法之一,其基本思想与操作方法可以简述为:在表面上看,两个国家 GDP 不可比只是因为货币单位的不同,中国以人民币为单位,日本以日元为单位,美国则使用美元。因此,只需利用现成的汇率数据,对货币单位进行调整就可以获得基本的可比性。例如,中国 2007 年 GDP 为 266 043.81 亿元人民币,这一数值不具有国际比较意义,但如果依据该年7月初人民币相对于美元的汇率 7.607 5,将中国 GDP 调整为美元单位,得到 34 971.25 亿美元,该数值就可用于与美国进行比较了。

由于美元是最主要的交易货币,较为强势,因此国际比较在习惯上都是将各种非美元货币单位调整为美元,以美元作为国际比较的基准货币。这样,世界各国采用汇率法计算的 GDP,单位都是美元,由此大大方便了多边比较的进行。

汇率法要用到汇率。严格地说,汇率是名义汇率,是两国货币的相对价格,在本质上,将它比喻为苹果和梨之间的相对价格并无任何不同。汇率有两种标价方法:直接标价法和间接标价法。直接标价法是以本国货币标示 1 单位外国货币的价格,如果人民币对美元的相对价格是 7.607 5 元人民币兑换 1 美元,则人民币 1 美元汇率按直接标价法为 7.607 5。站在中国国内的角度,此种标价方法与一般商品标价方法(以本国货币标示 1 单位某种商品的价格)完全相同,故称为直接标价法。间接标价法是以外国货币标示 1 单位本国货币的价格,如同样的汇率采用间接标价法,则人民币/美元汇率为 0.131 449 2。

汇率的数据资料非常易于取得,汇率法的操作方法也比较简单,这是用汇率法进行国际比较的主要优点所在。但遗憾的是,由于种种原因,现实中应用汇率进行 GDP 国际比较并不能取得很好的效果,有四个方面的原因:①由于交易费用的存

在,汇率法的理论基础严重背离现实;②各国要素禀赋不同造成产品相对价格不同,使用汇率法有可能造成评价结果的扭曲;③汇率法假定所有产品都与国际市场相关,但实际上发展中国家物品的市场化程度并不高,与国际市场关联更少,使用汇率法会产生系统偏差;④汇率不仅取决于购买力,还受到外汇市场供求关系和汇率制度的影响,因此用汇率换算 GDP 也必然受到这些与国际比较无关因素的干扰。

2. GDP 国际比较的购买力平价法

购买力平价法,是指通过构造并估算出各国间的购买力平价指数来调整 GDP 进而实现国际比较的方法。购买力平价法是针对汇率法的缺陷发展起来的,在应用效果上远胜于汇率法,但反过来也带来了计算成本较高的代价。目前,购买力平价法在联合国主持的国际比较项目(ICP)框架中得到了应用,关于购买力平价法的研究与应用由此成为国际比较问题研究的核心。

购买力平价法的基本思想是:只有在汇率能够保证 1 美元在不同国家能够具有相同的购买力,也即能够购买到相同的物品数量时,汇率法才是有效的。由于现实中汇率总会受到各种因素的干扰,汇率保持在购买力平价水平上只是一种偶然而非常态,因此才导致应用者对汇率法国际比较效果的不满意。购买力平价法试图设计一个真正能保证 1 美元的购买力相同的指数去调整 GDP。以一国生产多种货物与服务为背景,构造购买力平价指数的基本思路是:观察在中国和美国购买具有相同的产品组合(称为一篮子货物与服务)各自所需的支出(以本国货币单位计量),假定分别为 200 元人民币和 100 美元,计算两者的比例为 2RMB/USD,这就是所谓购买力平价,它表示 1 美元的购买力相当于 2 元人民币,即两者所能购买的商品数量相同。因此,如果能够针对国际比较直接编制出该购买力平价指数,我们就可以将其作为换算指数,用中国按人民币度量的 GDP 除以这一指数,就得到以美元度量的中国 GDP。购买力平价法可以解决汇率法所无法解决的一系列问题:首先,面对产品相对价格不同的情况,购买力平价法不会使比较产生扭曲的结果;其次,即使部分产品市场化程度不高,不参与国际贸易,也不会对购买力平价法造成严重影响;再次,由于采取了依据价格直接编制指数,汇率法理论基础背离现实和汇率受其他因素干扰的问题,在购买力平价法中也不复存在。

应用购买力平价法进行国际比较,需要分别双边比较(即两国 GDP 的比较)和多边比较(即多国 GDP 的比较)两个层次讨论相关方法问题,前者肯定是后者的基础,但后者却并非是前者的简单延伸,而是在对指数的要求、估计思想等方面都形成了前者所不具备的重要特色。在购买力平价指数的设计中,能否满足指数检验的要求,是重要的考量标准。对于双边比较而言,购买力平价指数通常要求能通过两个检验,即国家互换检验和要素反向检验。所谓国家互换检验,是指无论以 A 国为基国还是以 B 国为基国构造购买力平价指数,国际比较的结果应当一致,就是说,以 A 国为基国和以 B 国为基国所构造的购买力平价指数应互为倒数。所谓要素反向检验,是要求所构造的购买力平价指数(即综合比价指数)与 GDP 国际比较得到的物量比率之乘积,应等于两国 GDP 直接比较的比率,这是关于指数一致性的基本要求。就多边比较而言,传递性检验是最重要的。它要求 A 国与 C 国之间的购买力平价指数若为 2,B 国与 C 国之间若为 4,则 A 国与 B 国之间的购买力平价指数应为 2÷4=0.5。如果不能满足传递性检验,多边比较中指数体系的内部一致性将不复存在,不同的传递路径将得到不同的结果,显然这就无法实现多边比较的目标了。

(1)双边比较。购买力平价指数在本质上就是一种价格指数,只不过所比较的不是不同期的价格,而是不同国家的价格。如果以下标 1 代表对比国,下标 0 代表基准国,可以利用拉氏指数(L)和帕氏指数(P)公式,得到购买力平价指数的基本公式为:

$$L = \frac{\sum P_1 Q_0}{\sum P_0 Q_0} \qquad (7-1)$$

$$P = \frac{\sum P_1 Q_1}{\sum P_0 Q_1} \qquad (7-2)$$

式中,P 为价格;Q 为产品数量。在此,拉氏指数和帕氏指数的区别在于前者以基准国产品数量作为权数,而后者以对比国产品数量作为权数。一般来说,在运用购买力平价(PPP)进行 GDP 国际比较时,从支出法的角度看,GDP 的分类体系有总量、大类、综合类、细类和代表规格品五个层次。但实际中所掌握的资料一般主要限于细类层次的支出数据(E_i)以及通过调查所得到的代表规格品的价格数据(P_i),却难以直接掌握相应的代表规格品销售数据(Q_i)。因此,运用上述两个公式进行双边比较时必须做出改进:首先,绕过销量,直接利用支出数据;其次,计算只能在细类层次上进行,需要将代表规格品的价格关系综合为细类的价格关系。对式(7-1)作简单的数学变化,可以写为:

$$L = \sum_{i=1}^{m} \left(\frac{P_{i1}}{P_{i0}} \times W_{i,0} \right) \qquad (7-3)$$

此时,$W_{i,0}$ 为基准国第 i 细类支出所占比重;$\frac{P_{i1}}{P_{i0}}$ 是指对比国与基准国之间细类价格比。

用类似的方法,可以从式(7-2)中推出帕式指数形式的购买力平价指数:

$$P = \frac{1}{\sum_{i=1}^{m} \left(\frac{P_{i0}}{P_{i1}} \times W_{i,1} \right)} \qquad (7-4)$$

式中，$W_{i,1}$为对比国第i细类支出所占比重。我们还可以将拉氏指数和帕式指数结合起来得到理想指数：

$$\text{PPP}_{1,0} = \sqrt{L \times P} \qquad (7-5)$$

(2) 多边比较。设想有三个国家：A，B，C。现在已经进行了 A 国与 B 国的双边比较和 A 国与 C 国的双边比较，那么一个很自然的想法就是利用 A 国与 B 国、A 国与 C 国各自双边比较的结果实现 B 国与 C 国的比较，这其实就是多边比较。因此，可以认为多边比较是双边比较的自然延伸。但是，由于所涉及的数据问题和这种传递性比较方式在理论上所存在的障碍，多边比较方法又不仅是多个双边比较的简单重复。在解决这些问题的过程中，指数估计方法取得了突破性的进展，并形成了不同的处理方法。下面介绍在多边比较中广泛应用的 EKS 法、CPD 法和 G-K 法。

EKS 法是以三位提出此种方法者名字命名的方法（Elteto，Koves，Szulc，取其名的首字母），它的核心公式为：

$$\text{EKS}_{j,k} = \left[\text{PPP}_{j,k}^2 \times \prod_{\substack{l=1 \\ L \neq j,k}}^{n} \frac{\text{PPP}_{j,l}}{\text{PPP}_{k,l}} \right]^{\frac{1}{n}} \qquad (7-6)$$

式中，$\text{PPP}_{j,l}$为第j国对于第l国的购买力平价指数（按理想指数形式计算）；$\text{EKS}_{j,k}$为采用 EKS 法计算的第j国对于第k国的购买力平价指数；$\text{PPP}_{k,l}$为第k国对于第l国的购买力平价指数；n为国家个数。

CPD 法是国家—产品—虚拟法的缩写，是针对国际比较中普遍存在的代表品价格数据缺失问题所开发的购买力平价指数估计方法。它的基本思路是不再用简单的乘除法计算指数，而代之以虚拟变量回归进行估计，其结果不但在一定程度上解决了数据缺失给可比性带来的困扰，还实现了对信息的充分利用，使那些因为对应价格信息空缺，而被弃置的数据重新纳入计算过程中。CPD 法的基本假设为：

$$\frac{P_{i,j}}{P_{i,k}} = \text{PPP}_{j,k} \times W_i^{jk} \qquad (7-7)$$

式中，$P_{i,j}$为第j国某细类中第i种规格品的价格；$\text{PPP}_{j,k}$为某细类第j国对于第k国的购买力平价指数；W_i^{jk}为随机误差项，服从对数正态分布，且满足回归模型的经典假定。这种假设的基本思想是一个细类中某种规格品的价格比主要由该细类综合价格比决定，此外还受到一些次要因素的影响，这些次要因素则通过随机误差项加以综合。基于式(7-7)，可以获得实际用于估计细类价格比，或者说细类购买力平价指数的回归模型为：

$$\ln P_{i,j} = \beta_1 X_{i,1} + \beta_2 X_{i,2} + \cdots + \beta_{n-1} X_{i,n-1} + \gamma_1 Z_{1,j} + \gamma_2 Z_{2,j} + \cdots + \gamma_h Z_{h,j} + u \qquad (7-8)$$

式中，$X_{i,1}$到$X_{i,n-1}$为国家虚拟变量，如果是这个国家则为 1，不是则为 0；$Z_{1,j}$到$Z_{h,j}$为规格品虚拟变量。

G – K 法(Geary – Khamis 法)是与 CPD 法相衔接的多边比较法,后者的目标是解决如何从规格品价格得到细类 PPP,而前者的作用则涉及如何将细类 PPP 综合为 GDP 总量的购买力平价指数。在这一阶段,G – K 法是联合国推荐的主要方法,带有官方性质。G – K 法的核心公式有两个。

第一个是购买力平价指数的决定公式:

$$\text{PPP}_j = \frac{\sum_{i=1}^{m} P_{ij} Q_{ij}}{\sum_{i=1}^{m} \pi_i Q_{ij}} \tag{7-9}$$

式(7-9)使用了最常见的指数形式(如果 Q 不能获得,则可采用双边比较中的方法将其消去),π_i 定义为第 i 类商品的国际价格。所以,式(7-9)的含义是第 j 国用本国价格购买一组产品的支出,与用国际价格购买相同产品的支出的比率,这个比率也就是第 j 国相对于使用国际价格的虚拟国家的购买力平价指数,记为 PPP_j。

第二个是国际价格 π_i 的决定公式:

$$\pi_i = \sum_{j=1}^{m} \frac{P_{ij}}{\text{PPP}_j} \left[\frac{Q_{ij}}{\sum_{j=1}^{n} Q_{ij}} \right] \tag{7-10}$$

式(7-10)的含义是:第 i 类商品的国际价格是所有 n 个国家该类商品以本国货币计算的价格在经购买力平价调整后的加权平均,权数是各国第 i 类商品最终产品量占全部 n 个国家第 i 类商品最终产品量的比重。

3. 有关汇率的计量经济学模型

(1)价格自由浮动模型。

设:E 为汇率;M 为货币供应量;Y 为国内生产总值;r 为名义利率;下标 1 为 A 国,下标 2 为 B 国,u 为随机误差项,有:

$$\ln E = \alpha_0 + \alpha_1 (\ln M_1 - \ln M_2) + \alpha_2 (\ln Y_1 - \ln Y_2) + \alpha_3 (r_1 - r_2) + u$$

(2)价格黏滞模型。

又设:π 为通货膨胀率,有:

$$\ln E = \alpha_0 + \alpha_1 (\ln M_1 - \ln M_2) + \alpha_2 (\ln Y_1 - \ln Y_2) + \alpha_3 (r_1 - r_2) + \alpha_4 (\pi_1 - \pi_2) + u$$

(3)带有经常项目的价格黏滞模型。

再设:TB 为 T 时刻总积累经常项目,有:

$$\ln E = \alpha_0 + \alpha_1 (\ln M_1 - \ln M_2) + \alpha_2 (\ln Y_1 - \ln Y_2) + \alpha_3 (r_1 - r_2) + \alpha_4 (\pi_1 - \pi_2) + \alpha_5 (TB_1 - TB_2) + u$$

思考题

1. 简述对外经济核算的原则。

2. 国际收支平衡表包括哪些项目？简述其编制原理。
3. 国外账户有哪些特点？简述其核算内容。
4. 简要说明国际收支平衡表与国外账户的关系。
5. 利用对外经济核算资料可以进行什么分析？
6. 简述国际经济比较的基本方法。
7. 假设我国某年对外经济活动的资料如下：

(1) 法国向我国购买1 600万美元的轻纺商品，我方中国银行作为收款人将法方付款存入巴黎银行。

(2) 我国自德国购入机械设备，价值21 000万美元，由驻柏林的中国银行以美元支票付款。

(3) 动用我国外汇储备600万美元，从美国、印度等购入小麦等粮食产品。

(4) 因(2)(3)两项进口须付英国轮船公司运费150万美元，付款方式同(2)。

(5) 波兰保险公式承保(2)(3)项商品，我国支付保险费30万美元，付款方式同(2)。

(6) 加拿大人在中国旅游，花费50万美元，增加了我国外汇储备。

(7) 我国对埃及、尼日利亚等国的劳务输出，获得外汇收入2 000万美元，存入所在国银行。

(8) 我国向柬埔寨等国提供100万美元的工业品援助。

(9) 海外华侨汇回300万美元，增加了国家外汇储备。

(10) 我国在日本发行10年期的债券，价值1 000万美元，该款存在日本东京的银行。

(11) 港、澳、台地区在上海直接投资价值10 000万美元的机械设备。

(12) 我国从国际货币基金组织借入短期资金1 500万美元，以增加我国外汇储备。

(13) 我国向美国出口300万美元的初级产品，以清偿对美国银行的短期贷款。

(14) 年底经核查，我国外汇储备实际动用了620万美元，即减少620万美元。

根据以上资料，试编制一张国际收支平衡表。

8. 根据上题国际收支平衡表的数据，计算其国际收支总差额、经常项目收支差额、资本和金融项目收支差额，并简单分析国际收支平衡状况。

9. 根据中国2007年的国际收支平衡表分别计算国际收支总差额、经常项目收支差额、资本和金融项目收支差额，并分析我国2007年的国际收支平衡状况。

10. 试述进出口函数模型的基本形式。
11. 试述GDP国际比较的购买力平价法。
12. 试述有关汇率的计量经济学模型。

第八章 宏观经济综合核算分析

前七章已分别对生产总量、投入产出、收入分配与使用、资本形成与金融交易、资产负债、对外经济核算分析进行了系统论述。但是,对宏观经济基本核算表和账户之间的联系,以及部门账户的综合及其关系并没有进行系统论述。本章重点解决这一问题。

第一节 宏观经济核算表与总量账户体系

一、宏观经济核算表体系

宏观经济基本核算表由国内生产总值表、投入产出表、资金流量表、国际收支平衡表、期末资产负债表五张表组成,这五张基本表的关系可以通过图 8-1 作出描述。

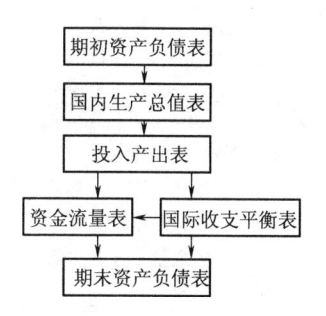

图 8-1 五张基本表关系图

从图 8-1 可以看出,在五张基本表中,国内生产总值表与投入产出表处于核心位置。期初资产负债表反映除人力资源之外的社会再生产的条件,是核算期初的存量;国内生产总值表反映核算期内的生产与使用的总量,投入产出表反映核算期分产品部门的生产与使用的流量;资金流量表在投入产出表的基础上按机构部门反映增加值的初次分配和再分配形成的收入,同时反映可支配收入的使用与资金融通;国际收支平衡表一方面与投入产出表的进出口相连,另一方面与资金流量表的收入分配和资金融通相连;期末资产负债表在投入产出表的实物流量、资金流量表的资金流量、国际收支平衡表的对外流量的基础上反映核算期末社会再生产的结果,是核算期末的存量。本核算期末的存量又是下一个核算期初的存量,由此形成宏观经济的循环。

二、宏观经济总量账户体系

宏观经济总量账户体系是指从宏观经济运行整体出发,运用账户描述国民经济产品(货物和服务)来源与使用、生产、收入分配和消费使用、积累、资产负债和对外经济联系的体系。它是宏观经济核算结果的最高层次,是在部门核算结果基础上的汇总或合并。当然,这种汇总或合并并不是简单的相加求和过程,而是宏观经济核算体系从低级向高级的系统综合过程。

下面举例说明宏观经济总量账户体系。

本例是前面各章所述账户假想数字(数据)例子的基础上综合而成的。首先分析账户体系一览表(见表8-1);然后根据账户体系一览表阅读各个包含有数字的具体账户。

表8-1 宏观经济总量账户体系一览表

经常账户	1. 货物和服务账户
	2. 生产账户
	3. 收入分配和使用账户
	   3.1 收入形成账户
	   3.2 原始收入分配账户
	   3.3 收入再分配账户
	   3.4 国民可支配收入使用账户

积累账户	4. 积累账户
	   4.1 资本交易(形成)账户
	   4.2 金融交易账户
	   4.3 资产数量其他变化账户
	   4.4 重估价账户

资产负债账户(表)	5. 资产负债账户(表)
	   5.1 期初资产负债账户(表)
	   5.2 资产负债变化账户(表)
	   5.3 期末资产负债账户(表)

国外账户	6. 对外交易(国外)账户
	   6.1 对外经常交易账户
	   6.2 对外积累账户
	   6.3 国外资产负债账户(表)

第八章　宏观经济综合核算分析

宏观经济总量账户体系中的账户设置与机构部门账户在体系上是一致的,但具体账户也有所不同,主要有两个不同:①不再分业主收入账户和其他原始收入分配账户;②没有实物收入再分配账户和调整后可支配收入使用账户。产生这种区别是宏观经济总量核算主要反映宏观经济活动总量,而不存在机构部门关系的反映,对政府和为居民服务非营利机构部门向住户的实物收入转移在总量上无法表现,业主收入的反映意义也不大。

根据前面各章所讲述各账户的数据系统(假想数据)综合成宏观经济总量账户(见表8-2至表8-21)。

第一,货物和服务账户,见表8-2。

表8-2　货物和服务账户　　　单位:亿元

来源		使用	
总产出	8 553	中间投入	3 775
基本价格总产出	7 947	最终产品使用	5 871
产品税净额	606	最终消费	3 858
进口	1 093	资本形成总额	889
		固定资本形成总额	905
		固定资本形成净额	316
		固定资本消耗	589
		存货增加	-16
		出口	1 124
总供给	9 646	总需求	9 646

第二,生产账户,见表8-3。

表8-3　生产账户　　　单位:亿元

使用		来源	
中间投入	3 775	总产出	8 553
国内生产总值	4 778	基本价格总产出	7 947
固定资本消耗	589	产品税净额	606
国内生产净值	4 189		
生产支出总额	8 553	生产总额	8 553

第三,收入分配和使用账户,见表8-4至表8-7。

195

宏观经济核算分析

表 8-4　收入形成账户　　　　　　　　　　单位:亿元

使　用		来　源	
劳动报酬	2 583	国内生产总值	4 778
生产税净额	601	固定资本消耗	589
产品税净额	606	国内生产净值	4 189
其他生产税净额	-5		
营业盈余总额	930		
固定资本消耗	480		
营业盈余净额	450		
混合总收入	664		
固定资本消耗	109		
混合收入净额	555		
收入形成使用总额	4 778	收入形成来源总额	4 778

表 8-5　原始收入分配账户　　　　　　　　单位:亿元

使　用		来　源	
财产收入支出	1 416	劳动报酬	2 573
国民总收入	4 747	生产税净额	596
固定资本消耗	589	产品税净额	583
国民净收入	4 158	其他生产税净额	13
		营业盈余总额	930
		固定资产消耗	480
		营业盈余净额	450
		混合总收入	664
		固定资本消耗	109
		混合收入净额	555
		财产收入	1 400
合计	6 163	合计	6 163

第八章 宏观经济综合核算分析

表 8-6 收入再分配账户　　　　　　　　　　　　　　单位：亿元

使　用		来　源	
现期所得税和财产税等支出	428	国民总收入	4 747
其他经常转移支出	2 486	固定资产消耗	589
社会缴款支出	1 063	国民净收入	4 158
现金社会福利支出	881	现期所得税和财产税等收入	429
其他各种经常转移支出	542	其他经常转移收入	2 486
国民可支配总收入	4 748	社会缴款	1 070
固定资产消耗	589	现金社会福利收入	871
国民可支配收入	4 159	其他各种经常转移收入	545
合计	7 662	合计	7 662

表 8-7 国民可支配收入使用账户　　　　　　　　　　单位：亿元

使　用		来　源	
最终消费支出	3 858	国民可支配总收入	4 748
国民储蓄总额	890	固定资本消耗	589
固定资本消耗	589	国民可支配收入	4 159
国民储蓄净额	301		
合计	4 748	合计	4 748

第四，积累账户，见表 8-8 至表 8-11。

表 8-8 资本交易（形成）账户　　　　　　　　　　　单位：亿元

资产变化		负债和净值变化	
总资本形成总额	889	国民储蓄净额	301
固定资本形成总额	905	资本转移收入净额	-3
存货增加	-16	资本转移收入	91
固定资本消耗（-）	589	资本转移支出（-）	94
土地及其他非生产资产购买净额	0		
贷出（+）或借入（-）净额	-2		
资产变化合计	298	净值变化	298

197

表8-9 金融交易账户　　　　　　　　　单位:亿元

资产变化		负债变化	
金融资产购买净额	1 630	贷出(+)或借入(-)净额	-2
黄金和特别提款权	2	负债净额	1 632
通货和存款	595	黄金和特别提款权	
股票以外的证券	300	通货和存款	566
贷款	332	股票以外的证券	328
股票及其他债权	273	贷款	291
保险准备金	72	股票及其他债务	302
其他应收款	56	保险准备金	71
		其他应付款	74
合计	1 630	合计	1 630

表8-10 资产数量其他变化账户　　　　　单位:亿元

资产变化		负债和净值变化	
生产资产的增加(+)或减少(-)	0	负债	0
非生产资产的增加(+)或减少(-)	-2		
无偿没收(+或-)	0		
资产分类及结构变化(+或-)	0	净值	-2
其他	0		
合计	-2	合计	-2

表8-11 重估价账户　　　　　　　　　单位:亿元

资产变化		负债和净变化	
非金融资产	541	负债	961
生产资产	410		
非生产资产	131	净值	551
金融资产	971		
合计	1 512	合计	1 512

第五,资产负债账户(表),见表8-12至表8-14。

第八章 宏观经济综合核算分析

表8-12 期初资产负债表　　　　　　　　　单位:亿元

资　产		负　债	
非金融资产	17 260	负债	21 200
生产资产	11 482		
非生产资产	5 778		
金融资产	21 400	净值	17 460
合计	38 660	合计	38 660

表8-13 资产负债变化表　　　　　　　　　单位:亿元

资产变化		负债和净值变化	
非金融资产	839	负债	2 593
生产资产	710	净值	847
非生产资产	129	储蓄和净资本转移	298
金融资产	2 601	资产数量其他变化	-2
		实际价格变化	551
合计	3 440	合计	3 440

表8-14 期末资产负债表　　　　　　　　　单位:亿元

资　产		负　债	
非金融资产	18 099	负债	23 793
生产资产	12 192		
非生产资产	5 907	净值	18 307
金融资产	24 001		
合计	42 100	合计	42 100

第六,对外交易账户,见表8-15至表8-21。

表8-15 对外经常交易账户　　　　　　　　单位:亿元

使　用		来　源	
货物和服务出口	1 124	货物和服务进口	1 093
来自国外的劳动要素收入	10	支付国外的劳动要素收入	20
来自国外的财产收入	191	支付国外的生产税净额	5
来自国外的所得税和财产税等	1	支付国外的产品税净额	23
来自国外的其他经常转移收入	85	支付国外的其他生产税净额	-18

续表

使用		来源	
来自国外的社会缴款	7	支付国外的财产收入	207
来自国外的其他经常转移收入	78	支付国外的经常转移	85
		支付国外社会缴款	10
对外经常交易差额	-1	支付国外现金社会福利	75
合计	1 410	合计	1 410

表 8-16　对外资本交易账户　　　　　　　　　　单位：亿元

资产变化		负债和净值变化	
非生产非金融资产净购买总额	0	对外经常交易差额	-1
		资本转移收入净额	3
		资本转移收入	4
贷出(+)或借入(-)净额	2	资本转移支出(-)	1
		净值	2
合计	2	合计	2

表 8-17　对外金融交易账户　　　　　　　　　　单位：亿元

资产变化		负债和净值变化	
金融资产购买净额	129	贷出(+)或借入(-)净额	2
黄金和特别提款权	-2	负债净额	127
通货和存款	25	通货和存款	54
股票以外的证券	55	股票以外的证券	27
贷款	-14	贷款	27
股票和其他债权	46	股票及其他债务	17
保险准备金	0	保险准备金	1
其他应收款	19	其他应付款	1
合计	129	合计	129

表 8-18　对外重估价账户　　　　　　　　　　单位：亿元

资产变化		负债和净值变化	
金融资产	164	负债	174
		净值	-10
合计	164	合计	164

表 8-19　国外期初资产负债表　　　　　　　　　单位：亿元

资产		负债和净值	
金融资产	2 600	负债	2 800
		净值	-200
合计	2 600	合计	2 600

第八章 宏观经济综合核算分析

表 8-20 国外资产负债变化表　　　　　　　　单位:亿元

资　产		负债和净值	
金融资产变化	293	负债变化	301
		净值变化	-8
		储蓄和资本转移	2
		实际价格变化	-10
合计	293	合计	293

表 8-21 国外期末资产负债表　　　　　　　　单位:亿元

资　产		负债和净值	
金融资产	2 893	负债	3 101
		净值	-208
合计	2 893	合计	2 893

要弄清楚上述宏观经济总量账户体系各指标及数字的含义,以及前后账户之间的联系。在本例及后续例子中,应当将数字与现实经济现象和经济过程相联系,以达到更深刻理解宏观经济核算体系原理的目的。在宏观经济总量各账户的联系中,主要是对前后账户之间的联系和国内各账户与国外账户之间关系的理解和掌握。下面以上述账户及数字为例,按照账户排列的顺序依次讲述有关主要关系及其特点。

1. 经常账户

货物和服务账户的主要作用是对一国一定时期市场中的货物和服务的来源和使用作出全面反映,重点是实物量特征和供给与需求状况。这些内容是宏观经济运行多方面的结果。因而货物和服务账户中的各项指标必然会在生产账户、收入分配和使用账户、积累账户、对外交易账户中进一步得到反映。其中,总产出 8 553 亿元和中间投入 3 775 亿元与生产账户相连,最终消费 3 858 亿元与国民可支配收入使用账户相连,总资本形成 889 亿元及构成数据与积累账户中的资本交易账户相连,进口 1 093 亿元和出口 1 124 亿元与对外经常交易账户相连。

生产账户是对一国一定时期生产成果和价值形成的核算,从财务关系看也是生产收入与支出的核算。总产出 8 553 亿元是生产成果,也是生产收入的来源;中间投入 3 775 亿元是生产中的中间使用,也是中间转移价值;增加值总额 4 778 亿元是生产账户的平衡项,它是总产出 8 553 亿元减去中间投入 3 775 亿元的剩余项。生产账户通过增加值与收入分配和使用账户相联系。

增加值总额 4 778 亿元是收入形成账户的收入来源,该账户使用方是对生产创造的收入,或者说是对增加值总额的使用项目核算。劳动报酬 2 583 亿元是生产过程中劳动投入的要素报酬;生产税净额 601 亿元是生产税扣减生产补贴的结果,也是对生产过程各环节所缴生产税净额的核算总量;营业盈余总额 930 亿元和混合总收入664亿元是收入形成账户的平衡项,也就是增加值总额4 778亿元减去劳动报酬2 583亿元和生产税净额601亿元之后的剩余项。

原始收入分配账户是对一国一定时期国民(或称常住单位)所分配生产收入的核算,它与收入形成账户所核算的收入都是初次分配收入,只是核算的主体对象不同,其中主要涉及的是对外经常交易账户的部分内容。我们逐项来看收入形成账户、原始收入分配账户和对外经常交易账户之间的关系。收入形成账户中的劳动报酬2 583亿元是国内生产支付的。在对外经常交易账户中记录着国内支付国外劳动要素报酬20亿元,国内从国外得到劳动要素报酬收入10亿元。所以,该时期常住单位(国民)得到的全部劳动报酬是2 573亿元(2 583-20+10),它记录在原始收入分配账户上,说明国民所得到的劳动报酬数量。由此可见,对外劳动要素收入净额将收入形成账户中劳动报酬支出与原始收入分配账户中的劳动报酬收入之间的核算关系联系起来。生产税净额也是一样,国内生产中发生的生产税净额记录在收入形成账户上是601亿元。记录在对外交易账户上,产品税净额支付给国外23亿元,支付给国外其他生产税为-18亿元,这实际上是从国外得到其他生产税补贴18亿元,所以,该时期常住单位(国民)所得生产税净额收入是596亿元[601-23-(-18)],它记录在原始收入分配账户的生产税净额项目上。进一步分项来看生产税,该时期国民所得产品税净额是在收入形成账户中记录时国内生产中发生的全部产品税净额606亿元,减去支付国外的产品税净额23亿元,即583亿元,记录在原始收入分配账户来源方产品税净额中,该时期国民所得其他生产税是13亿元[(-5)-(-18)],即国内生产中发生的其他生产税为-5亿元,减去支付给国外的其他生产税,即-18亿元,国民所得其他生产税为13亿元,记录在原始收入分配账户来源方其他生产税净额中。营业盈余和混合收入在收入形成账户使用方转到原始收入分配账户来源方,数量是完全一致的。如果是封闭经济,那么财产收入总量等于财产收入支出总量,因而它不影响原始收入总量的变化。但是,在开放经济中,财产收入或财产收入的支出可能发生在对外交易中,因此,对外支付的财产收入和得到的国外财产收入直接影响原始收入总量。在原始收入分配账户中财产收入1 400亿元,而财产收入的支出是1 416亿元,差额为16亿元。从对外经常交易账户中看到,这是由于该时期支付给国外财产收入207亿元,来自国外的财产收入191亿元二者形成的差额(16亿元)所致。也就是在国际资本往来中,国内要多支付资本要素收入(财产收入)16亿元,国民原始收入因而减少16亿元。从原始收入分配账户看,原始收入是平衡项,即来源合计减去财产收入支出是4 747亿元(6 163-1 416)。对于原始收入平衡项的理解还可以从收入形成账户的联系角度进行,即增加值总额4 778亿元分别扣减来自国外的劳动要素收入净额10亿元(20-10)、来自国外生产税净额5亿元(23-18),来自国外的财产收入净

第八章 宏观经济综合核算分析

额16亿元(207-191),使原始总收入为4 747亿元。由此可见,原始收入分配的实质是形成国民初次分配总收入,简称国民总收入。它的核算过程可以简单概括为从国内增加值总额减去支付给国外的增加值部分,再加上从国外所得的增加值,由此得到国民分配到的增加值。

收入再分配账户的主要目的是核算出国民可支配收入。它与原始收入分配账户紧密联系,原始总收入4 747亿元作为收入再分配账户的来源,加上再分配收入2 915亿元(即现期所得税和财产税等收入429亿元,其他经常转移收入2 486),减去再分配支出2 914亿元(即现期所得税和财产税等支出428亿元,其他经常转移支出2 486亿元),得出国民可支配收入4 748亿元。从整个国民经济收入再分配来讲,再分配收入与支出应是相等的,二者不等主要是与国外经常转移收支形成有关,在国外经常交易账户上可以看出,国外经常转移收入86亿元(1+7+78)与支付给国外的经常转移支出85亿元(10+75),二者相差1,所以,国民可支配收入4 748亿元也就是国民总收入4 747亿元加上来自国外经常转移收入86亿元,再减去支付国外经常转移支出85亿元,求得国民可支配收入4 748亿元。

国民可支配收入使用账户来源方是收入再分配账户的平衡项,国民可支配收入4 748亿元,使用方是最终消费支出3 858亿元和储蓄总额890。其中,储蓄总额是国民可支配收入使用账户的平衡项,即国民可支配总收入4 748亿元减最终消费支出3 858亿元,得储蓄总额890亿元。

2. 积累账户

积累账户是分四个子账户核算的。资本交易账户是对实物投资及其资金来源的全面核算。其中,储蓄净额301亿元是投资资金来源的重要部分,它与国民可支配收入使用账户相连。资本转移收入净额(-3亿元)也是投资的资金来源,它与国外积累账户中的资本转移收入净额3亿元,即资本转移收入4亿元与资本转移支出(-1亿元)相对应,也就是国内对国外资本转移净输出3亿元。资本交易账户资产变化方的资本形成总额889亿元及构成数据与货物和服务账户相连。贷出或借入净额是资本交易账户的平衡项,说明投资资金的余缺,账户中净借入-2亿元表明资金不足,需要通过金融市场筹集,所以,它直接转入金融交易账户负债方。金融交易账户记录全部金融交易的结果,其中金融负债总额1 632亿元,金融资产购买总额1 630亿元,差额2亿元正好作为投资资金的筹集,补足投资资金缺少的-2亿元。从金融交易账户与国外金融交易账户的联系看,国内投资资金总量所缺资金正是来自国外金融负债的筹集。国外金融账户中国外金融资产净购买129亿元,金融负债净额127亿元,贷出净额2亿元,正好与国内净借出-2亿元相对应。

在重估价账户中,国内账户与国外账户在金融资产和负债重估价上相对应,即国内金融资产持有收益971亿元,持有负债损失961亿元,净收益10亿元(971-961),

国外金融资产持有收益164亿元,负债持有损失174亿元,净收益-10亿元(164-174),这正好与国内净收益相对应。积累账户其余内容都是直接核算的结果,与收入分配和使用账户等无直接联系。

3. 资产负债账户(或表)

资产负债账户(或表)主要是对国民经济存量的核算,它分期初资产负债、本期资产负债变化、期末资产负债三部分,其中对应的关系都是一致的,即期初资产或负债存量加上本期资产或负债变化等于期末资产负债存量。例如,期初资产负债账户中的非金融资产17 260亿元加上资产负债变化账户中的非金融资产变化839亿元,等于期末资产负债账户中非金融资产18 099亿元。其他均是此种联系的关系。资产负债变化账户实际上是对积累账户的四个子账户的汇总。例如,资产负债变化账户中的负债总额2 593亿元是金融账户中负债变化1 632亿元与重估价账户中负债变化961亿元之和。资产负债变化账户中的净值847亿元,是资本交易账户中净值298亿元、资产负债其他数量变化账户中净值-2亿元、重估价账户中净值变化551亿元的合计。资产负债变化账户中的非金融资产839亿元,是资本账户中总资本形成额889亿元减固定资本消耗589亿元、加上资产负债其他数量变化账户中非生产资产变化-2亿元,再加上重估价账户中非金融资产变化541亿元的结果。资产负债变化账户中的生产资产710亿元,是资本交易账户中总资本形成889减固定资本消耗589亿元,加上重估价账户中生产资产变化410亿元的结果。资产负债变化账户中非生产资产129亿元,是重估价账户中非生产资产变化131亿元与资产负债其他数量变化账户中非生产资产变化(-2亿元)之和。资产负债变化账户中金融资产2 601亿元,是金融账户中的1 630亿元与重估价账户中金融资产971亿元之和。资产负债账户与国外账户中的资产负债账户相联系,其中资产负债变化账户的联系在前面积累账户中已讲述。期初、期末资产负债账户中的联系是国外金融资产与金融负债的差额,即净值,与国内资产负债账户中金融资产与负债的差额相对应,如国外期初资产负债账户金融资产负债净额-200亿元(2 600-2 800),与国内期初资产负债账户金融资产负债净额200亿元(21 400-21 200)相对应。期末资产负债账户的联系也是如此。

4. 对外交易账户

对外交易账户的体系设置与国民经济账户是一致的,其联系也是涉及各个方面,前面曾讲述了一些。实际上,把对外联系作为一个机构部门去理解各种经济联系更容易,因为国内持有的金融资产或购买的金融资产,不是来自国内就是来自国外,财产收入也是如此。国外的交易不是宏观经济总量的构成部分。下面我们还将涉及与国外的各种关系的论述。

三、宏观经济总量核算图

利用前面宏观经济总量账户体系例子的数字,揭示宏观经济总量间的核算关系见图8-2。

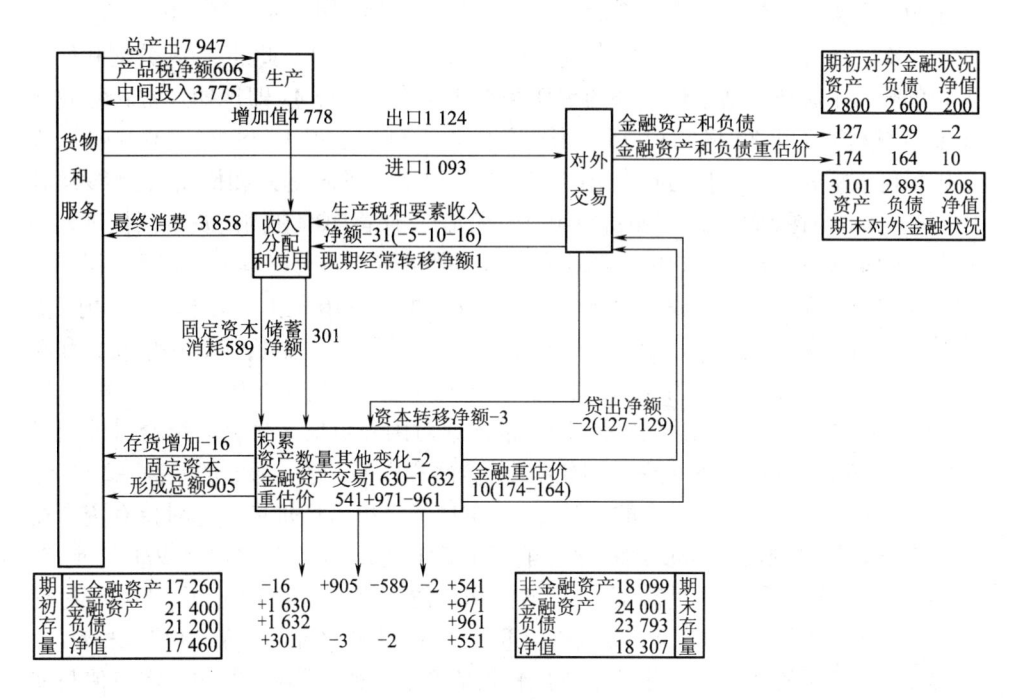

图8-2 宏观经济总量核算图解(单位:亿元)

图8-2"宏观经济总量核算"是站在国内角度上考察各经济变量之间的联系,其中包括对外交易中的国外变量,也是站在国内角度定义内容,这一点与前面对外交易账户中的表示方式正好相反。前述对外交易账户是站在国外角度表示的,例如,对外交易账户中的劳动要素报酬收入20亿元,站在国外角度看是收入,如果站在国内经济角度看就是国内的支出。再如,对外交易账户中的负债净额127亿元,如果站在国内角度看就是购买了国外的金融资产127亿元,同样,对外交易账户中的金融资产129亿元,站在国内角度看就是国内对国外的金融负债129亿元。为此我们在联系对外交易账户数字理解图示中的有关联系时,要注意图示中所有概念、数字及其联系全部是站在国内经济角度上来表示图解的。图示中方框表示账户,箭头和连线表示收入的流向,其箭头的反向表示实物流量货物和服务的流向。如果把图示箭头和连线与前面账户联系起来,箭头都是进入账户来源方或负债方,货物和服务账户与对外交易账户除外。每个账户的箭头进项与箭头出项总量平衡。

对于图8-2中各变量之间的核算关系,我们同样可以依据账户的顺序来考察。生产账户基本价格总产出7 947亿元和产品税净额606亿元合计构成生产价格总产出8 553亿元,表示生产的来源;中间投入3 775亿元和增加值总额4 778亿元为生产的使用,其中增加值进入收入分配和使用账户的来源方。收入分配和使用账户的收入来源还有来自国外的生产税净额－5亿元、劳动要素报酬收入净额－10亿元、财产收入净额－16亿元,合计－31亿元,它表示收入流到国外31。此外,收入分配和使用账户的收入来源还包括来自国外的现期经常转移收支净额1(即现期经常转移收入86亿元减转移支出85亿元)。所以来源总计为4 748亿元[4 778 + (－ 31) + 1],表示国民可支配收入。它们分配使用于最终消费支出3 858亿元和储蓄总额890(其中,固定资本消耗589亿元加储蓄净额301亿元)。储蓄净额和固定资本消耗进入积累账户的来源方。积累账户的来源还有来自国外的资本转移净额－3亿元。积累账户的使用就是固定资本形成总额905亿元和存货增加－16亿元。在积累活动中,资产数量其他变化－2亿元是意外因素的结果。金融资产和金融负债是筹集资金和融通资金创造的债权与发生的债务,本期金融资产购买1 630亿元,金融负债1 632亿元,差额(－2亿元),表明从国外借入或对国外负债2亿元。结合对外交易看,也就是对国外负债129亿元,与购买国外金融资产127亿元形成的差额－2亿元,这就是国内对国外资金净借入的－2亿元。重估价是指市场价格变化对持有资产损益的影响。其中,非金融资产因价格影响增值541亿元,金融资产增值971亿元,负债损失价值961亿元。这里,金融资产增值和负债损值的差额10亿元,正是与对外金融资产重估价增值174亿元、金融负债重估价损值164亿元的差额10亿元相对应。积累账户表现的资产负债变化结果全部转入资产负债账户,并将期初资产负债与期末资产负债连接起来,例如,非金融资产期初17 260亿元,加上本期库存增加－16亿元,固定资本形成总额905亿元,扣减固定资本消耗589亿元,加上意外的资产数量其他变化－2亿元,重估价增值的541亿元,得到期末18 099亿元;再如净值,也就是净权益,期初17 460亿元,加上储蓄净额301亿元,加上资本转移净额－3亿元,加上资产数量其他变化－2亿元,加上重估价增加的权益551亿元,得期末净值18 307亿元。对外交易的资产负债和对外经常交易一样,都是宏观经济总量的组成部分。在图8－2中,期初国外金融状况就是国内对国外的金融资产负债情况,其中,国内持有国外金融资产2 800亿元,对国外负债2 600亿元,净权益,也就是国际储备200亿元。期末国外金融状况的结果也是期初加上本期积累中资产负债变化得到的。例如,金融资产期初2 800亿元,加上本期购买的国外金融资产127亿元,加上因价格变化持有国外金融资产的增值174亿元,得期末金融资产3 101亿元。

四、宏观经济总量指标及关系

根据图8－2的图示以及账户中的数字,可以用方程式将宏观经济总量指标及其数量关系加以反映。

(1)现价国内生产总值＝基本价格总产出＋产品税净额－中间投入

4 778 ＝ 7 947 ＋ 606 － 3 775

第八章　宏观经济综合核算分析

(2) 现价国内生产总值 = 最终消费支出 + 存货增加 + 固定资本形成总额 + 出口 – 进口

$$4\,778 = 3\,858 + (-16) + 905 + 1\,124 - 1\,093$$

(3) 国民总收入 = 现价国内生产总值 + 来自国外生产税净额 +
来自国外劳动要素报酬收入净额 + 来自国外财产收入净额

$$4\,747 = 4\,778 + (-5) + (-10) + (-16)$$

(4) 国民总收入 = 国民劳动报酬收入 + 国民生产税净额收入 +
国民营业盈余总额 + 国民混合收入总额 +
国民财产收入 – 国民财产收入支出

$$4\,747 = 2\,573 + 596 + 930 + 664 + 1\,400 - 1\,416$$

(5) 国民净收入 = 国民总收入 – 固定资本消耗

$$4\,158 = 4\,747 - 589$$

(6) 国民可支配净收入 = 国民净收入 + 来自国外经常转移收入净额

$$4\,159 = 4\,158 + (86 - 85)$$

(7) 国民可支配净收入 = 最终消费支出 + 储蓄净额

$$4\,159 = 3\,858 + 301$$

(8) 储蓄净额 + 来自国外资本转移收入净额 = 由于储蓄和资本转移引起的净值变化 =
存货增加 + 固定资本形成总额 – 固定资本消耗 +
非生产资产净购买 + 净借入(–)或净贷出(+)

$$301 + (-3) = 298 = (-16) + 905 - 589 + 0 + (-2)$$

(9) 净借入(–)或净贷出(+) = 金融资产购买净额 – 金融负债净发生额 =
国外金融资产购买净额 – 对国外金融负债净发生额

$$-2 = 1\,630 - 1\,632 = 127 - 129$$

(10) 期初资产 – 期初负债 = 期初净值

$$38\,660 - 21\,200 = 17\,460$$

(11) 期末非金融资产 = 期初非金融资产 + 存货增加 + 固定资本形成总额 –
固定资本消耗 + 非金融资产数量其他变化 +
非金融资产重估价

$$18\,099 = 17\,260 + (-16) + 905 - 589 + (-2) + 541$$

(12) 期末金融资产 = 期初金融资产 + 金融资产购买净额 +
金融资产数量其他变化 + 金融资产重估价

$$24\,001 = 21\,400 + 1\,630 + 0 + 971$$

(13) 期末负债 = 期初负债 + 负债变化净额 + 负债数量其他变化 + 负债重估价

$$23\,793 = 21\,200 + 1\,632 + 0 + 961$$

(14) 净值变化总额 = 由于储蓄和资本转移引起的净值变化 +
由于资产数量其他变化引起的净值变化 +
由于实际价格变化引起的净值变化

$$847 = 298 + (-2) + 551$$

(15) 期末净值 = 期初净值 + 净值变化总额

$$18\,307 = 17\,460 + 847$$

(16) 期末资产 − 期末负债 = 期末净值

$$42\,100 - 23\,793 = 18\,307$$

(17) 出口 − 进口 + 来自国外生产税净额收入 + 来自国外劳动要素报酬收入净额 + 来自国外财产收入净额 + 来自国外现期经常转移收入净额 + 来自国外资本转移收入净额 = 净借入(−)或净贷出 = 对国外金融资产购买净额 − 对国外(金融)负债净发生额

$$1\,124 - 1\,093 + (-5) + (-10) + (-16) + 1 + (-3) = -2 = 127 - 129$$

(18) 净借入(−)或净贷出(+) + 国外金融资产数量其他变化 − 国外负债数量其他变化 + 持有国外金融资产重估价 − 持有国外(金融)负债重估价 = 对外金融状况净值变化 = (期末持有国外金融资产 − 期末持有国外金融负债) − (期初持有国外金融资产 − 期初持有国外金融负债)

$$(-2) + 0 - 0 + 174 - 164 = 8 = (3\,101 - 2\,893) - (2\,800 - 2\,600)$$

在上述指标中，现价国内生产总值是按生产者市场价格计算的。国民原始总收入也可称为国民总收入。国民原始净收入也可简称为国民净收入或国民收入。第(4)项等式每个指标均在前面加有"国民"二字，主要是为了明确国民原始收入的国民范围口径。

上述方程式与前面讲述的宏观经济总量账户或图解是一致的。式(1)和式(2)描述了生产总量关系。式(3)至式(7)描述了收入初次分配、再分配和可支配收入使用过程中各方面的总量关系。式(8)是对资本形成或交易过程总量关系的描述。式(9)描述了金融交易过程的总量关系，式(10)至式(16)描述了资产负债存量间的总量关系。式(17)和式(18)描述了对外经济联系活动过程的总量关系。从整体上看，这些方程式描述了宏观经济运行过程的总量关系及其各经济活动领域之间的联系，为宏观计量经济分析提供了基础结构。

第二节 宏观经济机构部门账户的综合及关系

对机构部门账户综合及关系的考察主要是了解机构部门之间的数量关系，以及它们与宏观经济总量的联系，目的是达到深入理解宏观经济核算结果所反映的宏观经济运行过程和内容。我们仍以实际例子(假想数据)作为论述的依据。本节的举例是在上节举例的基础上引入机构部门的数据，并采用综合账户总表的方法来反映。为了简明了解有关数量关系，所引入的机构部门采取了最综合的部门类别，即非金融企业、金融机构、政府、住户(为住户服务的非营利机构部门归入政府部门作简化处理)，国外也可作为一个部门来理解。由此得到的核算关系完全是可以推广到较为详细的机构部门类别上的。综合账户总表纳入了所有账户，并将各机构部门和宏观经济综合总量放在一起，从经常账户、积累

第八章　宏观经济综合核算分析

账户到资产负债账户(表)整体,包括国内和国外,达到一览宏观经济运行过程及结构的全貌。

一、经常账户的综合关系

下面是宏观经济综合账户总表的经常账户的举例(见表8-22)。

经常账户的读法与前面各章相同。从经常账户综合总表中,主要掌握四种综合关系:①各机构部门生产、收入形成分配、原始收入分配、收入再分配、实物收入再分配和可支配收入使用过程的联系和核算关系。从数据上可以看出这些联系和关系,其中平衡项是联系的指标。②各机构部门与宏观经济总量之间的核算关系。从总表每行上可以看出这种综合或合并的数量关系。③国外与各机构部门和宏观经济总量的关系。④宏观经济总量生产、收入形成分配、原始收入分配、收入再分配、可支配收入使用过程的联系及数量关系。

从经常账户总表中我们还可以考察各种结构之间的联系和变动关系。增加值(机构部门)结构、收入形成分配结构、原始收入分配结构、收入再分配结构、可支配收入结构和储蓄结构之间的联系与变动关系均可通过经常账户中的数据计算出来。

二、积累账户的综合关系

宏观经济综合账户总表中的积累账户举例见表8-23。

积累账户中各机构部门、宏观经济总量和国外账户均与经常账户相联系,即资本账户中的储蓄净额把两大账户在数量上直接连接起来。如同经常账户一样,从积累账户可以考察三种综合关系:①各机构部门的资本形成与资金筹集、金融资产购买与金融负债净发生、其他积累中的资产和负债数量变化、重估价之间的联系。从经济过程来看,资本形成与资金筹集,包括金融融资的关系比较重要,且联系紧密。其他积累中的资产负债数量其他变化和重估价具有相对独立性,但与前者也有联系。②各机构部门与宏观经济总量之间的综合或合并关系。③国外与宏观经济总量及各机构部门之间的联系和综合关系,主要是资本转移和国际金融的融通关系。从结构关系来看,主要是储蓄(各机构部门之间)的结构、资本转移结构,资本形成结构、净借入(-)或净贷出(+)结构、金融负债结构和金融资产结构之间的联系与变动关系。可结合积累账户中的数据,联系前面有关章节的理论概念,对上述关系进行计算或考察分析。

三、资产负债账户(表)

宏观经济综合账户总表中的资产负债账户(表)部分,见表8-24。

宏观经济核算分析

表 8-22 经常账户

单位:亿元

账户				使用(支出)					交易和平衡项目				来源(收入)				账户
	合计	货物和服务	国外	国民经济	住户	政府	金融机构	非金融企业		非金融企业	金融机构	政府	住户	国民经济	国外	货物和服务	合计	
Ⅱ1.生产账户	1 093	1 093							货物和服务进口						1 093		1 093	Ⅱ1.生产账户
	1 124		1 124						货物和服务出口							1 124	1 124	
	7 947			3 775	422	333	124	2 896	总产出	5 111	330	1 086	1 420	7 947			7 947	
	3 775			3 775					中间投入							3 775	3 775	
	606	606							产品税收入					606			606	
	4 778			4 778	998	753	206	2 215	增加值(GDP)总额	2 215	206	753	998	4 778			4 778	Ⅱ1.1 收入形成账户
	589			589	160	83	12	334	固定资本消耗	334	12	83	160	589			589	
	4 158			4 189	838	670	194	1 881	净增加值和对外交易差额	1 881	194	670	838	4 189	-31		4 158	
			-31															
Ⅱ1.1 收入形成账户	2 593		10	2 583	190	668	118	1587	劳动报酬			596	2 573	2 573	20		2 593	Ⅱ1.2 原始收入分配账户
	601			601					生产和进口税净额			583		596	5		601	
	606			606		5	-12	14	产品税净额			13		583	23		606	
	-5			-5	-12	5			其他生产税净额	614	100	60	156	13	-18		-5	
	930			930	156	60	100	614	营业盈余总额					930			930	
	664			664	664				总混合收入	280	88	-23	105	664			664	
	450			450	105	-23	88	280	营业盈余净额				555	450			450	
	555			555	555				净混合收入					555			555	
Ⅱ1.2 原始收入分配账户	1 607		191	1 416	116	116	841	343	财产收入	107	874	67	352	1 400	207		1 607	Ⅱ2.收入再分配账户
	4 747			4 747	3 629	607	133	378	总原始收入余额(GNI)	378	133	607	3 629	4 747			4 747	
	4 158			4 158	3 469	524	121	44	净原始收入(国民收入)	44	121	524	3 469	4 158			4 158	
	429		1	428	311	3	34	80	现期所得税及财产税等			429		429			429	

210

第八章 宏观经济综合核算分析

续表

账户	交易和平衡项目	使用（支出）						来源（收入）						账户
		合计	货物和服务	国外	国民经济	住户	政府	金融机构	非金融企业	政府	住户	国民经济	国外	货物和服务	合计
II.2. 收入再分配账户	其他经常转移	2 571		85	2 486	1 191	1 018	144	133	144	1 167	1 049	2 486	85		2 571	II.2. 收入再分配账户
	社会缴款	1 070		7	1 063	1 063	791	22	65	52	993		1 070	10		1 070	
	现金社会福利	881			881	3	227	122	68	92		871	871			881	
	其他各种经常转移	620		78	542	125					174	178	545	75		620	
	可支配总收入	4 748			4 748	3 176	1 182	81	309								
	可支配净收入	4 159			4 159	3 016	1 099	69	−25								
II.3. 实物收入再分配账户	其他实物转移	720			720	9	711									720	II.3. 实物收入再分配账户
	社会实物转移	4 358			4 358	3 887	471				471	3 887	4 358			4 358	
	调整后的可支配总收入	4 115			4 115	3 727	388				388	3 727	4 115			4 115	
	调整后的可支配净收入									309	1 182	3 176	4 748			4 748	
	可支配净收入							81									
								69	−25	1 099	3 016	4 159			4 159	
II.4. 可支配收入使用账户	实际最终消费	3 858			3 858	3 413	445								3 858	3 858	II.4. 可支配收入使用账户
	最终消费支出	3 858			3 858	2 702	1 156								3 858	3 858	
	储蓄总额	890			890	474	26	81	309								
	固定资本消耗	589			589	160	83	12	334								
	储蓄净额和对外经常交易差额	300		−1	301	314	−57	69	−25								

211

表8-23 积累账户

单位:亿元

账户		资产变化						交易和平衡项目	负债和净值变化							账户
	合计	货物和服务	国外	国民经济	住户	政府	金融机构	非金融企业		非金融企业	金融机构	政府	住户	国民经济	国外	货物和服务	合计	
II 1.资本账户	889			889	324	151	24	390	储蓄净额	-25	69	-57	314	301	-1		300	II 1.资本账户
	905			905	328	144	23	410	固定资本形成总额							889	889	
	-16			-16	-4	7	1	-20	存货增加							905	905	
	-589		2	-589	-160	-83	-12	-334	固定资本消耗(-)							-16	-16	
					-20	2	1	17	土地及其他非生产资产购买净额									
									资本转移收入	27	6	46	12	91	4		95	
									资本转移支出(-)	-18	-8	-53	-15	-94	-1		-95	
									由储蓄和资本转移引起的净值变化	-16	67	-64	311	298	2		300	
			-2	-2	167	-134	54	-89	净贷出或净借入(-)	-89	54	-134	167	-2	2			
II 2.金融账户	1 759		129	1 630	316	83	1 043	188	金融资产获得净额	277	989	217	149	1 632	127		1 759	II 2.金融账户
	620		-2	595	167	48			负债净额 黄金和特别提款权									
	355		25	300	167	48	2 354	26	通货和存款	19	505	42		566	54		620	
	318		55	332	6	8	269	17	股票以外的证券	22	193	113		328	27		355	
	319		-14	273	132	-2	329	5	贷款	58	49	42	142	291	27		318	
	72		46	72	68	21	57	63	股票及其他股权	99	203			302	17		319	
	75		19	56	-57	8	32	4	保险专门准备金		71	20	7	71	1		72	
								73	其他应收应付账款	79	-32			74	1		75	

第八章 宏观经济综合核算分析

续表

账户		资产变化						交易和平衡项目	负债和净值变化						账户
	合计	货物和服务	国外	国民经济	住户	政府	金融机构	非金融企业		非金融企业	金融机构	政府	住户	国民经济	国外	货物和服务	合计	
Ⅱ3.1 资产数量其他变化账户	-2			-2					-2	非生产资产增加 非生产资产减少 意外的资产破坏 无偿没收 资产残值调整 资产分类结构变化 由于资产数量其他变化引起的净值变化					-2			-2	Ⅲ3.1 资产数量其他变化账户
Ⅲ3.2 重估价账户	541 410 131 1 135		164	541 410 131 971	295 190 105 301	41 38 3 19	8 8 277	197 174 23 374	名义持有资产损益 非金融资产 生产的资产 非生产的资产 金融资产 负债 由于价格变化引起的净值变化	509 62	446 -161	6 54	596	961 551	174 -10		1 135 541	Ⅲ3.2 重估价账户

213

宏观经济核算分析

表8-24 资产负债账户

单位:亿元

账户		资产						资产、负债、净值项目	负债							账户
	合计	货物和服务	国外	国民经济	住户	政府	金融机构	非金融企业		非金融企业	金融机构	政府	住户	国民经济	国外	货物和服务	合计
IV 1. 期初资产负债账户	17 260 11 482 5 778 24 000		2 600	17 260 11 482 5 778 21 400	10 220 5 670 4 550 4 700	1 130 1 000 130 1 600	210 202 8 10 800	5 700 4 610 1 090 4 300	非金融资产 生产资产 非生产资产 金融资产 负债 净值	6 600 3 400	10 700 310	1 900 830	2 000 12 920	21 200 17 460	2 800 −200		24 000 17 260
IV 2. 资产负债变化账户	839 710 129 2 894		293	839 710 129 2 601	439 354 85 617	111 106 5 102	21 20 1 1 320	268 230 38 562	非金融资产变化 生产资产变化 非生产资产变化 金融资产变化 负债变化 净值总变化 储蓄和资本转移 资产数量其他变化 名义价格变化	786 44 −16 −2 62	1 435 −94 67 −161	223 −10 −64 54	149 907 311 596	2 593 847 298 −2 551	301 −8 2 −10		2 894
IV 3. 期末资产负债账户	18 099 12 192 5 907 26 894		2 893	18 099 12 192 5 907 24 001	10 659 6 024 4 635 5 317	1 241 1 106 135 1 702	237 222 9 12 120	5 968 2 840 1 128 4 862	非金融资产 生产资产 非生产资产 金融资产 负债 净值	7 386 3 444	12 135 216	2 123 820	2 149 13 827	23 793 18 307	3 101 −208		26 894 18 099

214

第八章 宏观经济综合核算分析

在资产负债账户(表)中,与积累账户直接连接的是资产负债变化账户,后者在数量上也体现出对积累账户的综合。从资产负债账户(表)中的数据看,其综合关系和联系比较简明,即各机构部门综合为宏观经济总量,期初资产负债与净值加上本期资产负债与净值的变化,等于期末资产负债与净值。国外与宏观经济总量及机构部门的关系,在前面有关章节中也作了较为详尽的论述。

总之,对上述经常账户、积累账户和资产负债账户(表)三部分的综合关系,主要是在前面章节学习的基础上,再从整体上利用数据关系加以系统理解。

第三节 宏观经济综合分析

一、宏观经济综合矩阵的概念

宏观经济综合矩阵也称宏观经济循环矩阵,它是运用矩阵方法表示宏观经济核算体系的统计核算数据,反映宏观经济运行的循环过程。宏观经济综合矩阵是利用矩阵数表的特点,将宏观经济各个账户按照流量和存量、国内与国外有序地排列在矩阵行与列之中,对应行和列分别构成各个宏观经济账户,行分别表示收入、货物和服务的使用、负债和净值,列分别表示支出、货物和服务的来源、资产。宏观经济综合矩阵不是一种新的宏观经济核算方法,它只是反映宏观经济核算体系的一种方式,它所运用的指标和核算关系与宏观经济账户体系完全一致。尽管如此,宏观经济综合矩阵作为反映宏观经济核算体系的一种方法有许多特点:①它的反映简明、体系性强,便于用户掌握宏观经济运行过程的循环阶段和联系的数量特征。②它有利于电子计算机运算和分析的运用,并可在行与列上任意细化交易分类和平衡项,以及机构部门分类等,因此,相对于账户的反映方法,它可使宏观经济核算体系向组化发展。③宏观经济综合矩阵对于宏观经济变量及其数量关系具有直接表示和检验数据衔接的特点,这有利于宏观经济计量模型体系的建立和应用。

二、宏观经济综合矩阵的实例

我们以前面所列宏观经济总量账户的数据,编制其宏观经济综合矩阵,见表8-25。

宏观经济综合矩阵的阅读比账户复杂一些,因为它的表示方法受行和列的限制,也就是保持行列的平衡相等关系;另外,从整体上看,每个行列之间都是相互联系的,也就是保持从一种经济活动转向另一种经济活动之间核算数据上的衔接关系,然而,为达到这两方面条件的要求,仅仅把账户核算数据按照其所在行和列直接登

表8-25 宏观经济综合矩阵

单位：亿元

			国内经济总体										国外					
序号		货物和服务	生产账户	原始收入分配账户	收入再分配账户	收入使用账户	资本账户	金融账户	资产其他变化账户	期初资产负债账户	资产负债变化账户	期末资产负债账户	净值	货物和服务	要素收入利息经常转移	资本账户	金融账户	资产其他变化账户	期初资产负债账户	资产负债变化账户	期末资产负债账户	净值	合计
		1	2	3	4	5	6	7	8	9	10	11	12	13	14	15	16	17	18	19	20	21	22
货物和服务	1		3 775			3 858	905 −16							1 124									9 646
生产账户	2	7 947 606																					8 553
原始收入分配账户	3		4 189 589	1 400											10 191								6 379
收入再分配账户	4			4 158 589	428 2 486										1 85								7 747
收入使用账户	5			4 159	589																		4 159
资本账户	6					301										−3							389
金融账户	7						−589										129						1 757
							−2 1 630																
资产其他变化账户	8						91			−300	300												1 510
										−1 630 1 630 −2 541 971								−129 129					

216

第八章 宏观经济综合核算分析

续表

		国内经济总体								国 外						合计
		生产账户	原始收入分配账户	收入再分配账户	收入使用账户	资本账户	金融账户	资产其他变化账户	期初资产负债账户	期末资产负债账户	净值	货物和服务	要素收入和经常转移	资本账户	金融账户	资产其他变化账户	期初资产负债账户	资产负债变化账户	期末资产负债账户	净值	
期初资产负债账户	9								17 260 21 400												38 660
资产负债变化账户	10					551 −2		298													847
期末资产负债账户	11					961		21 200	1 632	18 307											42 100
净值	12								17 460												18 307
货物和服务	13	1 093											−31								1 093
要素收入和经常转移	14		20 5 207	85										287							287
资本账户	15														1						−2
金融账户	16						−127									127		129			256
资产其他变化账户	17						127										174	10	164		174
期初资产负债账户	18																		2 600	200	2 800
资产负债变化账户	19																174			8	8
期末资产负债账户	20																		208	3 101	
净值	21																			208	208
合 计	22	9 646	8 553	6 379	7 747	4 159	389	1 757	1 510	38 660	42 100	18 307	1 093	287	−2	256	174	2 800	8	3 101	208	

217

录在矩阵上是行不通的,所以,宏观经济综合矩阵的表示还要做一些处理。例如,每个账户的交叉项,需要在收入和支出上使用一个数据,否则行和列就不相平衡了,如原始收入分配账户,即第 3 行和第 3 列交叉项,它应表示财产收入和财产收入支出两种内容,在账户中财产收入 1 400 亿元,财产收入支出 1 416 亿元,为了矩阵第 3 行和第 3 列的平衡,仅将财产收入 1 400 亿元表示在交叉项上,可以理解为财产收入和财产收入支出的国内发生额,其余部分通过与国外的财产收入和财产收入支出得以反映(即第 3 列第 14 行对国外支出财产收入 207 亿元,第 3 行第 14 列从国外得到财产收入 191 亿元,二者差额 16 亿元),因为国内财产收入和财产收入支出的平衡主要来自国外部分。相类似的情况还有许多,如收入再分配账户第 4 行和第 4 列交叉项上所得税和财产税收入与支出的经常转移,仅列国内支付部分 428 亿元;资本账户第 6 行与第 6 列交叉项资本转移收入仅列国内资本转移收入部分 91 亿元;金融账户第 7 行与第 7 列交叉项仅列金融资产购买净额 1 630 亿元。上述处理与宏观经济综合矩阵粗细分类有一定关系,如果采取较为详细分类的矩阵来表示,那么有些核算数据还是可以按照账户的结构和项目来表示的,在账户之间也有运用平衡相抵的处理方法来保持有关内容的系统反映和平衡关系。例如,第 6 行和第 10 列、第 11 列的储蓄净额 300 亿元就采用了正负相抵的平衡处理方法来达到资本账户、资产负债变化账户、期末资产负债账户各自的平衡。第 6 行和第 11 列交叉项的 300 亿元表示非金融资产形成净额,第 6 行和第 10 列交叉项的 -300 亿元主要是与行的相抵平衡和与列的相抵平衡,在第 10 列上,-300 亿元和 -1 630 亿元与 298 和 1 632 亿元相抵,反映的主要目的是 298 亿元和 1 632 亿元两项,冲减之后使第 10 列在总计上仅反映净值变化总额,从而保证该列上资产负债表的完整概念和本账户内部的总量平衡。国外部分与国内部分处理一致,既可以从国内和国外整体去理解,也可以从国外独立账户角度去理解。

  宏观经济综合矩阵是 1968 年联合国新 SNA 向各国推荐的方法,经过应用和理论研究取得了新的发展。本书所列举的宏观经济综合矩阵是 1993 年联合国宏观经济核算体系指导文件所推荐的。它的新特点主要有三个:①综合矩阵按照经常账户、积累账户和资产负债账户(表)排列宏观经济核算指标;②将国内与国外分成两大部分,细化了国外的核算,包括对外经常交易、资本交易、金融交易和资产负债账户;③在矩阵各行、各列的合计上,也尽可能保持完整的经济概念,因此,在矩阵中增加了正负相抵的表现处理方式。上述方法的发展,相对于过去的宏观经济综合矩阵,在应用上更加具有现实意义。例如,过去宏观经济综合矩阵中的账户和指标排列是期初资产负债、生产、收入分配和使用、积累、期末资产负债,这似乎在理论上有较好的体现,但在统计数据表现上则比较分散,不够集中,因而经济联系也不直观,难以阅读。新的宏观经济综合矩阵按流量、存量顺序排列,这样,不仅流量核算中的生产、收入分配和使用、积累的联系表现得集中、直观,而且存量核算中的期初资产负债、本期资产负债变化、期末资产负债的联系也表现得集中、直观；同时,它们之间的联系也表现得集中、直观,反映得较为充分。在2008年版的国民账户体系中,宏观经济综合矩阵略有变化。由此可见,宏观经济综合矩阵在揭示宏观经济运行过程及其联系上,比较注重描述方法的发展。

三、环境与经济综合核算分析

1. 环境和经济核算体系(SEEA)的基本结构

以经济与环境的关系为主题,依托宏观经济核算体系建立综合环境经济核算体系(SEEA),这也属于卫星账户方式下的灵活运用。作为一个体系,环境和经济核算要以宏观经济核算为基础,通过一套核算表,详细描述经济活动与环境之间的相互关系。环境和经济核算体系框架见表8-26。

表8-26 环境和经济核算体系(SEEA)的基本结构

	经济活动					环境
	生产	国外	最终消费	经济资产		其他非生产自然资产
				生产资产	非生产自然资产	
	1	2	3	4	5	6
1.期初资产存量				期初存量	期初存量	
2.供给	总产出	进口				
3.经济使用	中间投入	出口	最终消费	资本形成		
4.固定资产损耗	固定资产损耗			固定资产损耗		
5.国内生产净值	国内生产净值	净出口	最终消费	资本形成净额		
6.非生产自然资产的使用	生产中使用的非生产自然资产				非生产经济资产耗减	非生产自然资产降级
7.非生产自然资源的其他积累					自然资产转为经济资产	自然资产减少
8.绿色国内生产净值①	绿色国内生产净值	净出口	最终消费	资本形成净额	非生产经济资产净耗减	自然资产降级与减少
9.持有损益				持有损益	持有损益	
10.资产物量其他变化				其他变化	其他变化	
11.期末资产存量				期末存量	期末存量	

注:①绿色国内生产总值(绿色GDP) = 绿色国内生产净值 + 固定资产损耗;
②本表根据联合国等:《国民经济核算体系(1993)》中表21.6改编而成。

表8－26较好地解决了经济活动与环境之间的关系问题。一方面,它没有打乱GDP原有的核算模式和框架;另一方面,它又将资源环境核算纳入进来形成一个新的核算模式和框架,使新的框架中包含原有的框架。在新的框架中绿色GDP成为核心指标。绿色GDP是从原有GDP的基础上扣除资源的耗减和环境的降级所造成的损失。从表8－26的第1列和第8行的平衡关系中我们可以知道绿色GDP的计算方法。

先看第1列的平衡关系:

总产出－中间投入－固定资产损耗＝国内生产净值
国内生产净值－生产中使用的非生产自然资产＝绿色国内生产净值

第二个等式给出了绿色国内生产净值的计算方法,也就是从国内生产净值中扣除生产中使用的非生产自然资产。由表8－26第6行可知,生产中使用的非生产自然资产包括非生产经济资产耗减和非生产自然资产降级两项内容,具体扣除时是扣除这两项内容。

再看第8行的平衡关系:

绿色国内生产净值＝(净出口＋最终消费＋资本形成净额)－
非生产经济资产净耗减－自然资产降级与减少

等式前三项之和为国内生产净值,后两项为扣除项。前一个扣除项为非生产经济资产净耗减,它是非生产经济资产耗减抵消自然资产转为经济资产部分后的净耗减额;后一个扣除项为自然资产降级与减少,它包括非生产自然资产降级和自然资产减少两部分。从表8－26的第7行可知,自然资产减少额等于自然资产转为经济资产额,即上式中前一个扣除项中抵消的自然资产转为经济资产数额等于后一个扣除项中的自然资产减少数额。因此,等式中实际扣除的数额仍为非生产经济资产耗减和非生产自然资产降级这两项内容。也就是说,表8－26中第8行所计算的绿色国内生产净值等于第1列所计算的绿色国内生产净值。

2. 绿色GDP的测算

由SEEA的基本结构分析,计算绿色GDP就是在GDP指标的基础上扣除非生产经济资产的耗减和非生产自然资产的降级。

(1)非生产经济资产耗减的测算。非生产经济资产的耗减包括矿物的耗减,森林中开采木材,水土流失对农业用地生产能力的影响,酸雨对农业、林业的影响等。

矿物耗减的测算可以从直接统计当期各种矿物的耗减量乘以相应的价格得到。这种直接测算工作量较大,可采用间接推算方法,即利用期初矿物的保有储量加上本期矿物的新发现量再减去期末矿物的保有储量得到本期矿物的耗减量,其保有储量和新增储量都有潜在价值统计,需要利用有关矿产品价格指数将其调整为当期价值量。考虑到一个地区有矿物的调出与调入,在计算本地区矿物耗减量

第八章 宏观经济综合核算分析

时要加上矿物的净调入量，当净调入量为负时作零处理，不要抵扣本地的矿物耗减量，以免给人造成错觉，不利于资源的保护。目前，国家对采矿者征收的矿产资源补偿费较低，补偿不了找矿的费用，因此，在计算矿物耗减的价值量时要考虑这一因素并作相应调整。

森林中开采木材的测算严格地讲应当用采伐的不同树种的活立木量乘以相应的市场价格汇总得出，这样需要较为详细的统计资料。当缺乏这些资料或者资料不全时，可以直接采用活立木总消耗量乘以混合平均单价求得其总消耗额。为了鼓励保护森林资源，需要对活立木蓄积量的消长变化作特别处理，当活立木蓄积量净增加时，允许对国内生产总值作增加的调整，或者视为自然资产转为经济资产；当活立木蓄积量净减少时，要在国内生产总值中再作一次扣减。

水土流失对农业用地生产能力影响的测算较为复杂：一是水土流失带走的土壤的厚度不同；二是土壤中含有的有机质不同，这需要走访有关专家作一些大致的测算。测算方法是先根据农业部门土肥站提供的单位流失面积所流失土壤的重量和每公斤土壤中氮、磷、钾的含量，得出每公顷流失土壤的面积所流失的氮、磷、钾总量，并按当期市场价格计算出金额，将其视为要恢复其地力所需要的费用，即维持费用法。此外，还要测算因灾害毁地减少耕地所造成的对农业的影响。耕地减少对农业的影响难以直接计算，可以考虑用再造耕地的成本费用代替，根据国土管理部门提供的再造每公顷耕地所需的平均成本费用乘以灾害毁坏的耕地面积求出，即成本费用法。

酸雨对农业与林木的影响目前尚在理论研究阶段，没有具体的统计数据。目前，环境部门可以提供某一地区的酸雨覆盖率，从而大体测算出受损耕地和林地的面积，以此推算所受损失。同时，从酸雨治理的角度测算出治理酸雨的虚拟费用。酸雨的成因较为复杂，二氧化硫的排放是主要元凶，环保部门主要采取控制二氧化硫排放数量的办法。根据环保部门提供的资料，对酸雨按达标治理测算，所需费用较高。

(2)非生产自然资产降级的测算。非生产自然资产降级即环境降级，包括对鱼的过度捕杀，原始森林中开采燃材与木材，猎取野生动物以及残余物排放对水、空气、鱼类和野生森林的质量的影响等。

对鱼的过度捕杀难以直接测算，主要是过度的标准难以掌握。从理论上讲，过度捕杀是指对鱼的捕杀量超过鱼自身的繁殖量，造成鱼类资源的减少和某些鱼种的灭绝。目前，由于鱼类资源量不清，而要弄清鱼类资源量又要耗费相当的人力、物力和财力，因此只能进行一些间接的匡算。可以根据鱼的捕捞产量（值）占全部渔业产量比重多年的平均值确定一个大体的数量界限，将其超量部分作为过度捕杀。

原始森林中开采燃材与木材的测算与森林中开采木材的测算方法大致相同。要注意的是,有些原始森林是原始次生林,既有天然生成的,又有人工栽培的,可以视其比例分开测算,将人工栽培包括飞播造林部分放入森林开采之中,不要重复计算在原始森林开采之中。

猎取野生动物的测算相对容易,可以直接从农、林、牧、渔业产值的分项计算中找到猎取的产量和产值。

残余物的排放对水、空气、鱼类和野生森林质量的影响的测算是环境降级测算的重要部分。受环境统计资料的限制,直接计算残余物的排放对环境影响的虚拟费用比较困难,可以用从对残余物的排放的治理角度测算其所需治理费用来替代。残余物排放包括废水排放、废气排放、废物(渣)排放和噪声污染等。由于污染物的排放有处理和达标排放的,有未处理和未达标排放的,计算虚拟的治理费用只对未处理和未达标排放的部分进行测算。下面简要介绍测算方法。

第一,废水排放虚拟费用。

废水排放总量×(1-废水排放达标率)×每吨废水治理费用

第二,废气排放虚拟费用。

废气排放总量×(1-废气处理率)×每标立方米废气处理费用

第三,废物(渣)排放虚拟费用。

废物(渣)排放总量×[1-废物(渣)处置率]×每吨废物(渣)处置费用

第四,噪声污染虚拟费用。

当期用于治理噪声费用×(1-噪声达标覆盖率)/噪声达标覆盖率

以上测算方法难以确定的单位污染物的治理费用,从理论上讲应按实际治理所需费用测算,如每吨废水处理后达到排放标准需要花多少经费,可以有经验数据。如果没有经验数据时,可按环保部门用于治污的实际支出除以达标排放量求出每单位达标量所需的环境保护的维持费用。

残余物的排放还有城镇的生活垃圾与粪便,这些垃圾与粪便在清运后一部分进行了无害化处理,还有一部分只是采取简易的自然填埋,对于没有进行无害化处理的部分要计算虚拟费用。其计算公式为:

垃圾与粪便清运量×(1-无害化处理率)×每吨无害化处理费用

当非生产经济资产耗减和非生产自然资产降级测算出来以后,便可在 GDP 基础上作相应扣除测算出绿色 GDP。

3. 自然资产转为经济资产的测算

自然资产转为经济资产的指标,一方面反映自然资产减少;另一方面反映非生产经济资产增加,并不影响绿色 GDP 的总量。只是表 8-26 中第 8 行进行了反映,有必要进行测算。

自然资产向经济资产转化的测算包括土地向经济使用的转移,已探明矿藏净增加,野生森林转变为林场、农田,鱼类转变为受经济控制等。

土地向经济使用的转移是新开垦耕地和对荒山荒坡进行植树种草所增加的耕地、林地和草地等,其测算方法是将新增的耕地、林地和草地面积乘以相应的营造成本费用。营造成本费用要包括在新增耕地、林地和草地时所修建的水利设施以及恢复地力的费用。为了鼓励农民开荒,乡镇政府按照开荒土地的数量给予一定的奖励,奖励数额往往低于成本费用,应按实际的投工投料费用计算。由于不同地域的成本费用构成不同,计算时要取其平均值。

已探明矿藏净增加的测算可以直接采用新发现矿藏的潜在价值数额,再根据相应价格指数作些调整。

野生森林转变为林场农田,从严格意义上讲目前几乎没有,它已成为一个历史概念,要说转变早已就转变了。当然也不排除有些地域还有转变的情况。测算时对转变林场的按林木蓄积量乘以平均单价计算,对转为农田的按农田面积乘以营造成本费用计算。

鱼类转变为受经济控制,在短时期不会有大的变化。应当说,江、河、湖、海的野生鱼类已大都转变为受经济控制。目前主要是资源量底数不清,因为水产资源的详查大都只查有多少种类而不是查有多少数量。鱼类转变为受经济控制作为一个概念存在,确切地测算尚待时日,只能通过走访有关专家大致匡算。

4. 绿色 GDP 的分析

2007 年我国 GDP 为 266 044 亿元。其中,农业增加值为 28 659 亿元,占 GDP 的比重为 10.8%;工业及建筑业增加值为 134 496 亿元,占 GDP 的比重为 50.5%;服务业增加值为 102 889 亿元,占 GDP 的比重为 38.7%。根据我们的匡算,2007 年我国资源耗减和环境降级总成本为 3 733 亿元。其中,农业为 2 712 亿元,占比为 72.6%;工业及建筑业为 750 亿元,占比 20.1%;服务业为 271 亿元,占比为 7.3%。由此,2007 年我国的绿色 GDP 为 262 311 亿元,为 GDP 的 98.6%,高于国际上通用的 94% 的经验数据。其中,农业绿色增加值为 25 947 亿元,占绿色 GDP 比重的 9.9%;工业及建筑业绿色增加值为 133 746 亿元,占绿色 GDP 比重的 51.0%;服务业绿色增加值为 102 618 亿元,占绿色 GDP 比重的 39.1%。值得说明的是,城镇居民生活引起的资源耗减和环境降级的成本放入了服务业,分析时应引起注意。

四、宏观经济模型分析

我国研制的宏观经济模型较多,下面主要以复旦大学研制的 91 个方程的"中国宏观计量经济学模型"和清华大学研制的 256 个方程的"中国宏观计量经济学模型 CEMT-1"等为例,分析其模型的主要模块设定。

1. 生产模块

生产部门按产业活动划分为第一、二、三产业。第一产业为农业,包括种植业与养殖业,种植业方程中耕地是最重要的解释变量,而养殖业方程中耕地一般不作为解释变量,因此需要分别建立方程。第二产业包括工业与建筑业,工业又分为采掘业、制造业和水、电、气产供业,矿藏资源与需求分别是它们的主要制约因素,因此需要分别建立方程。第三产业为服务业,可以分为四个层次:第一层次为流通部门;第二层次为生产和生活服务的部门;第三层次为提高人们素质的部门;第四层次为管理部门。由于其总产出的计算方法不同(有按收入计算的,也有按支出计算的),应分别建立方程。生产方程如果仅以生产要素作为解释变量,它的形式为生产函数,如果包含其他解释变量,方程的形式就要视具体对象而定,如"中国宏观计量经济学模型"中的农业生产方程为:

$$GAG = -76.7840 + 0.6404SA + 0.0670CF - 0.0121AAD +$$
$$(-1.90) \quad (3.87) \quad (3.49) \quad (-5.23)$$
$$0.0040KFM_{-1} + 0.0029LR$$
$$(3.42) \quad (4.70)$$
$$R^2 = 0.991 \quad DW = 1.206 \quad (数据为 1953 - 1983)$$

其中,GAG 为农业总产出指数(1952年为100);SA 为播种面积(单位:千万亩);CF 为化肥使用量(单位:万吨);AAD 为成灾面积(单位:万公顷);KFM 为农机总动力(单位:万马力,取前一年末的数据);LR 为农业劳动力(单位:万人)。

工业生产方程为:

$$\ln GIS = -0.8053 + 0.2335 \ln LSWSI + 0.3361 \ln NKFI_{-1} +$$
$$(-6.17) \quad (8.94) \quad (18.91)$$
$$0.1996 \left(\ln \frac{NIA_{-1}}{PIR_{-1}} + \ln \frac{YW_{-1}}{PIV_{-1}} \right) + 0.4956 \ln(ECC + ED - 80DD_{79} - 40DD_{80})$$
$$(5.06) \quad (20.40)$$
$$R^2 = 0.999 \quad DW = 2.227 \quad (数据为 1953 - 1983 年)$$

其中,GIS 为国有工业总产出指数(1952年为100),用来表示产出;$LSWSI$ 为国有工业职工人数(单位:万人);$NKFI$ 为国有工业固定资产净值(单位:亿元),是表示生产要素投入的两个变量;NIA 为农业生产净值(单位:亿元);PIR 为农村工业品价格指数(1952年为100),二者相除表示农民的实际收入;YW 为工资总额(单位:亿元);PIV 为职工生活费用价格指数(1952年为100),二者相除表示城镇居民的实际收入;ECC 为基本建设投资额(单位:亿元);ED 为国防建设费(单位:亿元)。这4项用来表示对工业品的消费和投资需求,所以这是一个供需双约束方程。方程中还设置了两个虚变量 DD_{79} 和 DD_{80},它们的观测值分别在1979年和1980年为1,其他年份为0。这两个虚变量的引入,主要是考虑这两年虽然基本建设投资额和国防建设费都比较大,但是由于大量进口成套设备,并没有形成对国内工业生产的较大的需求,所以设置了两个虚变量,分别用以消除进口的影响,即1979年基本建设投资额和国防建设费的观测值减少80亿元。1980年基本建设投资额和国防建设费减少了40亿元。其他行业的生产方程不再一一列举。

2. 国民收入及其分配模块

国民收入(或者国内生产总值)分配模块的任务是将生产的国民收入(或者国内生产总值)分配给各个经济主体,即住户、企业、政府、国外等,以形成各个主体的收入。由于一般的宏观计量经济学模型都包括财政、金融、国际收支等模块,所以国民收入(或者国内生产总值)通过税收分配给政府的部分可以由财政模块中的财政收入方程描述,于是在这里的分配模块中最重要的方程是职工工资方程。一般讲,工资收入可以用国民收入、前一年的工资收入、物价总水平、新增职工人数和政策变量来解释,其中,国民收入表示可供分配的总量;前一年的工资收入表示收入的连续性;物价总水平表示居民的实际收入水平应不断提高;新增职工人数的经济意义是很明显的;政策变量表示政府对工资收入的调控。但是,由于我国的工资收入具有行为不规范性,在目前已有的模型中,工资收入方程很多是统计方程,能够描述行为的方程不多。例如,在中国社会科学院的中国宏观计量经济学模型中,职工工资收入方程为:

$$WULC = -296.34 + 0.0332PRNA + 0.045NAL + 3.81PC$$
$$(-2.84) \quad (1.37) \quad (6.25) \quad (2.65)$$
$$R^2 = 0.092, DW = 2.12(数据为1966-1987)$$

其中,WULC为以不变价格表示的职工工资收入;PRNA为非农部门劳动生产率;NAL为非农部门职工人数;PC为消费品价格指数。该方程反映了部分经济行为,但仍不是令人满意的职工工资收入方程。

3. 财政模块

财政模块由财政收入与财政支出方程组成。财政收入中90%左右是税收收入,所以财政总收入方程一般设定为一个统计方程,以税收收入作为解释变量,即:

$$财政收入 = f(税收收入, u)$$

税收收入中包含增值税、企业所得税、个人所得税和关税等主要项目和许多小项目,u为随机误差项(下同)。可对主要税收项目分别建立税收方程。税收方程属于制度方程,其主要解释变量是税基和税率,即:

$$各项税收 = f(税基, 税率, u)$$

在"中国宏观计量经济学模型CEMT-1"中就是这样建立了有关税收的方程,例如,关税TA的解释变量是进出口总额TIE和关税税率TR:

$$\ln TA = 0.882\ln TIE + 0.424\ln TR - 0.776$$
$$(11.30) \quad (1.43) \quad (-0.80)$$

$$R^2 = 0.930, DW = 1.73 \text{（数据为 1976 – 1988）}$$

平均关税税率的样本观测值按下述公式计算：

$$TR_t = \frac{TA_{t-1}}{\text{TIE}_{t-1}}$$

财政支出由各项支出组成，如基本建设支出、事业发展与社会保障支出、国家政权建设支出等，是各项支出之和，所以应按主要支出项目建立支出方程。一般来讲，各项支出方程的解释变量应当包括财政总收入、该项目前一年实际支出和政策变量。用财政总收入作为解释变量体现了我国财政量入为出的原则。该项目前一年实际支出用以反映各项财政支出逐年有所增加的实际情况；政策变量反映政府对各项支出的宏观调控。于是有：

各项财政支出 = f(财政收入,该项目前一年实际支出,政策,u)

根据我国首先确定财政总支出然后确定各项支出，以及财政赤字由外生给定的实际情况，于是有：

财政支出 = 财政收入 + 财政赤字

各项财政支出 = f(财政支出、该项目前一年实际支出,政策,u)

例如，在"中国宏观计量经济学模型 CEMT – 1"中，国防建设财政支出 ND 的方程为：

$$ND = 0.023\text{TFE} + 0.397ND_{-1} + 72.153 + 56.376D_{79}$$
$$(4.54) \quad (3.31) \quad (4.59) \quad (5.82)$$
$$R^2 = 0.942, DW = 1.53 \quad \text{（数据为 1971 – 1989）}$$

其中，TFE 为财政总支出；D_{79} 为虚变量。再如文化、教育、科技和卫生事业费支出 SECH 的方程为：

$$\text{SECH} = 0.067\text{TFE} + 0.821\text{SECH}_{-1} - 35.782 - 33.815D_{87}$$
$$(6.35) \quad (14.95) \quad (-6.31) \quad (-6.63)$$
$$R^2 = 0.999, DW = 2.25 \quad \text{（数据为 1971 – 1989）}$$

上述各项方程都具有比较好的统计性质。

4. 金融模块

金融是现代经济活动的中心，金融模块在西方国家宏观计量经济学模型中具有重要的地位。由于我国适应市场经济体制需要的金融体制和金融体系尚未完全形成，加之计量经济学模型需要依赖历史数据，所以目前模型中的金融模块基本上是由一些统计方程组成的。例如，城镇居民储蓄存款方程为：

城镇居民储蓄存款 = f(前一年城镇居民储蓄存款余额,城镇居民收入,存款利率,u)

工业企业贷款方程为：

工业企业贷款 = f(贷款总额,前一年工业企业贷款,工业总产出,u)

5. 消费模块

消费模块一般由农村居民消费方程、城镇居民消费方程和政府消费方程组成，关于消费方程的设定,本书的第四章第五节已进行了论述。

6. 投资模块

在宏观计量经济学模型中投资的部门分类一般与生产的部门分类相同,因为由投资形成固定资产,而固定资产是生产方程的重要解释变量。关于每个部门的投资方程,则以资金来源和滞后期的投资作为解释变量,前者反映投资行为的"供给导向",后者是投资行为的连续性所要求的。关于投资方程的设定,本书的第五章第五节已进行了论述。

7. 对外贸易模块

对外贸易模块包括出口方程、进口方程和进出口衡等方程。

(1) 出口方程。由于出口商品与服务结构的变化,需要将出口按大类商品和服务建立方程。各类商品的出口方程一般设定为:

$$出口额 = f(国内供给能力,国际市场需求,价格,汇率,政策,u)$$

具体到每一类商品,情况各不相同,其政策因素是最重要的,所以必须对每类商品的出口行为进行深入的分析,才能作出正确的设定。

(2) 进口方程。同样,由于进口商品的结构变化,需要将进口商品按大类分别建立方程。各大类商品进口方程一般设定为:

$$进口额 = f(国际市场供给,国内需求,外汇支付能力,价格,汇率,政策,u)$$

在已经建立的宏观计量经济学模型中,一般将进口商品分成生活消费品和资本品两大类,而且认为国际市场具有无限供给能力。对应于消费品的国内需求用居民收入表示;对应于资本品的国内需求用全社会固定资产投资总额表示;外汇支付能力用同期出口额表示;价格因素用国际市场与国内市场价格比表示;政策因素通过设置必要的虚变量表示。

(3) 进出口衡等方程。

$$进出口差额 = 出口总额 - 进口总额$$
$$贸易依存度 = (出口总额 + 进口总额)/国内生产总值$$

8. 固定资产形成模块

固定资产形成模块的部门分类一般与生产模块、投资模块的部门分类相同。各部门的固定资产方程一般选择固定资产原值或净值作为被解释变量,它们可以直接作为生产方程的解释变量。固定资产原值或净值是存量指标而不是流量指标,可以建立如下方程:

$$固定资产原值或净值 = f(前一年固定资产原值或净值,当年投资额,u)$$

也可以选择如下方程形式:

$$固定资产原值或净值 - 前一年固定资产原值或净值 = f(当年投资额,u)$$

在实际建立固定资产形成方程时,还要考虑投资的延滞,即当年投资额并不能全部形成当年的可以投入使用的固定资产,前1年、2年……的投资额中的一部分却在该年形成可以投入使用的固定资产,所以在解释变量中要引入投资的滞后量。

9. 就业模块

就业模块在西方国家宏观计量经济学模型中是一个重要的模块,主要为计算各部门需要的劳动力人数以及全社会劳动力总供求关系。在我国已有的宏观计量经济学模型中,就业模块不处在关键路径上,它主要是为了核算各部门劳动者人数,以作为生产方程、分配方程的解释变量。而且,由于我国就业行为不规范,受到非经济因素的严重影响,也很难建立真正意义上的劳动力方程。现有的各部门劳动力方程的形式为:

$$劳动者人数 = f(前一年劳动者人数,新增生产规模,u)$$

而新增生产规模一般用当年投资规模来表示,于是有:

$$劳动者人数 = f(前一年劳动者人数,该部门当年投资额,u)$$

10. 价格模块

在设定价格模块时,首先要确定哪些价格是外生给定的,哪些价格是由模型内生的。在完全市场条件下,价格是由供求关系决定的。但即使在西方国家也不存在完全的市场,国家必须对某些价格实行控制,如粮食价格。根据价格形成机制,一方面需求拉动,一方面成本推动。所以价格方程的解释变量应当从这两方面进行选择。一般形式为:

$$价格指数 = f(相关商品的价格指数,需求因素,供给因素,政策虚变量,u)$$

例如,在"中国宏观计量经济学模型"中,城镇居民生活费用价格指数(PIU)方程为:

$$PIU = -1.073 + 0.840 PIU_{-1} + 1.030 PIS - 0.904 PIS_{-1} + 0.0108 WS$$
$$(-0.43)\ (8.79)\quad\ (25.29)\quad (-9.85)\quad\ (2.40)$$
$$R^2 = 0.994 \quad (数据为 1953 - 1983)$$

其中,PIS 为社会商品零售价格总指数,表示对城镇居民生活费用价格指数的推动;WS 为工资总额,表示对城镇居民生活费用价格指数的拉动。

思考题

1. 简述国内生产总值与使用表、投入产出表、资金流量表、对外收支平衡表和资产负债表之间的联系。
2. 简述宏观经济总量账户体系中账户的内容。
3. 在国民经济账户体系中,经常账户包括哪些子账户?
4. 为什么说资产负债变化账户实际是对积累账户的四个子账户的汇总?
5. 从宏观经济机构部门账户综合的积累账户中可以考察哪些综合关系?
6. 已知下列资料(单位:亿元):

第八章　宏观经济综合核算分析

(1)期内总产出8 553,中间投入3 775,最终消费3 858,资本形成总额889(其中,固定资本形成总额905,资本损耗589),产品中出口1 124,进口1 093。

(2)期内劳动报酬支出2 583,来自国外劳动报酬净收入-10,生产税净额601(其中,对国外支付产品税5,另对国外财产收入净支付16)。

(3)来自国外经常转移净收入1,资本转移净额-3。

(4)期内对国外负债1 632,其中,长期资本往来1 500,短期资本往来132;金融资产净购买1 630(其中,长期资本往来1 530,短期资本往来100)。

根据以上资料,要求计算:国内生产总值;国民总收入;国民可支配收入;储蓄;国外净资本流入。

7.根据第6题数据资料编制宏观经济流量账户体系。

8.试述环境和经济核算体系(SEEA)的基本结构。

9.试述宏观经济计量经济学模型的体系。

10.设计一个简单的宏观经济计量模型(体系)。

第九章 宏观经济指数核算分析

第一节 宏观经济指数核算的基本问题

一、经济指数核算的目的

指数是动态比较和空间比较的重要手段,在宏观经济核算体系中用以反映宏观经济运行的动态特征及其发展过程的动态联系,因此,它的开拓与发展具有重要意义。现阶段,宏观经济指数的核算主要有如下三个目的。

1. *为通货膨胀和经济增长的系统分析服务*

当前世界各国所面临的普遍问题是怎样消除通货膨胀,谋求持续、稳定和较快的经济增长。在宏观经济核算体系中,试图通过对不同时期的价值数据比较的因素分解,编制反映宏观经济循环过程各阶段及诸方面的物价指数和物量指数,以系统反映通货膨胀形成、传导和效应过程,并在此基础上用物量指数说明经济增长过程。这样可以为宏观经济政策及其调控提供客观依据。

2. *建立宏观经济动态描述体系*

宏观经济核算体系是按一定时期或时点上现行市场价格核算的。不同时期的宏观经济核算数据在动态上是不可比的,为此,编制宏观经济核算体系的时间序列非常重要,因为在计量经济模型分析和预测等方面要广泛使用在时间上一致可比的统计数据。宏观经济核算试图通过其指数核算来实现这一目的。

3. *研究指数应用的科学方法*

指数应用具有广泛的前景,其方法也有待在应用中不断发展。宏观经济核算中的指数应用,在实践中提出了许多问题,如物价一致性、质量一致性、新产品与旧产品的处理、基期标准及变换、收入指数等问题。这些问题的研究解决将推动指数方法的应用发展,对提高宏观经济核算的科学性将有重要意义。因此,在应用中研究和发展指数科学方法,也是指数核算的重要目的。

二、物价和物量的概念

物价和物量的概念,在微观个体商品上就是价格和数量的概念。宏观概念来自微观的综合,然而它并非是微观概念的简单代数和,因为在宏观上是许多不同种类产品(含服务)的集合,其中不存在简单的数量、价格概念。因此,宏观上的物价和物量概念是在微观个体价格和数量基础上发展的综合概念,它们相对价值总量是对称的。其中,物价是价格的一般水平概念;物量是指剔除价格变动因素以后或在一个假定的物价水平下的可比数量概念。由此可见,物量概念带有假定性,它并不完全等于数量概念。从指数角度看,物量指数是指剔除物价变动因素后的指数,而数量指数往往是两个时期数量的直接比较,如1992年粮食产量150万吨,与1980年的100万吨比较,其数量指数为150%[即(150/100)×100]。尽管数量指数通常是同类产品不同时期的比较,但简单的数量汇总仍然存在着由于不同规格、型号、品种等质量不可比的数量差异,导致数量指数在反映发展速度上的夸大或缩小的误差。

在宏观经济核算中,不仅对货物和服务使用物价和物量的综合概念,而且还试图把这一对概念扩大到经济活动的各个方面,为编制物价指数和物量指数奠定基础。物价和物量的主要内容有如下五个方面。

1. 公共服务

公共服务属于非市场产出。因为它不在市场上实现,所以物价和物量概念难以直接形成和测算,如政府提供的公共服务,包括社会保障服务、教育服务、公安、国防和政府机关日常服务等。对于这些公共服务,目前的建议是从公共服务形成的投入角度分解物价和物量的概念。例如,公共义务教育以其消耗的货物和服务的价格和数量,以及工资劳动报酬的物价和物量作为依据,推算综合的物价水平和物量水平。

2. 劳动报酬

从生产过程看,劳动报酬是劳动投入的贡献,其物量概念是劳动投入时间的体现,物价概念是劳动投入技能和效率水平的体现,也是劳动投入时间效率的体现。通常,用单位工时劳动报酬表示劳动报酬的物价测度,用劳动工时表示其物量的测度。对劳动报酬,还可以从收入角度考察物价和物量的概念,劳动报酬收入的未来使用决定着它的购买力不同,例如,用于消费与用于积累就可能不同,因为消费品价格与积累品价格变动幅度不同,如果价格上涨较快,那么一定的收入所能购买的数量就相对减少。因此,对于劳动报酬收入流量的物价和物量概念带有假定性,即根据未来可以用于使用领域的物价和物量水平间接代表或测算。

3. 固定资本消耗

固定资本投入在生产中的作用也可以分解出物价和物量因素。一般看来,固定资本存量作为物量,固定资本折旧率可代表固定资本消耗的价格,实际上这是不太准确的,因为固定资产折旧率是由企业管理人员做出决策确定的,其中包含着较大的主观因素。美国经济学家乔根森认为,固定资本投入的价格或物价概念应是固定资本的市场租赁价格,固定资本(存量)总额代表固定资本投入的物量。总之,这还是一个在应用中有待深入研究的问题。

4. 生产税

生产税也可以分解为物价和物量因素,税率就是税价,即单位营业额或销售额支付的税额。税的物量概念是在税额基础上,根据税价或税的物价指数间接推算物量指数,作为物价对称概念得出的。

5. 营业盈余

在宏观经济核算中,营业盈余是平衡项,或者说是剩余项,所以它本身不能直接确定物价和物量的概念。如果试图得到营业盈余的物价和物量概念,那么仍可以采取平衡项或剩余项的推算过程,即利用其他有关项目的物价和物量的分解,间接推算出营业盈余的物价和物量指数,从而得出物价和物量的概念。

三、指数方法和应用

指数有个体指数和综合指数之分,宏观经济核算中主要是综合指数。综合指数是指对个体指数的总体综合,用以反映多种产品(含服务)生产、消费、投资等规模水平的总体变化或空间差异,或者用以反映某方面经济活动的总体变化或空间差异。因此,从个体指数到综合指数就需要权重来综合。

根据所选定权重的不同而产生了各种指数方法,主要是拉氏指数、帕式指数和理想指数。这三种综合指数方法都是按线性关系进行不同时期比较或不同空间比较的,但权重不同。

拉氏指数按基期水平加权。具体讲,拉氏物价指数按基期数量加权,而拉氏物量指数按基期价格加权,其一般公式为:

$$\text{拉氏物量指数} \ L_q = \frac{\sum p_0 q_1}{\sum p_0 q_0} \quad (9-1)$$

$$\text{拉氏物价指数} \ L_p = \frac{\sum p_1 q_0}{\sum p_0 q_0} \quad (9-2)$$

式(9-1)、式(9-2)中,L 为拉氏指数;p 为价格;q 为物量;下标 1 为报告期;下标 0 为基期;$\sum$ 为求和符号,表示各种产品的综合。

帕式指数按报告期水平加权。具体讲,帕式物价指数按报告期数量加权,而帕式物量指数按报告期价格加权,其一般公式为:

$$\text{帕式物量指数} \ P_q = \frac{\sum p_1 q_1}{\sum p_1 q_0} \quad (9-3)$$

$$\text{帕式物价指数} \ P_p = \frac{\sum p_1 q_1}{\sum p_0 q_1} \quad (9-4)$$

式(9-3)、式(9-4)中,p 为帕式指数;其他字母、符号的经济含义与式(9-1)、式

(9-2)相同。

理想指数是对拉氏指数和帕式指数的几何平均,其一般公式为:

$$\text{理想物量指数 } F_q = \sqrt{L_q \cdot P_q} \tag{9-5}$$

$$\text{理想物价指数 } F_p = \sqrt{L_p \cdot P_p} \tag{9-6}$$

式(9-5)、式(9-6)中,F 为理想指数;其他字母、符号同式(9-1)、式(9-2)、式(9-3)、式(9-4)。

一般讲,拉氏指数会作出偏高估计;帕式指数会作出偏低估计;理想指数在估计上似乎好一些,其指数值克服了单纯的拉氏指数或帕式指数形成的偏差,但它缺乏直接的经济含义解释。

此外,超越对数指数是在应用中发展起来的一种指数方法,它的特点是把指数的比较关系假定为超越对数关系,权重以基期和报告期价值份额的平均水平确定。其指数公式为:

$$\text{超越对数物量指数} = \sum \left\{ \ln\left(\frac{q_1}{q_0}\right)^{\frac{1}{2}(s_1+s_0)} \right\} \tag{9-7}$$

$$\text{超越对数物价指数} = \sum \left\{ \ln\left(\frac{p_1}{p_0}\right)^{\frac{1}{2}(s_1+s_0)} \right\} \tag{9-8}$$

式(9-7)、式(9-8)中,p_1, p_0 和 q_1, q_0 的经济含义同式(9-1)、式(9-2)、式(9-3)、式(9-4);s_1, s_0 分别为报告期和基期的价值份额(或比重),相当于权重,即:

$$S_{1i} = \frac{p_{1i}q_{1i}}{\sum_{i=1}^{n} p_{1i}q_{1i}} \tag{9-9}$$

$$S_{0i} = \frac{p_{0i}q_{0i}}{\sum_{i=1}^{n} p_{0i}q_{0i}} \tag{9-10}$$

式(9-9)、式(9-10)中,i 为 i 种产品,其他符号同前述。

超越对数指数是在生产函数的基础上发展起来的,目前主要用于经济增长和生产率分析。作为指数方法中比较关系的假定——超越对数关系,是通过生产函数的大量统计数据分析后确定的,它基本符合生产过程或经济增长过程的数量变化规律,从而改变了长期以来指数单一的线性数量关系的比较假定。在经济增长(或生产率)的分析中,s_1, s_0 分别表示每个影响因素的价值份额,例如,劳动投入的价值份额、资本投入的价值份额等,实际上它是作为因素分析指数综合的权数。这一权数确定在市场经济理论假设下,可以通过生产函数推证出来。在指数性质上,这样计算的物价指数与物量指数具有对称性质。

指数在宏观经济核算体系中的应用主要是在价值指数基础上有关物价指数和物量指数的分解,用来系统反映宏观经济活动中的价格变动影响和实际经济活动规模的变化。一般指数核算的体系是：价值指数＝帕式物价指数×拉氏物量指数。在实际核算中，帕氏物价指数和拉氏物量指数均有不足的一面。帕氏物价指数按报告期数量加权，虽然可以把新产品及其对价格的影响考虑进来，把旧产品或淘汰的产品排除掉，比较符合客观市场情况，但是，它把基期的价值量按基期价格和报告期数量乘积计算，人为地夸大基期价值水平，从而可能低估物价水平的变动；拉氏物量指数虽然把基期水平建立在实际的现实水平上，但却较少地考虑新产品或新品种的变化，把旧产品或淘汰产品保留在指数计算之中，并且旧产品或淘汰产品价格下降快，所以按基期价格乘以报告期数量可能会夸大报告期水平，从而可能夸大物量水平的变动。在实际应用中，基期的选择和更换，对消除帕氏物价指数和拉氏物量指数的偏差有较大的积极作用。我们可以在两个方面尽量减少这种偏差：一个是在选择基期时，要注意经济活动的周期波动，尽可能地避开萧条时期和繁荣时期，或者是对编制指数所用数据作统计处理，消除有关影响因素的干扰；另一个是定期换基期，一般基期使用5年为宜，即5年变换一次基期。

第二节 宏观经济核算物价指数

一、宏观经济核算物价指数的基本内容

宏观经济核算物价指数是宏观经济核算体系的重要内容之一，主要用来反映宏观经济循环过程或运行过程各个方面及整体的价格水平变化，为制定经济政策和从事宏观经济调控与管理服务。

宏观经济核算物价指数是按照宏观经济核算基本内容设置的各方面物价指数，主要是生产过程的投入产出方面的物价指数、最终需求方面的物价指数和国内生产总值物价指数。其中，前两个方面又包括若干具体的物价指数。

宏观经济核算物价指数主要是采用紧缩法来编制，这也是联合国所建议和许多国家广泛采用的方法。因为宏观经济核算涉及宏观经济活动的各个方面，所以宏观经济核算物价指数是一项较大的系统工程。它不仅要把宏观经济各方面活动的物价变化反映出来，而且还要按照宏观经济循环过程，将各方面的物价指数连成系统，从而更好地为经济分析、决策和管理服务。然而，做好这项工作并非易事，既要时效强、科学准确，又要省工、省力、成本低，因此，指数方法的选择和系统组织非常重要。从国际经验看，采用紧缩方法编制宏观经济核算物价指数一般有两项基础工作：一是宏观经济核算体系的现价数据，它直接来自宏观经济核算的结果；二是基本单位物价指数的调查及编制。这里基本单位物价指数是指代表宏观经济活动特征的个体商品或服务项目的物价指数。例如，日本在20世纪80年代前后，根据宏观经济活动中较有

系统代表性的 2 178 种产品(含服务),分 6 大类选取 400 多个品种确定为基本单位商品,直接编制每一种基本单位商品的物价指数,为紧缩法编制宏观经济核算的综合物价指数服务。宏观经济各方面的活动都可以认为由基本商品(含服务)的生产、分配或使用所组成,因此,可以在现价宏观经济核算详细数据的基础上,利用基本单位商品物价指数推算不变价数据,然后利用紧缩法编制其物价指数。

二、编制物价指数的紧缩法

紧缩法是运用帕式指数方法编制物价指数的方法。一般假定已知现价报告期价值数据即 $(p_{1i}q_{1i})$ 和个体物价指数即 $l_i = \dfrac{p_{1i}}{p_{0i}}$。在此条件下,帕氏综合物价指数 (I) 编制公式为:

$$I = \frac{\sum_{i=1}^{n} p_{1i}q_{1i}}{\sum_{i=1}^{n} [(p_{1i} \cdot q_{1i}) \div l_i]} \tag{9-11}$$

将 $l_i = \dfrac{p_{1i}}{p_{0i}}$ 代入上式整理,得:

$$I = \frac{\sum_{i=1}^{n} p_{1i}q_{1i}}{\sum_{i=1}^{n} p_{0i}q_{1i}} \tag{9-12}$$

综上所述,紧缩法实质上是间接推算编制帕式综合物价指数的方法,即在分母中,用报告期现价数据 $(p_{1i}q_{1i})$ 除以个体物价指数 l_i,从而推算出以基期价格计算的报告期价值量 $(p_{0i}q_{1i})$。在经济分析上是指剔除物价上涨部分后的经济变量水平。这一推算过程称为紧缩,是指消除物价变动因素影响的推算,或称为不变价格数据或可比价格数据的推算。

下面我们举一简单例子说明紧缩法。

已知核算数据见表 9-1。

表 9-1

项目	报告期现价国内生产总值(亿元)	物价指数(%)
国内生产总值	3 074	
居民消费支出	1 992	205.36
政府消费支出	650	222.60
国内总投资	415	212.82
净出口	17	58.62

根据表 9-1 中的资料,采用紧缩法编制国内生产总值的综合物价指数,即:

$$国内生产总值物价指数 = \frac{3\,074}{\left(\frac{1\,992}{205.36\%} + \frac{650}{222.6\%} + \frac{415}{212.82\%} + \frac{17}{58.62\%}\right)}$$

$$= \frac{3\,074}{970 + 292 + 195 + 29}$$

$$= \frac{3\,074}{1\,486} = 206.86\%$$

紧缩法又分单紧缩法和双紧缩法。单紧缩法是在推算不变价或可比价数据时,只是一步推算便完成紧缩计算,上述例子就是单紧缩法;双紧缩法是通过两步换算不变价或可比价数据来完成其紧缩计算。例如,不变价增加值的推算,先通过对总产品和中间投入不变价格数据的分别推算,然后再用所推算的不变价总产出减去不变价中间投入来推算出不变价增加值。双紧缩法编制物价指数的基本原理和基本过程与单紧缩法一致。双紧缩法在宏观经济核算物价指数编制中广泛应用,因为所有平衡项,如增加值、营业盈余和储蓄等都需要采用双紧缩方法。

三、投入产出的物价指数

投入和产出概括了生产活动的全过程,因而反映宏观经济生产领域的物价变化特征,需分别从投入和产出方面编制物价指数。

1. 中间投入或中间消耗物价指数

这一指数是对宏观经济生产各部门分别编制的,而后再综合成宏观经济的中间投入物价指数。具体的编制方法是从宏观经济核算的现价中间投入资料入手,根据基本商品价格指数,推算每种中间投入的不变价数据,然后汇总成不变价中间投入总额,再用现价中间投入额除以不变价中间投入额计算中间投入物价指数。计算公式为:

$$中间投入物价指数 = \frac{\sum_{i=1}^{n}(X_i + M_i - E_i)}{\sum_{i=1}^{n}\frac{X_i}{P_{xi}} + \sum_{i=1}^{n}\frac{M_i}{P_{mi}} - \sum_{i=1}^{n}\frac{E_i}{P_{ei}}} \qquad (9-13)$$

式(9-13)中,X_i 为 i 商品生产投入额;M_i 为 i 商品生产投入进口额;E_i 为 i 商品出口额;P_{xi} 为 i 种基本商品价格指数;P_{mi} 为 i 种进口商品价格指数;P_{ei} 为 i 种出口商品价格指数。公式子项是现价中间投入额的合计,母项是按报告期数量计算的不变价中间投入额合计。其中,不变价中间投入数据是采用紧缩推算方法,即每种商品现价中间投入额(X_i 或 M_i,E_i)除以该种商品的价格指数(P_{xi} 或 P_{mi},P_{ei})求得。

2. 最初投入物价指数

这一指数反映生产要素资本和劳动投入价值形成中内含的物价变动。关于最初投入物价指数的编制尚需研究,一般用雇员收入物价指数代替,它是根据劳动报

酬资料编制的。例如,日本劳动报酬物价指数的计算公式为:

$$劳动报酬物价指数 = \sum P_t N_t / \sum P_o N_t \quad (9-14)$$

式(9-14)中,P_o,P_t分别为基年和 t 年按学历、工作年数平均每人薪俸额;N_t 为 t 年按学历、工作年数计算的人数。

关于资本投入物价指数的研究,目前主要还是在资本投入的物价和物量概念的讨论上,因为只有确定了物价概念才能编制物价指数。一种简便的方法是把固定资产折旧率作为资本投入的物价,以固定资产全值作为物量来编制物价指数。这是不准确的,已如前述,折旧率受管理决策的主观因素影响太大。用固定资产租赁市场价格作为资本投入物价是较为科学的概念,然而,这方面的主要问题是固定资产租赁业的发达程度和规模是否能充分代表资本投入的物价水平。还有一种剩余法的编制方法,其基本过程是在增加值物价指数和劳动投入物价指数的基础上,利用双紧缩方法推算资本投入物价指数,即不变价增加值减不变价劳动报酬,推算出不变价资本投入的收益,然后用现价资本投入收益(固定资本消耗加营业盈余)除以不变价资本投入收益,推算出资本投入的物价指数,它是国民财富物价指数的重要部分,主要说明存量物价特征,而不是说明生产过程的物价特征。

3. 总投入物价指数

这一指数反映生产过程全部投入的物价水平变动,是在中间投入物价指数和最初投入物价指数的基础上编制的,即先在中间投入和最初投入构成项目现价数据的基础上,利用基本商品价格指数等,推算不变价中间投入和最初投入数据,并汇总得到不变价总投入数据,然后用现价总投入额除以不变价总投入数计算总投入物价指数。

4. 总产出物价指数

这一指数反映宏观经济生产总产出的物价水平变动,是根据现价总产出数据和基本商品物价指数,运用紧缩法编制的。具体计算是分行业部门,利用基本商品物价指数,在现价总产出的基础上,分别推算各行业部门的不变价总产出,然后汇总得到宏观经济不变价总产出,其中,对于那些不能直接利用基本商品物价指数推算行业部门不变价总产出的行业,如教育、广播电视、公安、国防和政府机构等,可以采用总投入物价指数的代替方法,最后,用现价总产出除以不变价总产出,推算出总产出物价指数。

四、最终需求的物价指数

最终需求包括投资、净出口和消费。投资包括固定资本形成和存货增加两部分;净出口是出口减进口;消费包括居民消费支出和政府消费支出。因此,最终需求的物价指数包括固定资本形成物价指数、存货物价指数、居民消费支出物价指数、政府最终消费支出物价指数和进出口物价指数等。

1. 固定资本形成物价指数

这一指数反映固定资产投资的物价水平变动,是从其构成因素(即投资的细分类)入手编制的。为了使固定资本形成中各构成因素能与基本商品价格指数相对应,往往需要比宏观经济核算更详细的固定资本形成的现价细分类数据。日本采用 R.A.S 法,以宏观经济核算的有关固定资本形成资料为控制,来推算更详细的固定资本形成的现价构成数据。然后,以基本商品价格指数为基础,使用详细构成的固定资本形成现价数据,推算不变价固定资本形成额。最后,用现价固定资本形成额除以不变价固定资本形成额,求得固定资本形成物价指数。

2. 存货物价指数

这一指数反映各类存货,包括原材料库存、产品库存、半成品和在制品库存、流通库存、国家储备的各类存货的物价水平的变动,它也是采用紧缩方法编制,一般按各类商品和各类存货编制物价指数。

3. 居民消费支出物价指数

这一指数反映居民消费支出的物价水平变动,也是采用紧缩法编制的。宏观经济核算中的居民消费是按消费目的和支出费用项目核算的,所以对现价居民消费支出可以得到按消费目的分类(主栏)与支出费用项目分类(宾栏)组成的现价矩阵资料。因此,根据基本商品价格指数,采用紧缩法,可以分为各种消费目的和各种支出费用项目来推算居民消费支出不变价数据,而后编制居民消费支出物价指数。例如:

$$\text{第}i\text{种消费目的的居民消费支出物价指数} = \sum_{j=1}^{n} W_{ij} \Big/ \sum_{j=1}^{n} (W_{ij}/P_j) \qquad (9-15)$$

式(9-15)中,W_{ij} 为第 i 种消费目的第 j 种支出费用项目的现价居民消费支出额;P_j 为第 j 种费用项目物价指数,它是根据购买商品支出额和基本商品价格指数编制的。居民消费支出物价指数是在各种消费目的的居民消费支出物价指数的基础上编制的,其计算公式为:

$$\text{居民消费支出物价指数} = \frac{\sum_{i=1}^{m}\sum_{j=1}^{n} W_{ij}}{\sum_{i=1}^{m}\sum_{j=1}^{n}(W_{ij}/P_j)} \qquad (9-16)$$

居民消费支出物价指数还可以分为不同形态的家庭编制。这对于分析物价变动对居民消费支出的影响有重要的意义。

4. 政府最终消费支出物价指数

这一指数反映政府为社会提供公共服务的最终消费支出的物价水平变动,采用紧缩法编制。由于政府最终消费从生产角度表现政府服务,因而不能直接使用基本商品价格指数,所以通常用政府服务生产的各类投入现价数据,除以相对应的基本商品价格指数,推算政府最终消费支出的不变价数据,然后用现价政府最终消费支出除以不变价政府最终消费支出,求得政府最终消费支出物价指数。

5. 进出口物价指数

这一指数反映进出口物价水平的变动,是根据基本商品价格指数,以现价进出口商品和服务数据为基础,运用紧缩法编制的,但在推算不变价进出口数据时有一些特殊处理的方面:①非常住者家庭在国内的直接购买用零售物价指数;②常住者家庭及政府自海外直接购买,以每年出国者人数为权数,将出国旅行目的地几个国家零售物价指数进行帕氏型综合的物价指数紧缩;③关于所有权转移物资进口调整项目,用全部进口商品(服务以外)的物价指数紧缩;④来自海外及向国外支付要素收入,用国内总支出的物价指数紧缩。

五、国内生产总值物价指数

这一指数反映宏观经济物价总水平的变动,是比较综合、全面的宏观经济物价指数,也称宏观经济物价平减指数,该指数也是采用紧缩法编制,即利用宏观经济核算中投入产出表的现价总产出和中间投入数据,以及各生产部门的总产出与中间投入物价指数,推算各生产部门的不变价增加值,相加求得国内生产总值不变价数据,然后用现价国内生产总值除以不变价国内生产总值,计算出国内生产总值物价指数。编制公式如下:

(1) 报告期不变价格总产出推算公式为:

$$Z_{01} = \sum_{i=1}^{n}(Z_{1i}/P_{zi}) \qquad (9-17)$$

式(9-17)中, Z_{01} 为按不变价计算的报告期总产出; Z_{1i} 为报告期 i 部门(行业)现价总产出; P_{zi} 为 i 部门(或行业)总产出物价指数。

(2) 报告期不变价格中间投入推算公式为:

$$X_{01} = \sum_{i=1}^{n}(X_{1i}/P_{xi}) \qquad (9-18)$$

式(9-18)中, X_{01} 为按不变价计算的报告期中间投入; X_{1i} 为报告期 i 部门(行业)现价中间投入; P_{xi} 为 i 部门(或行业)中间投入物价指数。

(3) 报告期不变价格增加值推算公式为:

$$N_{01} = Z_{01} - X_{01} = \sum_{i=1}^{n}(Z_{1i}/P_{zi}) - \sum_{i=1}^{n}(X_{1i}/P_{xi}) \qquad (9-19)$$

式(9-19)中, N_{01} 为按不变价计算的报告期增加值。

(4) 国内生产总值物价指数公式为:

$$P_g = \frac{Z_{11} - X_{11}}{Z_{01} - X_{01}} = \frac{Z_{11} - X_{11}}{\sum_{i=1}^{n}(Z_{1i}/P_{zi}) - \sum_{i=1}^{n}(X_{1i}/P_{xi})} \qquad (9-20)$$

式(9-20)中, P_g 为国内生产总值物价指数; Z_{11} 为报告期现价总产出; X_{11} 为报告期现价中间投入。

上述国内生产总值物价指数编制采用了两步紧缩(也称双紧缩),即通过总产出和中间投入紧缩数据推算不变价增加值数据。从内容上讲,这种编制方法通常称为生产法的紧缩编制方法,一般是在投入产出的 V 和 U 表的基础上编制的。如同国内生产总值计算一样,还可以采用支出法的紧缩编制国内生产总值物价指数,具体内容见表9-1计算举例。这两种方法在实践中根据资料都可采用。

六、我国宏观经济综合价格指数

我国宏观经济物价指数体系正在研究形成中,在公布的宏观经济核算体系中专门设置了补充表,该表对宏观经济综合价格指数作了概括反映,它包括生产与使用两方面的价格指数。在生产方面,分别从三次产业和宏观经济行业部门列出总产出、中间投入和国内生产总值等物价指数;在使用方面,主要对国内生产总值使用的各部分列出总消费、总投资、进出口及其具体分类项的物价指数。所有这些物价指数都可以采用紧缩法编制。

下面以某地区宏观经济综合价格指数资料为例(见表9-2),从资料中可以看出我国宏观经济综合价格指数编制的紧缩方法,即在现价宏观经济核算数据的基础上,先推算出不变价或可比价资料,然后用现价数据除以相对应的不变价数据,便计算出各方面的综合价格指数。表9-2中的序号标明了这种方法的计算关系。

表9-2 某地区宏观经济综合价格指数表* 单位:亿元

项目	生产									使用		
^	总产出			中间投入			国内生产总值			项目	国内生产总值		
^	按当年价格计算	按上年价格计算	指数(%)	按当年价格计算	按上年价格计算	指数(%)	按当年价格计算	按上年价格计算	指数(%)	^	按当年价格计算	按上年价格计算	指数(%)
^	(1)	(2)	(3)=(1)/(2)	(4)	(5)	(6)=(4)/(5)	(7)	(8)	(9)=(7)/(8)	^	(10)	(11)	(12)=(10)/(11)
总计	561.3	488.1	115.0	381.7	319.4	119.5	179.6	168.7	106.5	总计	182.4	171.8	106.2
第一产业	167.5	148.6	112.7	108.9	91.7	118.7	58.6	56.9	103.0	总消费	125.1	117.0	106.9
⋮	⋮	⋮	⋮	⋮	⋮	⋮	⋮	⋮	⋮	⋮	⋮	⋮	⋮
第二产业	285.1	246.2	115.8	198.1	164.8	120.2	87.0	81.4	106.9	总投资	52.4	50.0	104.7
⋮	⋮	⋮	⋮	⋮	⋮	⋮	⋮	⋮	⋮	⋮	⋮	⋮	⋮
第三产业	108.7	93.3	116.5	74.7	62.9	118.0	34.0	30.4	111.8	出口	9.5	9.2	103.3
⋮	⋮	⋮	⋮	⋮	⋮	⋮	⋮	⋮	⋮	进口	4.6	4.4	104.5

*表中省略了更详细的分类数据。

采用生产法紧缩方法,国内生产总值价格指数为106.5%[(179.6/168.7)×100%]106.5%。它是各行业增加值价格指数的综合,即三次产业增加值价格指数的加权调和平均,其公式为:

$$国内生产总值生产法物价指数 = \frac{58.6+87+34}{\frac{58.6}{103\%}+\frac{87}{106.9\%}+\frac{34}{111.8\%}} = \frac{179.6}{168.7} = 106.5\%$$

采用支出法紧缩方法,国内生产总值价格指数为106.2%[(182.4/171.8)×100%],它是各支出项目价格指数的综合,其计算公式为:

$$国内生产总值支出法物价指数 = \frac{125.1+52.4+(9.5-4.6)}{\frac{125.1}{106.9\%}+\frac{52.4}{104.7\%}+\left(\frac{9.5}{103.3\%}-\frac{4.6}{104.5\%}\right)} = \frac{182.4}{171.8} = 106.2\%$$

七、国民财富物价指数

国民财富是指一定时点上一国或地区所拥有的资产、债权和自然资源的价值总和。在宏观经济核算体系中,国民财富包括固定资产、流动资产、金融资产和进入市场并具有所有权的自然资源形成的资产。实际上,国民财富的统计范围与宏观经济核算体系中资产负债表的范围是一致的,其物价概念也是明确的,基本上各类资产都有市场价格。在本书第六章"国民资产负债核算分析"中,我们曾专门论述了资产重估价和持有资产损益的核算,这些内容都是编制国民财富物价指数中可以借用的理论和方法。

国民财富物价指数与前面几种物价指数不同,它更多的是直接编制。但是,作为不同的资产,其物价指数编制又有一些特点。

1. 固定资产物价指数

这一指数可以直接根据各类固定资产的市场价格和固定资产存量总额编制物价指数。其中,通过市场买卖的固定资产价格比较容易取得资料。但是,固定资产存量的特点之一是大部分固定资产持有从期初一直到期末,并且有些资产如房屋建筑、大型专用设备、轮船等是一次性制造,难以从现有市场交易中找到相类似的产品,因此,对于固定资产存量总额重估价是重要的。一旦我们核算或推算出现价固定资产存量总额和不变价固定资产存量总额,那么利用前者除以后者便可推算出固定资产存量的物价指数。

2. 流动资产(或称存货)存量物价指数

我们在前述最终需求物价指数中曾提到存货物价指数,那是仅限于以存货增加流量为对象编制的物价指数,这里所不同的是按库存存量范围编制物价指数。因为存货的资产流动性强,所以完全可以直接以市场价格编制。编制存货存量的物价指数方法与存货流量物价指数方法基本一致。

3. 无形资产存量物价指数

无形资产存量无论是生产无形资产或非生产无形资产都有市场价格。因此，对于无形资产存量可以直接编制物价指数。

4. 土地及资源存量物价指数

根据宏观经济核算原则，只有土地及资源列入所有权之列，并可在市场上交易的部分才核算为国民财富或财产。因此，土地及资源的物价指数基本上是根据市场交易价格直接编制的。

5. 金融资产存量物价指数

金融资产手段多种多样，不同金融资产的价格表现方式不同，所以，对于编制金融资产存量物价指数，其中准确地理解和确定每种金融资产物价和物量的概念是非常重要的。金融资产差不多都有其市场价格，所以，金融资产存量物价指数主要是根据市场价格和金融资产存量直接编制的。

国民财富物价指数根据上述各类资产存量物价指数，按照帕式物价指数公式综合编制完成。国民财富物价指数在反映宏观经济特征和进行经济分析等方面具有重要作用。然而它的编制是比较复杂的，需要许多基础工作与之配合。我国宏观经济存量统计长期以来几乎是空白，这对于国有资产管理非常不利。改革开放以来，尤其是1990年以来，我国正在从多方面加强对国民财产和财富的核算。

第三节 宏观经济核算物量指数

一、宏观经济指数体系

宏观经济指数体系是指由物量、物价和总价值指数所组成的指数体系，即：

$$总价值指数 = 物量指数 \times 物价指数$$

宏观经济指数体系主要用来反映宏观经济活动中物量、物价发展变化的数量特征和整体关系。在宏观经济核算中，试图把这一指数体系的思想和方法运用到宏观经济循环过程各个方面的反映上，由此产生了三方面的问题：①物量和物价概念的一致性问题；②编制方法问题；③经济改革、机构变动的影响问题。关于物量和物价概念的一致性问题，包括统一价格形式，服务活动内涵物量与物价的假定和数量单位质量的可比性问题，其中前两个方面已在前面作了论述，数量单位质量可比性问题将在下面进行专门论述。编制方法为：可以先编制物价指数，然后利用总价值指数和指数体系的关系推算物量指数，也可以用先编制物量指数，然后推算物价指数的方法。目前采用的是前一种方法。编制物价指数也有多种方法，但从宏观经济核算内容的复杂性来看，已如前述，运用紧缩方法是比较适用的。如果我们仅编制宏观经济总的物价指数和物量指数，那么，经济改革和机构变动的影响只是经济的发展,并不影响指数编制计量口径的一致性。但是,如果把物量指数和物价指数运用到宏观经济活动的具体方面,可能就会产生影响,因为机构变动,如社会保险机构的设立,将增加或改变支出的流动过程,从而对一些方面的物价和物量的变动会产生影响。总之,从宏观经济核算出发,系统编制物量指数、物价指数及指数体系,在应用方法上提出了一些具体问题,需要我们去研究解决。

二、物量指数的编制方法

宏观经济核算物量指数的编制,大多数都是采用指数体系的关系间接推算物量指数的方法。即:

$$物量指数 = 价值指数 \div 物价指数$$

当然,我们也可以采取直接编制物量指数的方法。但一些专家认为,对于宏观经济核算综合数据资料来讲,采用间接编制物量指数有一些积极作用,可以提高物量指数编制的准确性和代表性。也就是说,首先编制物价指数,然后利用指数体系间接推算物量指数,不仅可以提高物量指数的准确性,而且对于物价指数也可以最充分地利用价格信息,保证其统计反映的准确性。这主要有两个原因:首先,价格变化较数量变化小,所以估计物价指数,统计概念准确,统计信息较充分,其可靠性高;其次,价值指数包括全部物量信息,但却缺少价格信息,主要是新产品基期未交易的价格信息。因此,直接编制物价指数可以利用广泛的价格信息,包括间接推算等信息。

无论直接编制还是间接编制经济活动各方面的物量指数,都需明确物量的概念,相比之下,它比编制物价指数中合理运用物价概念更复杂和更重要,尤其是非市场交易的产品(含服务)方面。例如,对虚拟计算的经济活动的物量指数,必须从产出的物量变化内涵去把握。编制服务方面的物量指数所遇困难更多,其中一些服务的价值是对投入的各因素核算的,然而这种间接推算并不能替代物量指数反映的目的含义,因此,常需要我们从明确所反映经济活动的物量内涵去寻求提高物量指数准确性的积极方面。

在编制宏观经济物量指数中还要保持两个比较时期物量单位的计量可比性。例如,一辆汽车"辆"的数量概念应是在性能、消耗及成本价值等方面都是基本可比的。在宏观经济核算指数体系中,物量指数不仅包含单位数目的变化,而且还包括这些产品内由于不同质量而引起的平均质量的变化在内。因此,联合国推荐编制质量指数,作为直接编制或间接编制物量指数的补充修正物量计量单位的不可比影响,避免物价指数的偏高估计。

三、质量指数

质量指数是反映一定时期产品质量平均变化程度的综合指数。准确理解和确定不同时期同一产品质量的内涵是编制质量指数的基础。不同产品其质量内涵的特点或主要方面也不完全相同。例如，各种机械可能更主要的是从性能和生产效率方面考虑不同时期产品质量的平均差异，而服装主要考虑的是款式和面料。每个产品的质量内涵应从产品的历史发展过程中研究质量比较的标准。因此，编制产品的质量指数，关键是如何测算产品的质量变化，主要方法有如下三种：

1. 直接法

这种方法是从产品的物理特性变化测算产品质量变化的方法。例如，电冰箱或者冰柜，从使用者角度来看，其容积大小关系很大，因为它决定了可储藏的食物量。因此，如果制造商推出一种新产品，容积增加20%，容积是电冰箱的物理特性，因此容积增加20%意味着该产品质量指数是120%。当然，产品物理特性的表现多种多样，最好是进行综合确定较为适宜。

2. 专家估算法

许多大型固定资产是独一无二的，如办公大楼、电站、船舶或重型机械设备等。对于这些方面产品的质量变化推算，可以请有关专家，并选择数量有限的若干代表性建筑、船舶或其他固定资产，直接估计各个相继年份各类产品的购造价格，以此编制物价指数，这个在物价指数与实际价值资料基础上编制的物价指数比较的差异，就是产出质量变化的指数。

3. 成本法

这是根据生产原有产品与生产包含质量变化的更新产品的相对成本来估计质量变化的一种方法。如果包含的质量变化的产品价格比原来产品价格高 $X\%$，同时估计生产的更新产品比生产原产品的成本高 $Y\%$，则考虑质量变化后的物价指数估计为$(1+X\%)/(1+Y\%)$，那么，用实际的物价指数除以考虑质量变化后的物价指数就是反映质量变化的综合指数。

第四节 宏观经济生产率指数体系

一、生产率指数概念和权数

宏观经济生产率指数是评价和分析宏观经济效益的重要指标，生产率是产出与投入的关系，生产率指数就是在产出指数与投入指数的基础上计算的，所以它也是宏观经济核算指数体系的组成部分。

由于产出和投入所选用的口径不同，生产率指数有两种计算口径：一是用增加值指数除以最初投入指数，称为生产率指数净体系，其生产率计算的内涵是以增加值为产出，以最初投入即劳动、资本的投入为投入，用增加值除以最初投入所得；二是用总产出指数除以总投入指数,称为生产效率指数总体系,其生产率计算的内涵是总产出除以总投入所得。

生产率指数是从物量角度反映生产率水平的,因而需要以一定的价格水平为权数即同度量因素,通常以要素价格为基础,那么产出要求的价格计算依据有其模型:要素价格 = 中间投入成本 + 最初投入成本,以符号表示,即:

$$f = A^T f + F^T r \qquad (9-21)$$

整理得:

$$f = (I - A^T)^{-1} F^T r$$

式(9-21)中,f 为产出要素价格列向量;A^T 为实物型直接消耗系数的转置矩阵;F^T 为实物型最初投入系数转置矩阵;r 为最初投入价格(即单位生产要素报酬)列向量。

要素价格及生产率指数体系均在详细的投入产出表数据的基础上计算。

二、生产率指数净体系

生产率指数净体系是用增加值指数除以最初投入指数建立的指数及分析体系,有关指数和分析的计算如下:

1. 增加值指数

增加值指数的计算公式为:

$$\text{增加值指数} = \frac{\text{按基期要素价格计算的报告期增加值}}{\text{基期增加值}}$$

用符号表示为:

$$\Lambda^* = \frac{q_1^T (I - A_1^T) f_0}{q_0^T (I - A_0^T) f_0} \qquad (9-22)$$

式(9-22)中,A_1^T, A_0^T 为报告期和基期直接消耗系数转置矩阵;f_0 为基期产出价格列向量;q_1^T, q_0^T 为报告期和基期部门总产出列向量的转置向量即行向量;$(I - A^T)$ 为增加值物量系数矩阵的计算;$q^T (I - A^T) f$ 则为增加值计算。

把 $f_0 = (I - A_0^T)^{-1} F_0^T r_0$ 代入上式,整理得:

$$\Lambda^* = \frac{q_1^T (I - A_1^T)(I - A_0^T)^{-1} F_0^T r_0}{q_0^T F_0^T r_0} \qquad (9-23)$$

2. 最初投入指数

最初投入指数的计算公式为:

$$\text{最初投入指数} = \frac{\text{按基期最初投入价格计算的报告期最初投入}}{\text{基期最初投入}}$$

用符号表示为:

$$\Lambda^{**} = \frac{q_1^T F_1^T r_0}{q_0^T F_0^T r_0} \qquad (9-24)$$

式(9-24)中,各项符号与前式符号含义相同。

3. 生产率指数

生产率指数的计算公式为:

$$生产率指数 = \frac{增加值指数}{最初投入指数}$$

用符号表示为:

$$\Lambda^{***} = \frac{\Lambda^*}{\Lambda^{**}} = \frac{q_1^T(I-A_1^T)(I-A_0^T)^{-1}F_0^T r_0}{q_1^T F_1^T r_0} \qquad (9-25)$$

根据式(9-25)可见,生产率指数变动受两个因素的影响:一是中间(投入系数)技术进步(即 A 因素)变动的影响;二是最初(投入系数)技术进步(即 F 因素)变动的影响。为此,当 $A_1 = A_0$ 时,测算的生产率指数被认为是反映由于最初(投入)技术进步作用的生产率变动,用公式表示为:

$$\Lambda^{***}(A_1 = A_0) = \frac{q_1^T F_0^T r_0}{q_1^T F_1^T r_0} \qquad (9-26)$$

当 $F_1 = F_0$ 时,测算的生产率指数被认为是反映由于中间(投入)技术进步作用的生产率变动,用公式表示为:

$$\Lambda^{***}(F_1 = F_0) = \frac{q_1^T(I-A_1^T)(I-A_0^T)^{-1}F_0^T r_0}{q_1^T F_0^T r_0} \qquad (9-27)$$

生产率指数净体系为 $\Lambda^{***} = \Lambda^{***}(A_1 = A_0) = \Lambda^{***}(F_1 = F_0)$,即生产率指数等于最初技术进步和中间技术进步作用的生产率指数之积。也就是最初技术进步和中间技术进步的变化构成生产率的变化。

三、生产率指数总体系

生产率指数总体系是用总产出除以总投入建立的指数及分析体系,有关指数及分析计算如下:

1. 总产出指数

总产出指数的计算公式为:

$$总产出指数 = \frac{按基期要素价格计算的报告期总产出}{基期总产出}$$

用符号表示为:

$$\bar{\Lambda}^* = \frac{q_1^T f_0}{q_0^T f_0} = \frac{q_1^T(I-A_0^T)^{-1}F_0^T r_0}{q_0^T(I-A_0^T)^{-1}F_0^T r_0} \qquad (9-28)$$

式(9-28)中, $f_0 = (I-A_0^T)^{-1}F_0^T r_0$,公式符号的含义同前述。

2. 总投入指数

总投入指数的计算公式为:

第九章 宏观经济指数核算分析

$$总投入指数 = \frac{按基期价格计算的报告期总投入}{基期总投入}$$

用符号表示为:

$$\overline{\Lambda}^{**} = \frac{q_1^T A_1^T f_0 + q_1^T F_1^T r_0}{q_0^T A_0^T f_0 + q_0^T F_0^T r_0} \tag{9-29}$$

式(9-29)中,分子第一项为中间投入;第二项为最初投入;总投入等于两项之和。

把 $f_0 = (I - A_0^T)^{-1} F_0^T r_0$ 代入上式得:

$$\overline{\Lambda}^{**} = \frac{q_1^T A_1^T (I - A_0^T)^{-1} F_0^T r_0 + q_1^T F_1^T r_0}{q_0^T A_0^T (I - A_0^T)^{-1} F_0^T r_0 + q_0^T F_0^T r_0}$$

$$= \frac{q_1^T [A_1^T (I - A_0^T)^{-1} F_0^T + F_1^T] r_0}{q_0^T [A_0^T (I - A_0^T)^{-1} F_0^T + F_0^T] r_0}$$

$$= \frac{q_1^T [A_1^T (I - A_0^T)^{-1} F_0^T + F_1^T] r_0}{q_0^T (I - A_0^T)^{-1} F_0^T r_0} \tag{9-30}$$

式(9-30)中,各符号的含义同前各式。

3. 生产率指数

生产率指数的计算公式为:

$$生产率指数 = \frac{总产出指数}{总投入指数}$$

用符号表示为:

$$\overline{\Lambda}^{***} = \frac{\overline{\Lambda}^*}{\overline{\Lambda}^{**}} = \frac{q_1^T [A_0^T (I - A_0^T)^{-1} F_0^T + F_0^T] r_0}{q_1^T [A_1^T (I - A_0^T)^{-1} F_0^T + F_1^T] r_0} \tag{9-31}$$

如同生产率指数净体系,上式生产率指数也可分解为中间技术进步和最初技术进步两个因素指数,即:

$$\overline{\Lambda}^{***}(F_1 = F_0) = \frac{q_1^T [A_0^T (I - A_0^T)^{-1} F_0^T + F_0^T] r_0}{q_1^T [A_1^T (I - A_0^T)^{-1} F_0^T + F_0^T] r_0} \tag{9-32}$$

$$\overline{\Lambda}^{***}(A_1 = A_0) = \frac{q_1^T [A_0^T (I - A_0^T)^{-1} F_0^T + F_0^T] r_0}{q_1^T [A_0^T (I - A_0^T)^{-1} F_0^T + F_1^T] r_0} \tag{9-33}$$

应当指出的是,上述两因素指数体系的乘数关系不成立,这是不同于生产率指数净体系的一个特点。

四、生产率指数体系举例

生产率指数体系可以应用于不同层次,即产业部门或宏观经济总体等。例如,某国各产业的增加值、投入和生产率指数及分析体系计算结果见表9-3。

从表9-3的计算中可以看出,它是按生产率指数净体系计算的。增加值指数和最初投入指数均是按公式(9-23)、公式(9-24)计算的,即以基期价格加权计算的物量指数,也就是按拉氏指数公式计算的。劳动投入指数和资本投入指数的计算也是如此。生产率指数是按公式(9-25)计算的,在表中它等于增加值指数除以最初投入指数。表9-3中还包括了生产率指数的分析计算,即中间技术进步作用指数($F_0=F_1$)和最初技术进步作用指数($A_0=A_1$),这两个指数乘积等于生产率指数。从核算结果看,绝大部分产业部门生产率变动受最初投入技术进步的作用大于中间技术进步的作用。从方法论上看,上述计算或分析计算均采用拉氏指数方法,这也是在实际工作中使用的。但我们也可以采用帕式指数计算生产率指数净体系,当然这两者之间是有误差的。

表9-3 某国各产业部门生产率指数及分析计算

产业部门	增加值指数	劳动投入指数	资本投入指数	最初投入指数	生产率指数	生产率指数 $A_0=A_1$	生产率指数 $F_0=F_1$
1. 农、林、渔业	1.187	0.845	1.096	1.001	1.186	1.228	0.966
2. 矿业	0.866	0.816	1.699	0.918	0.944	1.003	0.941
3. 食品、饮料、烟草	1.250	1.052	1.264	1.179	1.060	0.962	1.102
4. 纺织品、服装、皮革、橡胶、化学制品	1.032	0.875	1.021	0.918	1.124	1.076	1.045
5. 石油产品	1.583	1.075	1.399	1.238	1.279	1.148	1.114
6. 冶金工业	1.222	1.056	1.319	1.159	1.054	1.051	1.003
7. 加工工业	1.212	1.085	1.357	1.167	1.039	1.093	0.951
8. 其他制造业	1.175	1.070	1.237	1.123	1.046	1.106	0.946
9. 煤气、电、水	1.461	0.987	1.270	1.119	1.306	1.179	1.108
10. 建筑业	1.007	1.090	1.227	1.118	0.901	1.046	0.861
11. 运输、邮电通信业	1.190	0.978	1.115	1.017	1.170	1.113	1.051
12. 商业	1.052	1.127	1.302	1.209	0.870	0.948	0.918
13. 服务业	1.142	1.085	1.332	1.173	0.974	1.006	0.968
所有产业部门	1.165	1.038	1.266	1.121	1.039	1.047	0.992

资料来源:《国民经济核算体系(SNA)》,中国财经出版社1982年版,第180页。

第五节 通货膨胀分析

一、通货膨胀理论与分类

1. 通货膨胀的含义

通货膨胀的定义较多。货币主义代表弗里德曼认为,价格的普通上涨就叫通货膨胀;凯恩斯学派认为,通货膨胀是宏观经济运行的整体特征,是总需求大于总供给的结果,因而价格总水平不断上涨,货币不断贬值。在西方经济学中比较多地得到人们认同的是实用主义的通货膨胀定义;通货膨胀是一个价格持续上升的过程,即是一个货币价值持续贬值的过程。这一定义的具体内涵表现在两个方面:①通货膨胀是不是一次性或短期的价格总水平的上升,只有当价格持续地上升,趋势不可逆转时,才可称之为通货膨胀;②通货膨胀不是指个别商品价格的上涨,而是指所有商品的加权平均价格的总水平的上涨。我国有学者定义为:通货膨胀是指宏观经济的货币供应量超过购买货物和服务的货币需要量,从而引起货物和服务的价格上涨及单位货币贬值。

2. 通货膨胀的成因

从长期来看,虽然通货膨胀与货币的供给有关,但一国的通货膨胀却受着国内和国际的一系列因素的影响。我国不少经济学家认为,直接导致我国通货膨胀的因素主要有以下三个方面:

(1)需求拉动型通货膨胀。这类通货膨胀是指由于总需求超过总供给所引起的一般价格水平的持续和显著的上涨。这实质上是由于消费者和投资者的需求增长超过生产能力所能生产的产量产值时引起的价格上涨,也即由于过多的货币追求过少的商品引起的。在一个供需平衡的经济体系中,若出现货币供给的增加,如投资需求的扩大等,就会扩大总需求水平。而在现行价格下,又没有足够的商品来满足扩大了的需求,于是商品的价格就会上升,从而使总供给和总需求在新的价格水平上保持均衡。

(2)成本推动型通货膨胀。这是一种由商品的生产者或供给者引发的通货膨胀,故又称为卖方通货膨胀。这是假定在原来的生产成本和利润条件下,有一个均衡的价格水平,但现在由于原材料和生产性劳务价格上涨,工资的增长超过了生产率的增长等原因使成本增加了,从而引起价格普遍上涨。生产者为了保持原来的利润率,就会抬高出售价格,把增长了的价格转嫁出去,这样就会引起一系列连锁反应,最后导致总需求的相应增加和价格水平的普遍上涨。这种通货膨胀是有客观限制的,生产者如果试图抬高价格,就需要冒销售量减少的风险,在需求不变的条件下,抬高价格无异于自寻死路。所以,只有在大范围内引起连锁反应时,才可能产生成本推动的通货膨胀。

(3)结构性通货膨胀。这类通货膨胀是指在不存在需求拉动和成本推动的情况下,由于产业结构的变化所引起的通货膨胀。或者说,价格上涨是在总需求并不过多的情况下,而对某些部门的产品需求过多,造成部分产品的价格上涨,进而导致的通货膨胀。现实中,宏观经济的某些部门生产率提高速度较快,另一些部门则较慢;一些部门正迅速发展,另一些部门则渐趋衰落。如中国一直存在工业过热、农业过冷、服务业过慢的结构性矛盾。在这些部门间原有生产要素的转移存在较长的时滞的同时,这些部门在工资和价格问题上又都要求"公平",即由于这些部门间关联性产品的制约及其前后向的关联性,在经济发展中形成部门间传递性特征与结构性矛盾,结果就必然导致社会一般价格水平的上升,这就是结构性通货膨胀。

3. 通货膨胀的种类

通货膨胀是宏观经济管理中的一个难题,是一种现代市场经济中的较普遍存在的现象。依据不同标准,对其可做如下多种分类。

(1)按膨胀程度分。按膨胀程度分有爬行式、步行式、跑步式和奔腾式通货膨胀。爬行式通货膨胀是指价格水平以每年2%左右的速度上升,不少学者认为,这种通货膨胀有利于经济的发展,它不会导致在经济生活中出现通货膨胀预期及预期价格水平将进一步上涨的心理;步行式又称温和式通货膨胀,是指价格水平的年平均上涨率为3%~6%或5%~10%之间的通货膨胀,这是出现严重通货膨胀的危险警戒线;跑步式通货膨胀是指价格水平的年平均上涨率超过10%甚至高达百分之几十的通货膨胀,这种通货膨胀的剧烈程度尚不足以导致货币体系和经济生活的崩溃,但对一个国家的经济活动和居民生活影响极大,人们一般不再积极投资,会导致生产萎缩与经济生活混乱;奔腾式又称为恶性通货膨胀,是指价格上涨率高达3位数以上(即100%以上),经济出现严重危机。美国经济学家菲利普·卡根把价格水平以每月大于50%的大幅度持续上涨定义为恶性通货膨胀。

(2)按表现形式分。按表现形式分有显性和隐性通货膨胀。显性通货膨胀是指市场上超量发行的货币导致价格的持续上涨和货币贬值。这是自由价格体制下经常出现的一种通货膨胀;隐性通货膨胀是指过度的货币需求不转化为价格上涨,而表现为市场缺货、持币待购、强制储蓄等形式。在管制价格体制下,常出现隐性通货膨胀。

二、通货膨胀的统计测定方法

根据理论认识、经济环境和资料来源等的不同,通货膨胀有多种不同的测定方法。下面介绍国内外几种常用的测定方法。

1. 从价格角度统计测定通货膨胀

(1)居民消费价格指数法。居民消费价格指数是目前我国政府部门编制的一种反映一定时期内城乡居民所购买的生活消费品和服务项目价格变动趋势和程度的相对数,其目的是观察和分析消费品的零售价格和服务项目价格变动对城乡居民实际生活费支出的影响程度,我们也用它测度通货膨胀和货币购买力的变动,减缩其他经济名义值为实际值。

设有 n 种货物和服务，P_i 为第 i 种商品或服务的价格，W_i 为第 i 种消费支出占全部消费支出的比重，下标 0 为基期，1 为报告期，则通货膨胀率（R）公式为：

$$R = \left(\sum \frac{P_{i1}}{P_{i0}} W_i - 1 \right) \times 100\% \qquad (9-34)$$

式（9-34）中，W_i 若为基期，即是拉氏指数公式；若为报告期，即是帕氏指数公式。

（2）国内生产总值平减指数法。前述的居民消费价格指数，其缺点是统计范围不全面，难以客观、全面地反映宏观经济一般价格水平的变化，有一定的局限性。为了更全面、综合地反映宏观经济价格水平的变化，我们可以计算国内生产总值平减指数，并据此计算测定整个宏观经济的通货膨胀。国内生产总值平减指数是一定时期以现价计算的国内生产总值与同期按可比价计算的国内生产总值的比率。其公式为：

$$R = \left(\frac{\text{GDP}_1}{\text{GDP}_n} - 1 \right) \times 100\% \qquad (9-35)$$

式（9-35）中，GDP_1 为现价国内生产总值，GDP_n 为同期可比价国内生产总值。但该指数编制时间长，时效性差。

（3）通货膨胀率法。该方法是指在已有相关价格指数的基础上，直接计算通货膨胀率的方法，即用一定时期的报告期价格指数（$\overline{K}_p^1$）与其相应的基期价格指数（$\overline{K}_p^0$）进行对比，将其增长率作为通货膨胀率，其公式为：

$$R = \left(\frac{\overline{K}_p^1}{\overline{K}_p^0} - 1 \right) \times 100\% \qquad (9-36)$$

目前一些西方国家用"生活费指数"或"零售价格指数"表示通货膨胀率，采用上述公式计算。我国国家统计局已正式决定从 2001 年 1 月起，采用拉氏链氏公式编制居民消费价格指数。拉氏链氏公式为：

$$L_t = \sum \left(W_{t-1} \frac{P_t}{P_{t-1}} \right) \times L_{t-1} \qquad (9-37)$$

式（9-37）中，L 为拉氏公式；P 为价格；t 为时期；$t-1$ 为滞后一期；W 为权重。可按如下公式计算求得通货膨胀率：

$$R = \left(\frac{L_t}{L_{t-1}} - 1 \right) \times 100\% \qquad (9-38)$$

式（9-38）中，t 为年别序号。

这种方法的优点基本适用于测定显性通货膨胀，其不足是在市场管制条件下，价格不能真实反映市场供需的变化，即用其测定通货膨胀有一定的局限性。为弥补其不足，我国有学者提出用如下公式测定隐性通货膨胀：

$$\text{隐性的零售价格上涨率}(\%) = \frac{\text{财政价格补贴增加额}}{\text{上年零售给居民的消费品额}} \times \frac{\text{售给居民的消费品额}}{\text{社会商品零售总额}}$$

$$(9-39)$$

2. 从货币数量角度统计测定通货膨胀

(1)社会货币流通量测度法。这种方法的基本思想是通过对社会货币流通量和流通中货币必要量的测度,据以计算过度的货币流通量,即通货膨胀量,进而计算通货膨胀率的方法,可见,这是从通货膨胀的定义出发,推导出的通货膨胀率计算公式:

$$R = \frac{通货膨胀量}{商品交易总量} \times 100\% \qquad (9-40)$$

式(9-40)中,

通货膨胀量 = 社会货币流通总量 - 流通中货币必要量 = 现金存量 × 现金流通速度 + 银行平均存款余额 × 存款货币流通速度 - $\frac{按不变价计算的商品交易总额}{正常的货币流通速度}$

商品交易总量 = 社会总产出 - 非商品部分的价值 + 社会劳务、服务收入总额

(2)货币购买力测度法。这一方法的基本思想是通过全部货币购买力与全部商品供应能力和生活服务能力之和的比较,来说明通货膨胀的数量特征。这一方法既可以计算从某年起至某年止的累计通货膨胀率,也可计算当年的通货膨胀率。计算公式为:

$$累计通货膨胀率(R) = \frac{全部货币购买力}{全部商品供应能力和生活服务能力之和} \times$$

相同基期的居民生活费用价格定基指数 - 100% (9-41)

$$当年通货膨胀率(R) = \frac{当年形成货币购买力}{当年形成商品供给能力和生活服务能力之和} \times$$

当年居民生活费用价格指数 - 100% (9-42)

式(9-41)、式(9-42)中,货币购买力包括居民储蓄、手持现金和当年形成的居民和社会集团可支配收入。这种方法的实质是通货膨胀缺口测度法的转换方法。

(3)货币供求比较测度法(因素积法)。这种方法的基本思想是通过货币供应量与货币需求量的比较,推导出分别计算显性和隐性的通货膨胀的公式。应用中,通过公开和隐蔽的通货膨胀计算后,再计算通货膨胀率。其公式为:

$$R = \left(\frac{M_S}{M_D} - 1\right) \times 100\% \qquad (9-43)$$

式(9-43)中,M_S 为货币供应量;M_D 为正常市场条件下货币需求量。根据剑桥方程:

$$M_S = KP_1Y$$
$$M_D = K_2P_0Y$$

式中,K 为实际的货币持有系数,即全社会实际保存在各经济主体中的货币与

国内生产总值的比率；K_2 为正常的货币持有系数，即在通畅的商品和货币市场条件下，人们愿意保存的货币与国内生产总值的比率；P_1、P_0 分别为报告期、基期的价格水平；Y 为可比价格计算的国内生产总值。同时定义 (K/K_2-1) 为隐性通货膨胀率；(P_1Y/P_0Y-1) 为显性通货膨胀率。

(4) 货币数量公式测度法。这一方法的基本思想是根据凯恩斯一般化货币数量学说，当有效需求（MV）增加而产量不同步增加时，仅有价格上涨就是通货膨胀。具体依据货币数量的如下公式计算：

$$R = \frac{\Delta P}{P} = \frac{\Delta M}{M} - \frac{\Delta Q}{Q} + \frac{\Delta V}{V} \qquad (9-44)$$

式(9-44)中，$\Delta P/P$ 为通货膨胀率；$\Delta M/M$ 为货币增长率；$\Delta Q/Q$ 为经济增长率；$\Delta V/V$ 为货币流通速度。

(5) 购买力结余测度法。这一方法的基本思想是利用结余购买力增长率减去社会商品购买力总额增长率，求得购买力结余率这一指标，以此反映通货膨胀程度的方法（公式略）。

3. 西方国家普遍采用的测度方法

(1) 通货膨胀缺口测度法。著名的凯恩斯"通货膨胀缺口"测度法有如下实例（计算单位为百万英镑）：

X 为实际产出水平（通货膨胀前价格水平计算）5 500

E 为私人收入（包括转移性支付）6 000

T 为直接税 1 400

N 为私人可支配收入（$N = E - T$）4 600

G 为政府支出（购买货物和服务）2 250

S 为私人储蓄 700

O 为有效总需求（$O = N - S$）3 900

L 为可供私人消费的货物和服务数量（$L = X - G$）3 250

F 为通货膨胀缺口（$F = O - L$）650

$$价格总水平上升 = \frac{650}{3\,250} \times 100\% = 20\%$$

西方不少学者认为这是一种既简便又实用的通货膨胀率计算方法。因为通货膨胀是宏观经济运行的整体特征，是总需求大于总供给的结果，因而价格总水平不断上涨，货币不断贬值，是认识通货膨胀的要旨。因此，西方国家普遍采用价格总水平上涨率测度通货膨胀的简便办法有着重要的意义。

(2) 价格指数测度法。

$$价格总水平上涨率（\Delta I_p） = 100 \cdot \sum_{i=1}^{n} q_i \cdot \frac{p_{i1}}{p_{i0}} - 100 \qquad (9-45)$$

式(9-45)中,q_i为第i种商品或劳务价格的权数,一般以货物和服务的数量比重计算;p_{i0},p_{i1}分别为第i种商品或劳务基期、报告期的价格。

三、通货膨胀效应的统计分析

由于经济体制不同,不同国家通货膨胀效应影响的主要方面、作用方向及程度大小可能多有不同,但就宏观经济的主要方面而言,其影响通常主要集中于对经济增长、收入分配和消费的影响。

1. 通货膨胀对经济增长的影响分析

(1)"有利论"与"有害论"。通货膨胀与经济增长之间关系的性质,至今仍未得到确定。总的来讲,存在"有利论"与"有害论"两大对立观点。"有利论",即促进派的观点。其论据是通货膨胀的收入分配效应,有利于提高财政收入,从而扩大政府投资,达到增加与扩大用工、促进经济发展之目的;通货膨胀有利于高收入阶层,从而提高储蓄率,加速扩大再生产过程。因为价格上涨,刺激投资增加,用工扩大,促进经济发展。提出以上观点的前提是工资增长滞后于价格上涨,或者说不存在预期因素,只有这样,以上论据才有可能成为现实。著名的费尔德斯坦曲线提出了通货膨胀率与资本形成正相关的变化规律,我国也有一部分人持这种观点,认为温和的通货膨胀有利于中国经济增长,尤其是在目前经济起飞阶段,实行刺激生产扩张的总量政策是必要的。"有害论"即促退派的观点。这一派的观点是通货膨胀对于实行固定汇率的国家将导致贸易收支恶化;政府在通货膨胀期间对名义利息率和食品等价格实行控制将扰乱资金流向,降低经济效率和资源的有效配置;通货膨胀会增加生产投资的风险和加大经营风险,减少整个社会的投资,降低经济增长率。我国众多学者持这类观点。

(2)通货膨胀对我国经济增长的负效应主要表现在两方面:一是导致储蓄下降,从而造成银行贷款资金紧张。由于通货膨胀、货币贬值,人们为了尽量减少损失,总会把一部分预定储蓄的收入和实际的储蓄额转化为实物,从而导致储蓄下降与储蓄额减少。二是导致生产萎缩。由于我国工资支出与原材料支出相比刚性较大,所以在通货膨胀、货币贬值的情况下,必须优先满足不断增加的工资和奖金的需求,结果是用于购买原材料的货币资金越来越少,从而使生产不能在原有的规模上进行。同时,通货膨胀还将诱发紧缺物品的囤积,从而加剧短缺,这必然影响企业生产发展,进而影响整个社会再生产的顺利进行。

(3)通货膨胀对经济增长的正、负影响取决于通货膨胀的程度。前面已谈到,无论在国外还是国内,关于通货膨胀对经济增长的影响都存在着截然相反的两种观点,我们认为这是各自从通货膨胀程度的不同角度在说明问题。温和的通货膨胀对经济增长应具有促进作用,而严重的、恶性的通货膨胀则存在促退作用。通货膨胀的正负效应错综复杂,利弊同在。但从总体上讲,通货膨胀还是弊大于利,特别是较高的通货膨胀是任何国家都不能容忍的。

2. 通货膨胀对收入分配的影响分析

(1)通货膨胀对国家、企业和个人收入分配结构的影响。通货膨胀对收入分配的影响,从宏观上考察,我们可以分析由于通货膨胀存在所导致的国民收入在国家、企业(集体)和个人之间分配结构的变化。根据理论研究得到的结论,1985年以前,在国内生产总值的初次分配中,我国因通货膨胀表现为国内生产总值的初次分配是向个人、企业倾斜的,而国家财政收入是相对下降的。在1985年以后,通货膨胀则导致国内生产总值的初次分配向企业倾斜,而国家和个人分配收入是相对下降的。

(2)生产行业收入结构的变化。在现实经济生活中,由于通货膨胀并不总是一种均衡性的通货膨胀过程,尤其我国行业差别客观存在,因而不同行业职工在通货膨胀过程中收入的增长是不平衡的,有的较快,有的较慢,即通货膨胀确实给一些行业的职工带来了好处,而使另一些行业的职工受到损失。如有学者依据我国1985－1997年的资料计算了不同行业人均工资对价格的弹性系数,结果发现,在15个行业中,有金融保险业、房地产业、科学研究和综合技术服务业、卫生体育和社会福利业、交通运输仓储和邮电通信业、电力煤气及水的生产与供应业、社会服务业7个行业的弹性系数超过全国平均弹性系数2.79,有正效应;农业、林业、牧业、渔业、制造业、国家机关等8个行业均低于全国平均水平,为负效应。

(3)通货膨胀对离退休职工收入的影响。为使离退休职工的生活水平与社会进步保持一致,离退休职工的收入水平不仅应随着价格水平的变动而变动,同时也应随着社会劳动生产率的提高而进行调整,否则他们的生活水平就可能相对下降。因此,要使离退休职工的生活水平与目前的社会生活保持一致,他们的离退休金的增长幅度应与劳动生产率的增长保持相应的比率,并再加上通货膨胀率。

3. 通货膨胀对消费的影响分析

(1)通货膨胀对居民消费水平的影响分析。我们依据居民消费水平除以人均国内生产总值所得的相对指标,与相应时期的商品零售价格上涨率构建线性回归方程的形式,来分析通货膨胀对居民消费水平的影响。根据《中国统计年鉴》提供的1978－2001年的数据,得回归方程如下:

$$D = 48.244 - 0.1096P$$

式中,D为相对消费水平,即居民消费水平除以人均GDP的比率;P为零售价格上涨率。在显著性水平$\alpha = 0.05$的条件下,对方程中回归系数的F检验结果是:$F = 2.69 < F_{0.05}(1,21) = 4.32$。因此,接受$H_0$,认为通货膨胀对我国居民消费水平的影响不明显。

(2)通货膨胀对居民消费结构的影响分析。居民的消费结构,是指居民平均每人消费性支出在食品、衣着、家庭设备用品及服务、医疗保健、交通通信、娱乐教育、文化服务、居住、杂项商品与服务八大类商品的消费支出构成。通货膨胀对其构成变动有无影响？有哪些影响？从理论上讲，我们可以借助相应价格指数上涨率对八大类商品中的每一类商品消费支出构成的比重变化作出分析，但实际上这是没有必要的。因为在我国当前经济发展水平条件下，在整个消费支出中用于食品类商品消费支出所占比重最大，也最主要。因此，我们可以用恩格尔系数这一指标反映居民消费结构的变动。由于中国经济是典型的二元经济，城乡差别较大，为了能更好地说明问题，下面分别对其作出说明。

依据《中国统计年鉴》提供的 1978 - 2001 年的资料，以城市居民消费价格指数上涨率(X_1)为自变量，以城镇居民家庭恩格尔系数(D_1)为因变量进行回归分析，得到回归方程为：

$$D_1 = 47.38 + 0.25X_1$$

在显著性水平 $\alpha = 0.05$ 的条件下，对方程中回归系数的 F 检验结果是：$F = 1.3975 < F_{0.05}(1,21) = 4.32$。因此，接受 H_0，即表明在 5% 的显著性水平条件下，通货膨胀对城镇居民的消费结构并不存在显著性影响。

根据《中国统计年鉴》提供的 1985 - 2001 年的资料，以农村居民消费价格指数上涨率(X_2)为自变量，以农村居民家庭恩格尔系数(D_2)为因变量进行回归分析，得到回归方程为：

$$D_2 = 53.45 + 0.32X_2$$

同样，在显著性水平 $\alpha = 0.05$ 的条件下，对方程中回归系数作 F 检验，其检验结果是：$F = 6.74 > F_{0.05}(1,14) = 4.60$。因此，拒绝 H_0，接受 H_1，即表明在 5% 的显著性水平条件下，通货膨胀率对农村居民的消费结构存在显著性影响。

通货膨胀对城乡居民消费结构变动的影响为什么不同？这是否符合中国的客观实际？首先，从两回归方程的回归系数分别为 0.25 和 0.32 看，通货膨胀率增加 1 个百分点。城乡居民的恩格尔系数有可能增加 0.25 个百分点和 0.32 个百分点。这表明，在收入(消费)水平一定的条件下，价格上涨，居民食品消费的比重会增大，这应是符合当前中国经济发展水平实际的；其次，城乡收入水平、消费水平差别大，尤其是农村居民的现金收入相对较少，因此，随着通货膨胀水平的提高，他们不得不把有限的资金先用于满足食品消费，故二者应是存在较显著的相关关系。而我国城镇居民的消费水平已达小康水平及以上，因通货膨胀水平的上升，相应讲对其影响不大，即不显著，这也是合理的。

4. 通货膨胀有碍技术进步

研究表明，如果通货膨胀率低，则对资本有机构成和劳动生产率提高的影响近乎一致；反之，则劳动生产率的提高是不能令人满意的。这意味着通货膨胀与技术进步呈负相关关系。

(1) 通货膨胀导致固定资产不能充分重置。通货膨胀给经济前景注入了巨大的不确定性。于是,企业经常过度使用设备,不注意对设备的维护与保养。通货膨胀提高固定资产的重置成本。在通货膨胀条件下,机器设备大幅涨价,重置成本越来越高,设备更新滞后。

(2) 通货膨胀阻碍企业创新。企业创新是技术进步转化的根本途径,是经济增长的基础。企业创新的目标是提高效益,追求利润最大化,然而这要通过改进工艺,吸引现代技术,降低成本来实现。但在通货膨胀过程中,企业可不走创新之路,而通过涨价来转嫁,"消化"投入品的涨价,进而借以增加利润。

由于通货膨胀有碍技术进步,因而,通货膨胀不利于经济发展就是顺理成章的结论。另外,还可分析通货膨胀与产业结构、农业发展、财政关系、劳动就业、利率、汇率和进出口等的效应,这里就不一一介绍了。

思考题

1. 简述指数核算的目的。
2. 试述拉氏指数与帕氏指数两者的区别。
3. 采用紧缩法编制宏观经济核算物价指数需要做哪些基础工作?
4. 为什么用间接法编制物量指数要比直接法好?
5. 简述利用双紧缩法编制国内生产总值价格指数的步骤。
6. 试述宏观经济生产率指数体系。
7. 试述通货膨胀的类型。
8. 已知某地区 2007 年度支出法国内生产总值构成资料(见表 9 – 4)。

要求:编制该地区 2007 年度国内生产总值价格指数。

表 9 – 4 某地区 2007 年度国内生产总值

项目	现价值(亿元)	价格指数(%)
1. 最终消费	1 251	106.92
2. 资本形成总额	524	104.80
3. 出口	95	103.26
4. 进口	46	104.45

9. 已知某地区按当年价格计算的第一产业、第二产业和第三产业的增加值分别为 167.5 亿元、285.1 亿元和 108.7 亿元,与上年比较,三次产业的增加值价格指数分别为 112.7%,115.8% 和 116.5%。

要求:编制国内生产总值价格指数。

第十章 宏观经济监测与预警分析

宏观经济是一个包括生产、分配、流通、消费四个环节的动态过程。这一过程因受经济系统内外各种可控性和随机性因素的影响,时常偏离其正常轨道,特别是随着我国社会主义市场经济体制的不断推进,经济决策的多层次、多元化更易导致经济运行的不稳定性。虽然经济的微小波动是人们可以接受的,然而大起大落的剧烈波动,对于经济生活危害巨大,是任何宏观经济目标都忌讳的。当经济高速扩张时,投资需求失控,加剧了资源和外汇短缺程度,国民经济结构失衡,社会需求迅速膨胀,导致市场供应紧张、物价居高不下;当经济迅速紧缩时,投资规模压缩,生产部门开工不足,造成结构性资源闲置和生产力浪费。

一个多世纪以前,国外学者就开始研究利用统计信息构造宏观经济监测预警信号系统,为宏观经济调控提供"指示器"或"晴雨计"。20世纪80年代初以来,我国一些研究机构和实际工作部门,在借鉴西方经验的基础上,已开始着手建立中国自己的宏观监测预警系统。

第一节 宏观经济监测与预警的基本问题

一、宏观经济监测与预警的含义

宏观经济监测是指在宏观经济运行的过程中,对宏观经济活动进行的综合观察、跟踪分析和恰当评判,以确定宏观经济运行状态的一项经济研究分析活动。

宏观经济预警是指在宏观经济监测的基础上,预示宏观经济中可能出现的情况并发出警报,为宏观经济调控和决策提供依据。

从以上概念可以清楚地看出,监测与预警至少在以下两个方面有明显区别。

第一,侧重点不同。宏观经济监测旨在对宏观经济运行进行专门而完整的综合观测、分析与评价,具体内容包括:正确描述宏观经济的运行轨迹,并预测其发展趋势;判断经济过热或衰退的程度,以便经济调控部门掌握正确的调控力度;分析经济波动的原因,便于调控部门对症下药,有效解决经济运行中出现的问题。宏观经济预警则偏重对宏观经济运行的波动起伏做出预报和提供经济落入"谷"升至

"峰"的重要信息。

第二,时间不一。宏观经济监测是与宏观经济活动同时进行的并行过程性的测度;宏观经济预警主要是对未来时点宏观经济运行轨迹的科学刻画,属超时点研究范畴。

二者虽有明显区别,但因宏观经济的监测和预警在内容上和作用上总是紧密地联系在一起的,即构成一个整体,也就是监测为预警服务,预警也为监测提供必要的信息,所以人们往往认为它们是一个概念的两个侧面,将它们相提并论,统称为"监测预警"。

经济稳定增长只是作为理想状态而存在,即使不涉及非经济因素的干扰,单从经济过程本身的运动规律来看,经济增长也不可能是直线上升的,因此实际中经济稳定增长是在波动中实现的。但经济的大起大落,是必须尽力避免的。宏观经济监测预警体系就是要采用一定的方法,透过现象看本质,透过现在看发展,正确判断宏观经济运行状况,预见不同转折点可能出现的时间和程度,并研究对策,采取措施,使宏观经济沿着稳定增长的健康道路发展。

二、宏观经济监测与预警的出发点

宏观经济运行状况是一个复杂的巨大系统,要能准确地对其进行监测与预警,必须要有一个明确的出发点作为研究的基础。宏观经济监测预警的出发点是宏观经济波动。

经济波动是指在经济运行过程中所出现的经济上升(扩张)和经济下降(收缩)的循环往复运动,国外一般称为商业循环或经济周期、经济循环。美国经济学家米契尔为经济周期下的定义是:"经济周期是以市场经济为主的国家总体经济活动的一种波动,一个周期是由很多经济活动的差不多同时扩张,继之以普遍的衰退、收缩与复苏所组成的,这种变动会重复出现。"构建美国宏观经济监测系统的美国商务部指出:"经济循环就是在各种经济过程中扩张和收缩的序列,它以整个经济活动的波动表现出来。"

依据区分波动所选指标性质的不同,经济周期波动区分为古典循环与成长循环两类。

所谓古典循环,也称传统经济周期,是指以经济现象绝对水平呈现出增减变化来显示的循环。古典循环主要是用于二次世界大战以前的循环分析。由于当时的景气变化,起伏较为明显,故多采用以原有经济变量的时间序列即经济变量的绝对水平变化的数列作循环分析。这是一种显性波动,比较容易发现。为了与现代的循环分析相区别,故将其称为古典循环。

所谓成长循环,也称现代经济周期,是指以相对的成长率,即增长型经济波动

259

的概念来代替以往的绝对量的成长这一概念的循环,也就是当经济的绝对量的成长较为缓慢时,即视之为衰退,或解释为当实际成长曲线低于潜在成长曲线时,就可视其为一种衰退现象的循环。

按持续时间长短,经济周期可划分为四种。短周期也称基钦周期或"库存投资周期",周期长度约为40个月。研究这类周期应选择短效应指标,使用月度时间序列资料计算。中周期也称朱格拉周期,周期长度约9-11年。研究这类周期应选择时间效应相对缓慢的指标,使用年度时间序列资料计算。西方不少学者认为,这种周期主要是由固定资产大规模更新所致。中长周期也称库兹涅茨周期,周期长度约为15-22年。研究这类周期应选择时间效应相对较长的指标,使用年度时间序列资料计算。西方学者认为,建筑业的周期性波动是造成这类周期的物质基础。第二次世界大战后,这种周期理论广受关注。长周期也称康德拉季耶夫周期,周期长度约50-60年,它伴随着创新的增长阶段而出现。研究这类周期应选择长效应指标,使用年度时间序列资料计算。

一个典型的经济周期波动总是要包括(经历)复苏—繁荣—衰退—萧条四个阶段。复苏,即由过去的萧条转为一个新的繁荣的过渡阶段;繁荣,即经济活动扩张或向上的阶段;衰退,即由繁荣转为萧条的过渡阶段;萧条,即经济活动收缩或向下的阶段。

通过制作经济周期统计图,可得到一些经济周期的基础信息:周期时间,即经济周期过程中各状态的时点,主要是某一周期开始与结束的时间;周期长度,是指一次经济周期从起点到终点所跨越的时间长度;峰值与谷值,是指一次经济周期顶点的指标值与谷底的指标值;扩张期长度,是指一次经济周期从谷底时刻到峰点时刻的持续时间长度;收缩期长度,是指从峰点时刻到谷底时刻的持续时间长度;扩张转折点,即经济周期谷底所处的时间;收缩转折点,即经济周期峰点所处的时间。经济周期的相关信息如图10-1所示。

三、监测预警分析的作用

宏观经济监测预警分析有如下三方面的作用。

1. 正确评价当前宏观经济运行的状态

对宏观经济运行状态进行监测,其重点不在于对宏观经济的历史成就进行全面总结,而在于恰当地反映当前经济运行的冷热程度或正常与否,给出反映当前经济发展正常与否的重要标志和临界区间。宏观经济运行状态监测预警分析的主要方面是:①宏观经济的发展速度如何,经济景气信号是热、偏热还是稳定等何种态势;②社会总供需是否平衡,固定资产投资规模和消费需求增长是否适度;③宏观经济结构与产业结构、区域结构是否合理;④物价的变动是否正常;⑤货币流通是

第十章 宏观经济监测与预警分析

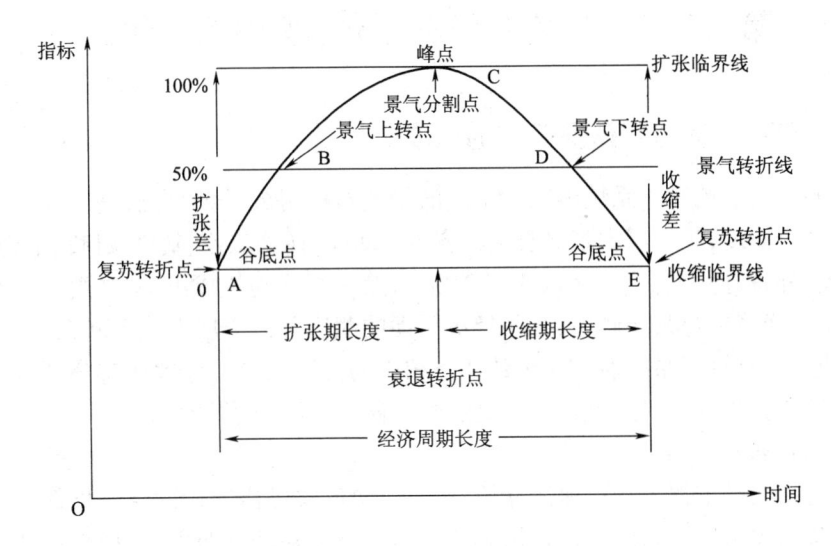

图 10-1 经济周期示意图

否适量;⑥居民收入是否适当增长,消费结构是否改善;⑦对外贸易总额及结构是否合理。

2. 预测宏观经济未来发展趋势

建立预警监测指标体系,预测宏观经济未来发展趋势是宏观经济监测预警分析工作的重点环节。宏观经济运行中出现的一些问题,常常会在一些经济统计指标的变动中先行暴露或反映出来,这些指标构成了反映宏观经济未来可能走势的"晴雨表"或"指示器"。有关决策部门或企业单位,可据此较好地把握经济的未来走势,并对经济运行中可能出现的不正常状况采取措施并进行及时调控,进而实现经济的持续、健康、稳定增长。过去一些年份,由于我们对宏观经济发展态势缺乏必要的监测预警,时常出现建设投资规模失控,信贷资金的消费资金失控,物价上涨过猛等现象,教训是深刻的。

3. 及时反映宏观经济调控的效果

对宏观经济运行的动态进行监测预警并不是最终目标,最终目标是对监测到的经济运行中的不正常状态及时进行调控,使经济运行早日步入正常发展轨道。然而,即使我们通过监测发现问题并及时采取措施调控,评价调控效果的好坏有一个滞后期。为此,对事后反映出的调控效果亦必须进行必要的统计评价,从而确保调控目标的真正实现,保持经济的正常发展。

261

第二节 中国宏观经济监测预警体系的建立

一、宏观经济监测预警系统的构成

宏观经济监测预警系统由三个层次的景气指标组成:第一层次是对宏观经济整体的综合测度;第二层次是对宏观经济各活动部门(如工业、基建、财政、金融、物价、消费、外贸等)和各经济区域的综合测度;第三层次是构成第一、二层次的经济指标,即对经济运行某些侧面、某些经济活动的测度。三个层次上下联系,相互依存,组成了具有较强系统性的一个整体。相应的,第一、第二层次还需分别综合为三个指数作为指示,即先行指数、一致指数和滞后指数(评价指数)。

1. 先行指数

先行指数是依据先行指标计算的,用于超前反映经济变动的综合指数。先行指标也称领先指标或超前指标。相对于基准周期和基准日期讲,某指标总是或绝大部分是先于经济波动到达自身的峰值或谷值,即具有率先变动的特征。所以,在经济进入衰退之前数个月,先行指数可能会发生大幅度持续下降,提前发出经济衰退的信号,因此它具有预测和预警的作用,是宏观经济监测预警分析最重要的指标。

2. 一致指数

一致指数是依据一致指标计算的用以对当前经济运行的各个方面的变动给出一个整体评价的指数。一致指标也称同步指标,是指某指标其峰值与谷值所出现的时期基本与整个宏观经济的峰、谷值出现的时期相同。宏观经济的各个方面变动的方向有可能不完全一致,即可能有的上升,有的下降,而一致指数可以提供信号。总的来看,经济是处于上升或下降阶段,给出一个综合的监测与评价,可以监测当前经济运行的状态。一致指数也是确定参考循环、显示当前经济所处循环阶段及确定经济循环是否达到循环性高峰或低谷的标准。

3. 滞后指数

滞后指数是依据滞后指标计算的指数。滞后指标也称迟到指标,是相对于基准峰谷而言的。它的峰谷值总是或大都是落后一段时间才到来的指标,故称其为滞后指标。如改革开放以来,我国经济经历了三个明显的增长周期,以国内生产总值增长率为考核基准看,其具体数据是:GDP 增长率的峰值分别是 1984 年的 15.2%,1987 年的 11.6% 和 1992 年的 14.2%。而我国商品零售物价指数上涨率也相应出现三次峰值,分别是 1985 年的 8.8%,1988 年的 18.5% 和 1994 年的 21.7%。所以,相对于 GDP 基准周期,商品零售物价指数就是滞后指标,其滞后期为 1-2 年。

滞后指数总是落后于实际经济发展变化情况,因而具有验证经济调控效果的作用。

由上述可知,景气系统将由三个层次、三种指数构成。应说明的是,第三层次的经济指标与原始指标也是有区别的,即经过了季节调整、不规则因素的消除,本身就指示了某一经济活动的波动状况。

二、宏观经济监测预警系统组成指标的选择

建立宏观经济监测预警系统需要解决两大主要问题:一是选定指标;二是编制综合指数。

1. 选择指标应遵循的总原则

总原则是遵守覆盖面广与最小指标集相结合的原则。也就是说,在建立监测预警指标体系时,不仅要考虑到指标体系的完备性,即对于任何一种经济波动形态或一类警情,我们都能从指标体系中找出一个或一组指标来度量,而且要顾及指标间反映监测预警主体的非重复性,尽可能使所建立的指标体系为指标集中的最小完备集,也就是监测预警指标体系在精减到最小限额指标的前提下,仍能获得几乎与其他指标体系同样的信息来满足经济监测预警的需要,其效果几乎未受到影响。按此原则选择的指标体系既涵盖了监测预警所需要的主要变量,达到了监测预警的目的,又剔除了对主体贡献不大甚至导致模糊判断结果的非主要变量,减少了工作量和明晰了分析结果。

美国研制宏观经济监测预警系统时,从 478 个综合指标中选出 50 个指标,其指标的月度数据长达 50 年左右,最后实际采用 22 个指标。中国原国家体改委研究所在 1986 - 1988 年间,对 207 个经济变量逐个进行周期分析、特征测定和对比分析,从中选择出 35 个指标组成监测体系。其中,先行指标有能源生产总量、国家投资、企业贷款及销售成本等 13 个指标;同步指标有工业总产出、销售收入及利税总额等 13 个指标;滞后指标有消费品零售额、企业存款及流动资金周转天数等 9 个指标。据实证运用,这一体系尽管覆盖面还不够大,但还是灵敏可靠的。

2. 指标选择方法

为了准确地测度宏观经济状态,需要从大量的经济指标中选择景气系统的构成指标,正确的选择方法显得十分重要。

(1)最早的指标选择法——相关系数测定法。这是 20 世纪 20 年代在宏观经济监测预警方面盛行的一种指标选择方法,是通过对经济指标在不同时期、不同情况下的相关系数进行比较选择指标的方法。与基准指标相比,凡是相关系数绝对值大于 0.5 的指标,即可作为入选指标,这是一种完全定量制定的方法。其局限性是,相关系数无法真正识别出具有重要经济意义的变量,经济的波动延伸形成了一个循环过程,仅以相关系数难以准确判断经济变量在时间上的变动。

(2) 米契尔 11 条准则法。这是 20 世纪 40 年代后期,米契尔等人在完全放弃了定量测定之后提出的一种新的定性选择方法,主要是从经济变量与宏观变量的对应性、经济变量信息中干扰程度和变量在经济上的重要性三个方面入手选择经济指标。但是,这种完全定性的评价带有浓厚的主观色彩,亦不是理想的选择方法。

(3) 评分系统方法。这是美国商务部在总结定量选择法与定性选择法各自所存在不足的基础上,于 1966 年研究提出的一种定量与定性相结合的方法。这种方法的基本做法是:首先确定若干选择标准;然后赋予每条标准以不同的分数(权重);最后根据每个指标得分值的多少来定量选择和确定被选指标。

选择标准及权重(%)

①经济重要性	20	②统计充分性	20
③时间认定	20	④一致性	20
⑤平滑性	10	⑥时效性	10

美国在运用"经济重要性"时将其划分为三级:最高的得分即高级为 90% - 100%;中级为 80% - 90%;低级为 70% - 80%。若某项指标的经济重要性得分少于 70% 者,则不能列入重要经济指标之列。

(4) 目前我国国内指标选择的一般做法。首先,根据定性分析,从确定的范围内选择若干主要指标作为"候选指标";其次,从候选指标中剔除数据不全、变化趋势相当平稳、变化规则极不明显的指标;再次,采用聚类分析、因子分析与经济分析法相结合的方法,筛选并确认若干精选指标,作为宏观监测预警指标;最后,运用图示对比法、时差相关分析法与经济变量的定性分析相结合,将精选指标分为先行、同步、滞后三类。

图示对比法是将进行筛选的指标的波动曲线与基准循环和日期画在同一张图上,然后对比分析,如被比较指标的峰和谷总是(或绝大部分)保持较好的周期性,且与基准循环有较稳定一致的时滞关系,则该指标可选入,否则不选入。

3. 指标数字的季节因素调整

统计信息所提供的经济变量是一个包括 T, S, C, I 四个(或其中某些部分)部分构成的变量,其中 T 为长期趋势,S 为季节变动,C 为循环波动,I 为不规则变动。而经济监测和预警是对时间变量中 C 和 T 两部分的监测,仅对 C 分量的预警。因此,季节分量 S 和不规则分量 I 都是干扰因素,应予以事先剔除。

这里将干扰因素的剔除习惯上称之为季节调整。季节调整的方法较多,且现在仍在发展,如统计学中通常介绍的原资料平均法、平均数趋势整理法、十二月(或四个季度)移动平均法、环比法、全年比率平均法、趋势比率法、图解法等。现在世界各国季节调整采用较多的是美国商务部普查局于 1965 年发表的"X-11"季节

第十章 宏观经济监测与预警分析

调整程式。这一程式除了以移动性季节因素处理外,另外还考虑到交易日变动的调整以及极值的处理。由于此计算季节因素的方法切合实际,故得到世界各国的广泛采用(如何使用这一程式有专门的应用软件,运用计算机是很方便的)。

三、宏观经济监测预警指标类型的确定

宏观经济监测预警指标应分清先行指标、同步指标和滞后指标。实际上,宏观经济监测预警指标的确定就是要解决两大基本难题:一是就一个指标来讲,如何判定相对于基准指标,该指标是先行、同步或滞后指标的哪一种,即确定该指标的类型问题;二是对一类指标中的各个指标来讲,如何判定每个指标对总的经济形势变动的影响程度和预警程度,从而把诸多的同类指标综合为一个参数,即在计算先行、同步、滞后三类指标的 DI(扩散指数)、CI(综合指数)之前,把同类指标中的各个指标综合为一个数量的问题。

1. 判别指标类型的标准

除被选指标与基准指标及研究目的的经济性质外,划分三类指标一般遵循两个标准:一是时间标准,即是否先行或滞后或同步,以指标的峰、谷时差是否超过3个月为标准。与基准指标的峰、谷时间超前3个月以上的为先行指标,滞后3个月以上的为滞后指标,在3个月及以内的为同步指标。二是数量标准、现象变化的不规则性,超前不可能百分之百,滞后亦不可能百分之百,但只要其中有 2/3 及以上的循环是先行或同步或滞后,就将其归于此类。

2. 确定指标类型的方法

目前国内外宏观经济监测预警系统指标类型的确定方法有以下四种。

(1)基准日期与基准循环法。由于景气系统主要基于时差关系监测经济增长波动,其效果的优劣,首先取决于这种时差关系的参照系的选择是否正确。在国外,这个参照系的选择被称为"基准循环"的确定,即确定宏观经济运行的阶段性和转折点。

经济发展中各个方面的运动是有序的,不同的经济指标表现出先后有异的变化,为了对这种先后变化进行划分和进行相应的研究与利用,需要确定一个基准。在景气指标方法中这个基准由基准日期与基准循环构成。

基准日期也称经济周期参考转折点,它表示经济景气循环波动过程中转折点的位置,即指在经济波动过程中,从经济扩张向经济收缩的转折年月份即循环中的峰(从景气到不景气)和从经济收缩向经济扩张的转折年月份即循环中的谷(从较不景气到较为景气)点的时间日期。确定基准日期的目的是确立经济周期的基准,提供从事周期比较分析的基础。它主要由以下因素确定:

第一,列出所有同经济(即分析与预测的对象)景气变化有关的统计指标,从

中挑选出与经济景气变化基本一致的指标(鉴于我国实际,目前基本是以"工业生产速度"作为基准指标)。

第二,根据选择的指标制作历史扩散指数(HDI),并确定该指数所反映的转折点(HDI的制作方法和转折点确定与下面论述的扩散指数DI类似)。

第三,列出经济大事记。由经济专家们根据HDI中确定的转折点,并参考大事记中的背景材料,决定景气峰、谷日期,即基准日期。

基准循环即反映宏观经济运行状况的总循环,它是宏观经济短期监测的对象,也是评价敏感性指标代表性的依据,还是分析各经济周期波动时滞关系的参照系和比较基础。它一般定义为从景气谷到邻近一个谷之间的循环。由基准日期和基准循环确定了经济的景气循环(周期)及峰和谷。

目前我国确定基准循环和基准日期的方法,一般是采用综合间接的确定方法,分为三个步骤:首先,以工业总产出(或增加值)为代表性指标确定初步的基准循环和基准日期;其次,选择代表宏观经济主要方面且敏感性较好的一组同步指标计算综合指标(数),确定基准周期和基准日期,作为修正第一步的基础;最后,增加周期波动的统计信息总量,连同前两步的结果,提供给各方面专家做出进一步修订。

中国国家统计局统计科学研究所宏观经济监测课题组的具体做法是:以工业总产出(或增加值)指标为核心,再选择与工业总产出(或增加值)变化趋势大体一致的工业销售收入、国内商业纯购进、国内商业纯销售三个指标作为基准循环指标,以此四项指标加权构成基准循环指数,其计算结果如下(指标指数的时间长度为1980年1月至1988年5月):

	峰	谷	峰
第一循环	1981.12	1982.12	1983.09
第二循环	1983.09	1984.03	1985.02
第三循环	1985.02	1986.02	1987.03
第四循环	1987.03	1988.01	

一般来讲,在工业化进程中,经济增长的"发动机"就是工业生产,因此,视工业生产总值为经济增长水平的标志,作为研究循环波动的核心是合理的。由于后三项指标反映了工业产品产值的实现过程,并且与工业总产出同步正向变动,其误差前后不超过两个月。也有学者选用国内生产总值增长率作为统计描述的依据,只是该指标只有季度数据。

(2)图形法。图形法也称经济周期统计图法,它是以确定的综合指标变化作为基准,把所选择的指标值绘制在与基准循环波动曲线的同一张图上,然后与之进行比较对照,观察所选择指标的峰谷变化与基准指标曲线的峰谷变化之间的关系,如果被比较指标的峰谷总是(或绝大部分)保持较好的周期性,且与基准周期有较

第十章 宏观经济监测与预警分析

稳定一致的时滞关系,则该指标就是所选指标之一,由此可立即判定出该指标是属先行、同步或滞后中的哪种指标类型。

制作图形时,一般要做两种比较图形:其一,纯循环变动比较图。将所选择出的各个指标,在先剔除 T,S,I 之后,用其余下的 C 变量绘制循环图,并与基准循环进行比较。这种图能较准确地反映指标值原序列的循环变动情况。二是趋势循环变动比较图。用所选指标的 T,C 增长率(与前一年同期比)的变动绘制比较图。它能较好地判别制作景气指数的指标增长率的变动情况。这两种图形从不同侧面反映了指标值的波动,但是 C 波动直接影响 T,C 增长率的波动。

(3)马场法。这是日本马场教授在研究宏观经济波动时首先提出的用以确定指标所属类型的一种方法。其做法是:把一个指标的循环分成九个阶段,先求出每个阶段的平均值,然后对相邻两个阶段的平均值进行比较。如果比较结果显示各个阶段的上升或下降构成的循环与基准循环一致,则认为该指标为同步指标,否则判断其为先行或滞后指标。这种方法主要是为便于计算机的判断与分类而制定的,但其分析思想和结果与图形法是一致的。

(4)滞后相关分析法(时差相关分析法)。一般来讲,采用国外目前使用的方法确定指标的先行、同步、滞后类型,通常需要具备两个条件:第一,要有反映宏观经济各个重要部分的诸多指标和 10 年以上的月度统计资料;第二,要有较完整的经济大事记,以判断确定基准循环。这两个条件,有时可能不完全具备,为此,可采用滞后相关分析法。滞后相关分析法的基本思想是:若两个经济周期时间序列之间存在着相关性,则它们之间的相关程度必定在某个时点上达到最大。求得这个最大的时差相关系数,即可以确定两个变量之间的时差关系,变量的性质也随之确定。

滞后相关分析法主要有三个步骤:第一步,确定基准综合指标,并确定其循环周期长度。选取一个能综合反映宏观经济发展状况的指标,如 GDP(或 GNI)作为基准综合指标,并确定基准指标循环周期的长度。第二步,计算初选指标与基准指标之间的滞后相关指数数列,即分别计算它们滞后 $1,2,\cdots,n$ 个月的相关系数组成一相关数列。基本要求是样本数至少要超过基准指标半个周期的长度。第三步,根据选取指标的原则,确定其类型:滞后相关系数大于 0.5 且滞后相关系数有明显波动幅度和周期的初选指标,可入选景气指标数列;相关系数数列中,绝对相关系数值最大的一个相关系数所处位置即为判断其指标类型是先行、滞后或同步指标与超前或滞后月份(时间)。

滞后相关分析法的优点是:对指标的时间序列长度要求不高,一般 5 年即可;依相关系数能简便地划分指标的先行、同步、滞后类型,并同时确定滞后时间;对指标选择有明确的数量判断依据,方便易行。其局限性是:它要求两个时间序列必须满足"零均值、等方差、独立正态分布的纯随机序列"的假定。这个假定条件对经济周期分析来说太苛刻了。解决的办法是不用传统的时差相关方法,而改用ARIMA(差分自回归移动平均)时差互相关分析方法。

另外,还可采用K-L信息量分类法和聚类分析法确定指标类型。K-L信息量分类法是统计学家库尔伯克和雷布莱尔于20世纪中叶提出的用以判定两个概率分布接近程度的一种方法,而聚类分析法是按照样本或变量(指标)本身在性质上的亲疏程度来分类的方法。

四、宏观经济监测与预警系统指数权重的确定

在计算综合指数时,需要确定各个指标的权重。各国在处理这个问题的方法上不尽统一,如在日本,是简单地把各个指标的权重都视为1;在美国,则多采用评分系统法,即用专家确定法,从六个方面对各个指标进行评分(赋权),且有一套复杂的计算方法。显然,一个太简单,一个太繁杂。我国有不少学者主张采用"多层次权重分析法",有以下具体方法:

1. 强制决定法

强制决定法(FD法)又称"01"打分法,即对各功能指标两两对比,重要的得1分,不重要的得0分,自身与自身比不得分;然后计算每项指标得分小计的构成比,即为权系数。该方法较粗,缺乏同等重要的打分也是其缺点之一。

2. "04"计分法

"04"计分法比"01"计分法较细,有4:0,3:1,2:2三种打分,即在两项考评因素对比时,非常重要的得4分,很不重要的得0分;较为重要的得3分,不太重要的得1分;二者同等重要的各得2分。其后计算同"01"计分法相似。

3. 多比例打分法

多比例打分法是比"04"打分法更细的记分法,有10:0,9:1,8:2,7:3,6:4,5:5六种情况,结果计算同前述。

五、宏观经济监测预警指数的计算

任何一个经济变量,其本身的波动过程都不足以代表宏观经济整体的波动过程。要反映宏观经济系统的波动过程,评价和判断宏观经济形势状态,分析宏观经济变动的规律性,以及预测未来宏观经济形势的发展,就必须借助一种新的方法,综合考虑各个变量的波动。依综合方式的不同,这类指数区分为扩散指数(DI)和综合指数(CI)两种。

1. 扩散指数

扩散指数(DI)又称为扩张率,它是在对各个经济变量的循环波动进行测定的

第十章 宏观经济监测与预警分析

基础上,将所得到的扩张变量在一定时点上的加权百分比。把每一个时点上的扩张百分比计算出来,就得到一个扩散指数的动态数列。把它画在图上,可以形象地表现出经济波动在不同的变更活动中相继扩散的过程。

扩散指数是极具权威的美国"全国经济研究局"制定的。这个结构复杂、体系庞大的指标体系所揭示的,是论断各循环阶段中的各变数,即各代表该"基准循环"或"个别循环"的"经历的时间长度"、"变动的幅度大小"、"波及的扩散广度"。实际运用时,要分别具体计算先行扩散指数、同步扩散指数和滞后扩散指数,以满足不同目的的使用。

计算 DI 有三个具体步骤:第一步,对各指标作季节调整。将数列中由于季节性因素作用而发生的规律性波动予以测定和清除。实际操作中作三种调整:季节因素调整、工作(营业)日数差异调整、节日调整。第二步,各指标动态对比赋值。将调整后的指标值,各自计算月指标值与3个月前基月指标值对比,如9月与6月比,11月与8月比(时距差最大不得超过6个月,因比较区间越短,反映越灵敏,但过短也会引入较多的干扰信号,故一般均采用3个月)。好转者赋值1,稳定者赋值0.5(5‰以内)、恶化者赋值0。第三步,计算指标数赋值总和。总和被称为"扩张指标数"(若共选指标为25项,则此值域[0,25])。第四步,计算 DI。将第三步计算结果"扩张指标数"与全部指标个数(如25)对比,并换算为百分比,即为 DI 指数:

$$DI = \frac{\text{扩张指标数}}{\text{全部指标数}} \times 100\%$$

或

$$DI = \frac{\text{好转指标个数} + \frac{1}{2} \times \text{稳定指标个数}}{\text{全部指标数}} \times 100\%$$

如设所选指标10个,在某年某月的分析结果是:呈好转上升状态的5个,呈不变状态的4个,下降恶化的1个,则有:

$$DI = \frac{5 + \frac{1}{2} \times 4}{10} \times 100\% = 70\%$$

扩散指标也可采用加权的方法计算,即对不同重要程度的指数赋予不同的权重,计算加权扩散指数,结果更能说明问题,其权重可依专家评判法等具体确定。

扩散指数在经济波动分析中有五个作用:第一,用以反映宏观经济运行的方向。因为它是由许多变化比较规则的重要经济变量综合而成的,故它作为宏观经济运行的晴雨表,比任何单一指标都更具有可靠性与权威性。第二,表明当期经济发展所处阶段。依据 $0 < DI_t < 100\%$ 的不同取值,可将每一次波动分解为四个阶段。其中:①当 $0 < DI_t < 50\%$ 时,上升的指标数小于下降的指标数,但扩张的因素在不断生长,收缩的因素在逐渐消失,经济形势在向扩张方向运动,这时经济运行

处于不景气空间的后期;②当 $50\% < DI_t < 100\%$ 时,经济情况发生了重大的转折,上升的指标数大于下降的指标数,经济处于景气空间前期,随着 DI 向 100% 的不断趋近,经济运行中的热度越来越高;③当 $100\% > DI_t > 50\%$ 时,上升的指标数仍然大于下降的指标数,但扩张率在不断下降,这时经济处于景气后期,由于在运行中有些变量已经达到了它们的极限,正在走下坡路,所以整个经济系统正处于降温阶段;④当 $50\% > DI_t > 0$ 时,经济运行中的力量对比又一次发生重大转折,上升的指标数小于下降的指标数,经济系统正面临全面收缩的阶段,经济形势又进入一个新的不景气空间前期。第三,分析经济在各阶段扩张的速度。扩散指数在每一个阶段停留的时间代表经济波动在相应阶段扩散的速度快慢,即时间越长,扩散越慢,总的来讲,上升期慢好,下降期快好。第四,测定不同周期景气变化的程度。扩散指数在任一时点上达到的数值代表经济波动扩散的程度或范围,而扩散指数达到其峰值或谷底的数值则说明经济扩散或衰退的极限程度。不同周期的峰值或谷底的数值的比较,可以说明经济景气或不景气的程度变化,其峰谷落差的比较则反映经济振荡的程度。第五,用以预测与判断经济的未来变化。利用先行指数的扩散指数可以预测宏观经济形势的动态趋势;利用滞后指数的扩散指数可以判断经济景气或萧条是否开始或结束。因此,扩散指数对宏观经济的监测和调控提供了一个方便的工具,同时也对宏观调控效果进行评价提供了一项标准。

扩散指数的优点是它综合了各种敏感指标的信息,其判断值综合性强,有利于决策运用。它可根据定量资料计算和定性资料计算;可据以绘制扩散指数曲线图,具有形式直观、生动的特点;它把经济景气指数化,时效性较强,有利于决策主体决策之用。其不足之处是无法明确表示经济波动的强弱,因它把经济的任何一个上升都看作一个单位扩张,而不管上升幅度的大小,所以它不能很好地定量反映出经济的扩张或收缩的程度;它虽能预测转折点,但无法确定转折点的具体位置,简单扩散指数使不同指标同权化,忽略了不同指标的重要性差异,可能导致结论偏差。

2. 综合指数

(1)基本概念。综合指数简称 CI,是指各项指标以其波动幅度为权数进行加权计算的综合指数。综合指数是一种总的度量方法,用来表明总体的经济活动变化的方向。它是由很多代表不同部门、不同运动情况的时间序列组合在一起而编制的一种指数。它主要用于经济总体运行轨迹的刻画,不仅能描述经济总体的趋势,而且能展示其变化程度的大小。

由于 DI 计算中把指标波动的任何一种上升都看作一个单位的扩张,而不管这种上升幅度的大小,所以它并不能很好地定量反映出经济的扩张或收缩的程度,而只能反映扩张或收缩的方向及其转折位置。面临经济高速增长,DI 更难以适应。为此,美国商务部经济分析局的首席经济统计学家希斯金于 20 世纪 60 年代提出了综合指数法(CI),用以综合多指标信息,并且通过较严密的统计方法处理,保留了经济变量变动幅度的信息。CI 基本是由一类指标以各自的幅度为权重加权综合平均计算的,所以它不但能定量地反映出经济的扩张或收缩程度,而且它的波动模式与对应的指标组中指标的波动模式基本一致。也就是说,CI 的循环波动及其自身的峰和谷,基本上与基准循环和基准的峰与谷相一致。

(2)计算步骤。首先,根据指标原时间序列,采用残余法求得循环波动相对数时间序列;其次,将各数列经过标准化后进行调整,求出以标准差为计算单位的标准差循环偏差相对数,来表示每个指标循环波动的大小;最后,将每组(先行、同步、滞后)指标系列的标志循环偏差相对数分别进行加权平均,求得各组系列的综合指数,来表示各组的循环波动的方向和波动的幅度。

综合指数究竟如何计算,最精确、最有代表性的是美国商务部的如下综合指数计算方法:

第一步,对原始指标 $X_i(t)$ 用"X-11"法作季节变动与不规则变动修正,以突出它的带有长期和循环两变动的 $d_i(t)$ 的规律性,即景气循环性。

第二步,采用下述公式求单项指标 $d_i(t)$ 的对称变化率 $C_i(t)$:

$$C_i(t) = 200 \times \frac{d_i(t) - d_i(t-1)}{d_i(t) + d_i(t-1)}$$

这是对传统增长率方法的一种修正计算法,因为它充分考虑了报告期与基期的影响,从而使 $C_i(t)$ 保持较好的均匀性。

第三步,对 $C_i(t)$ 进行标准化。标准化公式为:

$$S_i(t) = \frac{C_i(t)}{\dfrac{\sum_{t=1}^{n}|C_i(t)|}{N-1}} = \frac{(N-1)C_i(t)}{\sum_{t=1}^{n}|C_i(t)|}$$

式中,N 为标准化期间包括的时间(如月数)。这是为了防止某些易于波动的数列在计算结果中占支配地位,从而使结果出现偏差。

第四步,求 K 项指标的标准化变化率的加权月平均数。

$$R(t) = \frac{\sum_{i=1}^{k}S_i(t)\cdot W_i}{\sum_{i=1}^{k}W_i}$$

式中,W_i 为第 i 项指标的权数。若无 i 项指标在 t 月的数据,则令 W_i 在 t 月为零。因各项指标在反映经济景气循环方面的作用存在差异,加权处理能更好地体现各项指标的作用。

第五步,对 $R_{(t)}$ 进行组间标准化。标准化公式为:

$$V_{(t)} = \frac{R_{(t)}}{F}$$

式中，F 为标准化因子。设 $P_{(t)}$ 为同步指标组的 $R_{(t)}$，则：

$$F = \frac{\dfrac{\sum_{t=2}^{n}|R_{(t)}|}{N-1}}{\dfrac{\sum_{t=2}^{n}|P_{(t)}|}{N-1}}$$

因此，对同步指标组来说 $F = 1$。这样处理的目的是使先行、同步和滞后三组指标构成的 $R_{(t)}$ 的长期平均数 $E(R_{(t)})$ 相同，即使先行和滞后指标组构成的 $R_{(t)}$ 的平均数等于同步指标组构成的 $R_{(t)}$ 的平均数。

第六步，对 $V_{(t)}$ 求初始合成指数 $I_{(t)}$。利用以下递推公式对标准化平均变化率 $V_{(t)}$ 求初始合成指数：

$$\begin{cases} I_{(t)} = I_{(t-1)} \times \dfrac{200 + V_{(t)}}{200 - V_{(t)}} \\ I_{(o)} = 100 \end{cases} \quad (t = 1,2,3,\cdots,N)$$

这一步的目的是将 $V_{(t)}$ 转化为一种按时差测度总体经济景气循环水平的数列 $I_{(t)}$，并称为初始综合指数。事实上，假设 $I_{(t)}$ 是按时差度量总体经济景气循环水平的数列，则 $I_{(t)}$ 的对称变化率应分别与按先行、同步和滞后指标组计算所得的标准化平均变化率 $V_{(t)}$，即：

$$V_{(t)} = 100 \times \frac{I_{(t)} - I_{(t-1)}}{\dfrac{I_{(t)} + I_{(t-1)}}{2}}$$

计算所得到的对称变化率相等。由上式移项整理可得：

$$I_{(t)} = I_{(t-1)} \times \frac{200 + V_{(t)}}{200 - V_{(t)}}$$

这就是按时差测度经济变动水平的时序数列。该公式可认为是反对称率计算公式；再令 $I_{(t)}$ 的初始值为 100，即得出该步计算式中的递推计算式。

第七步，对 $V_{(t)}$ 进行趋势调整。趋势调整的公式为：

$$V'_{(t)} = V_{(t)} + (G - T)$$

式中，G 为目标趋势；T 为初始合成指数的趋势。对 G 的计算分为两步：首先，对同步指标组的每一个序列 $Y_{i(t)}$ 按复利公式分别求出各自的趋势 G_i：

$$G_i = \left(\sqrt[m]{\frac{C_d}{C_i}} - 1 \right) \times 100$$

式中，C_d，C_i 分别为 $Y_{i(t)}$ 始循环和末循环的平均值，m 为始循环的中心到末循环的中心之间的月数。

然后，求 G_i 的平均值，其公式为：

$$G = \frac{1}{P} \sum_{i=1}^{P} G_i$$

式中,P 为同步指标组个数;G 为所求目标趋势。

T 仍按复利公式:$T = \left(\sqrt[m]{\dfrac{C_d}{C_i}} - 1\right) \times 100$ 计算。此处 C_d 与 C_i 分别为 $I_{(t)}$ 的始、末循环平均值,m 为始循环中心到末循环中心之间的月数。

这里的趋势调整有两个目的:一是为了使三组合成指数的趋势等于同步指标组各指标趋势值的平均数;二是为测度总体经济的循环水平。

第八步,求合成指数 $CI_{(t)}$。计算公式为:

$$CI_{(t)} = 100 \times \dfrac{I'_{(t)}}{I'_{o(t)}}$$

式中:
$$\begin{cases} I'_{(t)} = I'_{(t-1)} \times \dfrac{200 + V'_{(t)}}{200 - V'_{(t)}} \\ I'_{(o)} = 100 \quad (t = 1,2,3,\cdots,N) \end{cases}$$

$\bar{I}'_{0(t)} = \dfrac{1}{12}\sum_{i=1}^{12} I'_{0(t)}$,为 $I'_{(t)}$ 基年平均值;$I'_{0(t)}$ 为 $I'_{(t)}$ 基年 t 月值;$t = 1,2,\cdots,n$。

利用上式,分别计算先行合成指数 $LCI_{(t)}$、同步合成指数 $CCI_{(t)}$ 和滞后合成指数 $GCI_{(t)}$。这里是将趋势调整后 $I'_{(t)}$ 化成指数形式,求 $I'_{(t)}$ 的定基指数,基期值取为 $I'_{(t)}$ 基期各月的平均数。

(3)实例。设已有如下资料(见表 10-1):

表 10-1 某年工业增加值、国内商品纯购进总值月度资料 单位:亿元

月　　度	1	2	3	4	5	6
工业增加值(d_{1t})	450	391	481	500	516	546
国内商品纯购进(d_{2t})	250	190	230	245	260	300

注:表中资料已剔除了 T,S,I。

现据以计算综合指数:

第一步,求对称变化率 $C_i(t)$:

$$C_{12} = \dfrac{d_{12} - d_{11}}{d_{12} + d_{11}} \times 200 = \dfrac{391 - 450}{391 + 450} \times 200 = -14.03$$

$$C_{22} = \dfrac{d_{22} - d_{21}}{d_{22} + d_{21}} \times 200 = \dfrac{190 - 250}{190 + 250} \times 200 = -27.27$$

同理可得:$C_{13} = 20.64, C_{14} = 3.87, C_{15} = 3.15, C_{16} = 5.65, C_{23} = 19.05, C_{24} = 6.32, C_{25} = 5.94, C_{26} = 14.29$。

第二步,对 $C_{i(t)}$ 进行标准化:

$$A_1 = \dfrac{14.03 + 20.64 + 3.87 + 3.15 + 5.65}{5} = 9.47$$

$$A_2 = \frac{27.27 + 19.05 + 6.32 + 5.94 + 14.29}{5} = 14.57$$

则：
$$S_{12} = \frac{C_{12}}{A_1} = \frac{-14.03}{9.47} = -1.48$$

$$S_{22} = \frac{C_{22}}{A_2} = \frac{-27.27}{14.57} = -1.87$$

同理可得：$S_{13} = 2.18, S_{14} = 0.41, S_{15} = 0.33, S_{16} = 0.60, S_{23} = 1.31, S_{24} = 0.43, S_{25} = 0.41, S_{26} = 0.98$。

第三步，计算 S_{it} 的加权月平均变化率 R_t。

若令工业增加值的权数 $W_1 = 2$，国内商品纯购进的权数 $W_2 = 1$，则：

$$R_2 = \frac{(-1.48) \times 2 + (-1.87) \times 1}{3} = -1.61$$

同理：$R_3 = 1.89, R_4 = 0.42, R_5 = 0.36, R_6 = 0.73$。

第四步，对 R_t 进行标准化，因为同步指标组的 $F = 1$，则有：$V_2 = R_2, V_3 = R_3, V_4 = R_4, V_5 = R_5, V_6 = R_6$。

第五步，计算初始综合指数 $I_{(t)}$：

令 $I_1 = 100$，则 $I_2 = \frac{200 - 1.61}{200 + 1.61} \times 100\% = 98.4\%$。

同理：$I_3 = 101.91\%, I_4 = 100.42\%, I_5 = 100.36\%, I_6 = 100.73\%$。

第六步，计算同步指标综合指数 CCI：

若 $\bar{I}_{(o)} = 101\%$，则 $CCI_1 = \frac{100}{101} = 99\%$。

同理：$CCI_2 = 97.4\%, CCI_3 = 100.90\%, CCI_4 = 99.42\%, CCI_5 = 99.37\%, CCI_6 = 99.73\%$。

以上即为该研究对象 1~6 月的 6 个同步指标综合指数。

也有学者提出，综合指数可以按如下公式较简单地予以计算。其公式为：

$$\Delta\% = \sum W_i S_i \Delta_i \%$$

式中，$\Delta\%$ 为综合指数（变化率）；W_i 为第 i 个单项指标的权重；S_i 为第 i 个单项指标的校正因子，即将指标的变异性调整到一个标准化的振幅；$\Delta_i\%$ 为第 i 个单项指标的指数（变化率）。

现举例分析，对 A, B, C 三个先行指标进行综合处理，得出一个综合指数。

表 10-2 中，第 1 列为给定数，第 3 列为根据已知条件计算出的数，若经以上七步计算，最终得到第 7 列的权重，于是可得：

综合指数 = 0.566 6（指数 A）+ 0.145 0（指数 B）+ 0.288 4（指数 C）

另外，还有学者提出综合法指数的四个计算步骤：

第十章 宏观经济监测与预警分析

表 10-2 赋权及处理过程

时间数列	赋给权重	列(1)求和后的百分比(%)	平均偏差	列(3)的倒数	列(4)求和后的百分比(%)	列(2)乘列(5)	列(6)求和后的百分比(%)
	(1)	(2)	(3)	(4)	(5)	(6)	(7)
A	1.25	41.67	0.35	2.86	48.47	2 020	56.66
B	0.75	25.00	0.82	1.22	20.68	517	14.50
C	1.00	33.33	0.55	1.82	30.85	1 028	28.84
合计	3.00	100.00	1.72	5.90	100.00	3 565	100.00

第一步,根据循环相对数计算循环偏差:

$$C_t = \frac{T \cdot S \cdot C \cdot I}{T \cdot S \cdot I} - 1$$

第二步,计算每一时间序列的标准差:

$$\delta = \sqrt{\frac{\sum C_t^2}{N} - \left(\frac{\sum C_t}{N}\right)^2}$$

第三步,计算标准化循环偏差:

$$\text{标准化循环偏差} = \frac{C_t}{\delta}$$

第四步,分别计算三组指标系列综合指数:

$$CI = \frac{\sum (C_t/\delta) f}{\sum f}$$

(4) CI 指数的特点。CI 指数不仅能显示循环波动的方向,准确说明循环周期中每一个阶段的波幅和总波幅,而且还能显示每一周期的时间长度和每一发展阶段的时间长度,便于进行预测。例如,根据先行综合指数的变化可预测整体经济运行的转折点。这可以是按"下降/上升法则"确定整体经济运行的转折点。当采用"2 个月下降/上升法则",即在扩张阶段,当综合指数连续 2 个月下降时,就意味着经济可能会走向衰退;在收缩阶段,当综合指数连续 2 个月上升,则意味着经济开始走出萧条。这种做法也可以 3 个月为准,其预测效果更好,但时效性较差。作预测时还可采用"值域法",即根据综合指数的历史数据,求出综合指数月度变化的"正常域"。如美国的领先综合指数的正常域为(-0.1%, 0.7%)。当综合指数变化值落在正常域之内时,赋值为 2,超过其上限赋值为 3,在下限之下赋值为 1。当值"3"持续出现 2 个月或 3 个月,就是低谷转折的信号;反之,值"1"持续 2 个月或 3 个月,就是高峰转折的信号。

3. 两种指数在性质上的比较

(1) 两种指数都能反映经济变动的方向。DI 指数虽能有效地分析和预测经济波动的转折点,但它却不能说明经济波动的程度;CI 指数不仅能弥补 DI 的这一不足,而且它反应灵敏,对景气变动指标较为超前,但信号干扰也相对较多。

(2)在景气分析中,DI 指数主要依据同步扩散指数(CDI)的值,以判别经济景气处于扩张或收缩的状态(以大于或小于 50% 予以说明,若等于 50%,则说明经济开始出现转折);CI 指数则主要根据其变化率来说明经济景气扩张或收缩及其变化程度的大小。

(3)DI 指数制作较为简便;CI 指数则复杂。

由于二者在信息量上的差异,故在景气分析中都具有重要作用。

第三节 景气警告系统的编制与应用

一、有关概念和基本思想

预警是指采用类似交通管制信号系统的方法,反映宏观经济的综合变化状况与变化趋势。这在国外通常称之为"景气警告指标"方法。

宏观经济预警系统考察的对象既然是社会经济的运行系统,那么,它不仅要能够跟踪反映经济运行,而且还要预示经济运行系统的变化,发挥"晴雨表"、"报警器"的作用。基于 20 世纪 50 年代中期开始的经济高速增长给社会带来的种种问题,仅仅掌握经济变动信息已难以满足宏观管理的需要。为此,不少国家在其景气系统中引进能够对经济变动作出评价的指标,试图对经济增长速度给出规范性的评价,这就是景气警告指标的产生。景气警告指标又称景气对策信号,是美国在 1962 年最先提出的。它以防止景气过度萧条为目的,以失业率为判断景气的标准。当失业率上升到一定限度时,政府就要增加投资,以刺激景气复苏。如美国政府规定:当失业率在过去 4 个月中有 3 个月上升,或月失业率连续 3 个月比 4 个月前高 1%,政府最迟在 2 个月内必须进行 20 亿美元限额的公共投资,以刺激经济复苏。随后,1965 年法国政府为配合第四个五年计划制定了综合性的景气对策信号制度,除失业率外,还包括物价、生产、国际收支和投资等项目。它借助信号灯颜色表示对宏观经济状况的评价;1968 年,日本经济企划厅参照法国景气信号制度的构想,发表了日本景气警告指标,它对高速增长的日本经济以红、黄、蓝不同颜色作出评价;1970 年联邦德国也发表了类似的景气警告指标。到 1986 年西方七国首脑在东京开会,为协调宏观经济政策,会议决定实施多边的"经济指标相互监测",共列出 10 项指标:通货膨胀率、失业率、利率、汇率、国内生产总值增长率、财政赤字率、经济收支、贸易收支、货币供应量的增加和外汇储备。

二、景气控制指标的选择

建立景气预警系统最首要的问题,是预警指标的选择。制作预警系统的目的,是监测宏观经济整体的运行态势。为此,所选择的指标应尽可能满足四个条件:第一,反映宏观经济整体及动态过程的主要方面;第二,体现宏观经济整体的内在联系;第三,与宏观经济总体的经济波动具有良好且稳定的关系;第四,统计资料的准确性和及时性。为遵循这四项基本原则,不同的人(研究组织)亦会有不同的理解,所选择的指标亦可能是不同的。国家统计局中国经济景气监测中心根据对我国宏观经济景气体系的研究,选择了10个指标:工业总产出(或增加值)、预算内工业企业销售收入、基础产品产量指数、社会商品零售总额、固定资产投资额、狭义货币、企业存款、银行现金总支出、海关进口额、全国生活费用价格指数,组成监控指标体系;中国台湾地区的景气警告指标体系则由零售物价指数、消费者物价指数、货币供给(M_1)、放款金额、票据交换金额、退票金额、结汇出口值、海关出口值、工业生产指数、制造业生产指数、股价指数和储蓄性存款12项指标组成。

三、指示灯区域的划分与设定

1. 灯区设定的经济意义及赋值

根据宏观经济运行过程的状态和性质,借助于交通管制信号系统,一般将运行过程划分为如下五个灯区:

(1)红灯区。表示景气已经过热,必须采取强力的紧缩措施,赋值5分。

(2)黄灯区。表示景气已经偏热(或较热),需采取适度的紧缩措施,赋值4分。

(3)绿灯区。表示当时的景气稳定,经济增长适度,宏观经济运行正常,赋值3分。

(4)浅蓝灯区。表示景气已经偏冷,必须密切注意,需采取相应措施遏制向过冷方向发展,赋值2分。

(5)蓝灯区。表示景气已经过冷,经济增长速度过低,宏观经济已开始萧条,赋值1分。

2. 五灯区四个临界值的确定

五灯区预警界限即临界值的确定是否适当,对于准确地监测各项经济指标的变动和对整个宏观经济运行状况作出正确的判断影响很大。因为临界值是表明事物变化过程中,由量变引起质变的数量界限的数值。在确定每个指标的检查值(临界值)时,要综合考虑过去经济变动或经济循环的情况,以及各个时期所采取的宏观调控政策和未来经济发展规划的目标等情况。

(1)各指标预警值即临界值的确定。可采用"基准相关分析法",首先确定基准周期波动的代表性指标如工业总产出(或工业增加值、GDP)的控制评价界线(如下述),然后对每个监测控制指标分别按工业总产出界线所处相同月份的一般状态水平确定该指标的界限值。

红灯与黄灯间的临界值,以过去(一般为近 10 年)若干个循环周期峰值前 3 个月的平均值为临界值,如我国工业总产出的这个值定为 14.5%。

浅蓝灯与蓝灯间的临界值,以过去若干循环周期谷值前 3 个月的平均值为临界值,如我国工业总产出的这个值定为 4%。

黄灯与绿灯间的临界值,从过去历年中选出若干经济比较稳定而又有一定增长的时期,视此期间的各项指标的变动较为正常,则以该较为正常时期指标变动的上限平均值为临界值,如我国工业总产出的这个值定为 10%。

绿灯与浅蓝灯间的临界值,以上述可视为较为正常期的指标变动的下限平均值为临界值,如我国工业总产出的这个值定为 6%。

即我国工业总产出的四个临界值分别为:14.5%、4%、10%、6%。

也有学者提出单项指标的如下处理方法:

首先,计算被控指标的 $\bar{X}$,以此作为被控指标的目标值;其次,计算被控指标的标准差 δ;最后,具体确定为:

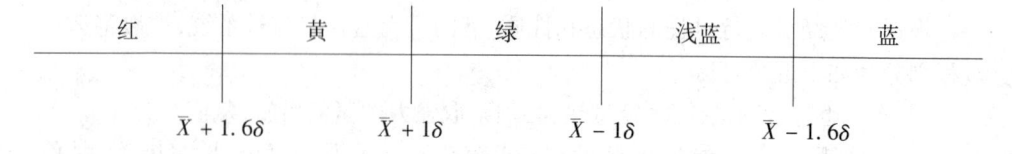

红	黄	绿	浅蓝	蓝
	$\bar{X}+1.6\delta$	$\bar{X}+1\delta$	$\bar{X}-1\delta$	$\bar{X}-1.6\delta$

需要说明的是,反映宏观经济运行不同状态的分类,是以 3 分为最佳状况,临近 3 分的 4 分及 2 分为次佳状况,而 5 分及 1 分是不佳(最差)状况。因此,对一些越大越好或越小越好的指标,记分时要进行修订,即前者以 3 分为上限,不记 4 分和 5 分,后者以 3 分为下限,不记 2 分和 1 分。

实践中通常是采用定性分析与定量分析相结合的方法确定临界值的。比如,专家评定法;临界值不是固定不变的,而是随着经济运行发展阶段的不同,依实际情况作适当的调整;同时它也有一个不断优化的过程。

(2)综合预警界限的确定。综合临界值的确定采用"综合分析法",在前面每个灯区赋值的基础上,根据监测指标数计算各灯区的总分数,再依据下列临界值确定总体经济运行所在区域,并决定应采取的对策。其中,有学者提出的具体做法是:

满分 $5 \times N$(指标个数)的 85% 为双红灯与红灯的百分比

满分 $5 \times N \times 73\%$ 为红灯与黄灯的临界值	73
满分 $5 \times N \times 50\%$ 为黄灯与绿灯的临界值	50
满分 $5 \times N \times 36\%$ 为绿灯与蓝灯的临界值	36

四、预警信号分析

在上述计算分析的基础上,可绘制控制统计信号图(见表10-3),并根据信号图示与分数资料分析经济运行正常、过热、过冷等特定状态的时间及变化状态,和与之相应的影响因素及形成原因,为决策提供依据。

1. 目标预警系数

$$R = \frac{\Delta X_i}{\Delta X_0} - 1$$

式中,R 为预警系数:当 $|R| \neq 0$ 时,表明经济运行处于某种失衡状态;当 $R > 0$ 时,表明经济运行过热;$R < 0$,表明经济运行不足;ΔX_i 为预警指标实际值;ΔX_0 为预警指标目标值。

2. 警戒度

目标预警系数虽能表明经济失衡状态的性质,但未能确切刻画出失衡的程度,这可用警戒度来说明。

$$D^+ = \frac{R_i}{R^+}$$

$$D^- = \frac{R_i}{R^-}$$

式中,R_i 为计算得到的目标预警系数值;R^+ 为预警系数上临界值(正数方向);R^- 为预警系数下临界值(负数方向);D^+ 为正警戒度;D^- 为负警戒度。

$D = 0$,表明经济运行正常;$0 < D \leq 1$,表明经济运行正方向偏离规划目标,且过度,但未超过上临界值;$-1 \leq D < 0$,表明经济运行负方向偏离规划目标,且不足,但未超过下临界值;当 $|D| > 1$ 时,表明经济运行处于严重失衡状态,或严重过度,或严重不足。

五、宏观经济景气分析举例

中国经济景气监测中心以"继续扩大内需,促进景气提升"为题,发表了关于1999年前两个月的中国经济景气分析报告。现作为宏观经济景气分析的案例,收录于后(并见表10-3)。

表 10－3　经济预警指标信号图*

指标 \ 年度月份	1998 3	4	5	6	7	8	9	10	11	12	1999 1	2
工业总产出(值)	★	★	★	★	★	★	★	★	★	★	★	★
预算内工业企业销售收入	▲	▲	▲	▲	●	●	●	●	●	★	●	●
基础产品产量指数	▲	▲	▲	▲	▲	▲	▲	▲	▲	▲	★	★
社会商品零售总额	●	●	●	●	●	●	●	●	●	●	●	★
固定资产投资	●	●	●	★	★	★	◆	◆	■	■	◆	◆
狭义货币	●	●	●	●	●	●	●	●	●	●	●	●
企业存款	●	●	●	●	●	●	●	●	●	●	★	★
银行现金总支出	▲	▲	▲	▲	▲	▲	▲	▲	▲	▲	▲	▲
海关进口额	●	●	▲	▲	▲	▲	▲	▲	▲	▲	▲	▲
全国生活费用价格指数	▲	▲	▲	▲	▲	▲	▲	▲	▲	▲	▲	▲
综合景气	▲	▲	▲	▲	▲	▲	●	●	●	●	●	●
评　分	17	17	18	18	18	19	21	21	24	25	24	24

* ■红灯(热,40 分以上);◆黄灯(偏热,35~40 分);★绿灯(稳定,25~35 分);●浅蓝灯(偏冷,20~25 分);▲蓝灯(冷,20 分以下)。

继续扩大内需,促进景气提升

1999 年头两个月,国民经济运行情况基本正常。工业生产、固定资产投资继续保持较快增长,市场销售稳定,经济运行各项指标之间的关系比较协调。宏观经济景气延续去年第四季度以来的态势,2 月份当月综合景气评分为 24 分,与上月持平,在浅蓝灯区上限运行。

(一)投资拉动工业保持较快增长

由于国家继续实行积极的财政政策和适当的货币政策,促进国内需求的增长,加之去年下半年以来新开工项目较多,续建规模较大,今年头两个月固定资产投资继续保持快速增长。1 月至 2 月,国有及其他经济类型完成固定资产投资 845 亿元(不含城乡集体和个体投资),比上年同期增长 28.3%,扣除季节性因素和不规则因素影响,增幅与去年第四季度大体相当,在黄灯区运行。

受投资需求拉动的影响,工业生产继续保持了去年 9 月份以来的较快增长势头。1 月至 2 月,全国工业完成增加值 2 800 亿元,比上年同期增长 10.6%。其中,国有控股企业增长 8.8%,集体企业增长 8.5%,股份制企业增长 14.4%,"三资"企业增长 15.3%。特别是与投资关系密切的重工业,增长明显加快,比上年同期

第十章 宏观经济监测与预警分析

增长11.7%,快于轻工业2.2个百分点。水泥、平板玻璃、成品钢材、10种有色金属等投资类基础产品增长较快,增幅在15%-27.3%,整个基础产品产量指数继续在绿灯区运行。与此同时,工业产品销售看好,产品销售率略有提高。

从企业资金供应情况来看,受货币投放和储蓄存款大幅增加的影响,2月末,狭义货币M_1和广义货币M_2分别比上年同期增长16.0%和18.0%,增幅比今年1月末均有较大幅度的提高。但企业存款特别是非国家银行金融机构企业存款下降较多,中小企业资金供应状况仍属偏紧。

(二)继续扩大消费需求势在必行

今年国家将继续加强基础产业和基础设施的建设,以扩大内需,从宏观层面上看,这是经济景气继续回升的利好因素。投资对经济的拉动作用不仅在于其对国内生产总值的直接贡献,更在于它带动消费及由此推动民间投资的乘数效应。

去年尽管我国贸易顺差达436亿美元,但整个经常项目大致保持平衡,对经济的拉动作用非常有限。今年我国外贸出口的国际经济环境将不会有很大改善,如欧盟经济不景气,形势可能会更严峻。据海关统计,今年1月至2月,进出口总额410亿美元,比上年同期下降4.2%。其中,出口下降10.5%,继续在蓝灯区运行。

由此看来,要完成全年的经济增长目标,在扩大政府投资、继续加强基础产业和基础设施建设的同时,必须注意启动市场,促进居民消费倾向的提高。这是今年经济景气能否全面回升的一个重要方面。

(三)从长计议多管齐下启动市场

从农村市场看,除水、电等与居民消费相关的基础设施落后外,农民收入增长缓慢,购买力不高是农村市场转向活跃的主要制约因素,再加上地区间的不平衡因素,短期内尚不可能完全解决这些问题。当前,一方面要切实减轻农民负担;另一方面收入分配应适当向农民倾斜,保证现阶段农民收入有一个较为稳定的增长。从长期考虑,则要指导农民调整农产品生产结构,走农业产业化道路,从根本上为启动农村市场注入活力。

从城镇居民消费看,制度性消费障碍如住房分配等正在消除,住房消费正逐步扩大,但现实购买力与供给之间尚有较大差距。信贷消费作为一项新的举措,正越来越受到关注。由于缺乏居民信用能力的相关信息,目前信贷消费的"门槛"较高,特别是住房以外的耐用消费品消费,最高消费金额低,还款时间短,担保手续复杂。信贷消费要真正成为我国促进消费的一道亮丽风景线,尚需时日。

此外,随着国家失业、养老、卫生、教育等一系列改革措施的出台和即将出台,农民对未来支出的预期提高,储蓄愿望增强,即期消费倾向减弱,一定程度上影响了消费品市场的活跃。因此,要提高居民的消费意愿,必须加快建立健全社会保障体制,促其早日步入规范运作,解决居民消费的后顾之忧。从目前情况看,国有企业改革任务艰巨,为解决城镇下岗分流职工的困难,可适当增加作为财政政策之一的转移支付;同时,搞好城镇居民的公房出售,以此提高一部分收入较高、来源稳定的居民的家庭消费。

1999年2月份,一致国经指数98.64,比上月提高0.02,先行国经指数107.2,比上月下降0.2。

思考题

1. 试述宏观经济监测与预警分析的作用。
2. 景气循环统计指标由哪几类指标组成?
3. 试述确定宏观经济监测预警指标类型的方法。
4. 请说出景气分析中的扩散指数与综合指数的含义。
5. 简述控制指标灯系统和控制评价界限。

附表　北京市 2003 年国民经济总体账户

1　生产账户(2003 年)

单位:亿元

劳动者报酬	1 537.0	总产出	12 781.3
工资及工资性收入	1 330.4	减:中间消耗	9 118.2
单位社会保险付款	206.6		
生产税净额	442.4		
生产税	572.2		
减:生产补贴	129.9		
亏损补贴	106.5		
价格补贴	23.4		
固定资产折旧	573.1		
营业盈余	1 110.7		
增加值分配	3 663.1	增加值	3 663.1

2　收入分配及支出账户(2003 年)

单位:亿元

财产收入支付	897.6	营业盈余	1 110.7
利息支出	252.0	固定资产折旧	573.1
红利支出	65.3	财产收入	1 004.8
土地租金支出		利息收入	251.2
其他支出	580.4	红利收入	259.3
经常转移支出	802.9	土地租金收入	
收入税支出	184.8	其他收入	494.3
财政经常性拨款支出		劳动者报酬	1537.0
社会保险付款支出	206.6	工资及工资性收入	1 330.4
社会补助支出	36.0	单位社会保险付款	206.6
其他经常转移支出	375.6		
可支配总收入	3 863.9	生产税净额	442.4
最终消费	1 967.9	生产税	572.2

续表

居民消费	1 209.3	减:生产补贴	129.9
政府消费	758.6	亏损补贴	106.5
总储蓄	1 896.0	价格补贴	23.4
		经常转移收入	896.5
		收入税收入	184.8
		财政经常性拨款收入	
		社会保险付款收入	206.6
		社会补助收入	36.0
		其他经常转移收入	469.1
支出和总储蓄	5 564.4	收入	5 564.4

3　资本账户(2003年)

单位:亿元

资本形成额	2 293.9	总储蓄	1 896.0
固定资本形成总额	2 211.6	资本转移收入净额	
存货增加	82.4	资本转移收入	146.7
其他非金融资产获得减处置		投资性补助收入	146.7
		其他资本转移收入	
资金余缺	-397.9	减:资本转移支出	146.7
统计误差		投资性补助支出	146.7
		其他资本转移支出	
资本运用	1 896.0	资本筹集	1 896.0

4　金融账户(2003年)

单位:亿元

国内金融交易	12 747.2	国内金额交易	13 034.7
通货	115.8	通货	
存款	2 962.9	存款	2 994.5
短期存款	1 137.9	短期存款	1 137.9
长期存款	1 825.0	长期存款	1 856.6
贷款	2 782.6	贷款	2 782.6
短期贷款	993.6	短期贷款	993.6

附表　北京市2003年国民经济总体账户

续表

长期贷款	1 789.0	长期贷款	1 789.0
证券(不含股票)	488.0	证券(不含股票)	488.0
短期证券		短期证券	
长期证券	488.0	长期证券	488.0
股票及其他股权	766.4	股票及其他股权	1 651.7
保险准备金		保险准备金	
其他金融资产	5 631.5	其他负债	5 117.8
国际资本往来	-161.8	国际资本往来	-51.4
短期资本	-54.0	短期资本	-0.7
长期资本	-107.8	长期资本	-50.6
国际储备资产		资金余缺	-397.9
		国际收支误差与遗漏	
金融资产净增额	12 585.3	负债净增额与资金余缺	12 585.3

5　期末资产负债账户(2003年)

单位：亿元

非金融资产	22 180.7	负债	36 002.1
固定资产	15 827.3	国内金融负债	32 991.4
存货	5 043.4	通货	
其他非金融资产	1 310.0	存款	19 847.8
金融资产	42 289.5	短期存款	9 782.4
国内金融资产	42 090.7	长期存款	10 065.5
通货	344.7	贷款	8 158.6
存款	15 018.4	短期贷款	3 569.8
短期存款	6 538.5	长期贷款	4 588.7
长期存款	8 480.0	证券(不含股票)	435.7
贷款	11 935.3	短期证券	283.2
短期贷款	5 153.5	长期证券	152.5
长期贷款	6 781.9	股票及其他股权	3 656.3
证券(不含股票)	3 384.4	保险准备金	201.4
短期证券	2 199.9	其他负债	691.6

			续表
长期证券	1 184.5	国外金融负债	3 010.7
股票及其他股权	10 271.6	短期负债	1 118.4
保险准备金	201.4	长期负债	1 892.3
其他金融资产	934.8	资产负债差额	28 468.1
国外金融资产	198.8		
短期资本	77.3		
长期资本	121.5		
储备资产			
资产	64 470.2	负债与资产负债差额	64 470.2

参考文献

1. 联合国,等.国民账户体系(2008)[M].北京:中国统计出版社,2012.
2. 联合国,等.国民经济核算体系(1993)[M].北京:中国统计出版社,1995.
3. 国家统计局国民经济核算司.中国国民经济核算[M].北京:中国统计出版社,2004.
4. 赵彦云.国民经济核算教程[M].北京:中国统计出版社,2000.
5. 赵彦云.宏观经济统计分析[M].北京:中国人民大学出版社,1999.
6. 高敏雪,李静萍,许健.国民经济核算原理与中国实践(第二版)[M].北京:中国人民大学出版社,2007.
7. 杨灿.国民核算与分析通论[M].北京:中国统计出版社,2005.
8. 邱东,等.国民经济核算[M].北京:经济科学出版社,2002.
9. 向蓉美,杨作瘪,王青华.国民经济核算及分析[M].成都:西南财经大学出版社,2005.
10. 李连友.国民经济核算学[M].北京:经济科学出版社,2001.
11. 苏汝颉,夏明.国民经济核算概论[M].北京:中国人民大学出版社,2004.
12. 廖明球.宏观经济核算与应用[M].北京:中国统计出版社,1994.
13. 列昂惕夫.投入产出经济学[M].北京:中国统计出版社,1990.
14. 钟契夫,陈锡康,刘起运.投入产出分析(修订本)[M].北京:中国财政经济出版社,1993.
15. 廖明球.投入产出及其扩展分析[M].北京:首都经济贸易大学出版社,2008.
16. 李子奈,潘文卿.计量经济学(第二版)[M].北京:高等教育出版社,2005.
17. 赵国庆等.计量经济学[M].北京:中国人民大学出版社,2001.
18. 廖明球,李雪等.计量经济学简明教程[M].北京:首都经济贸易大学出版社,2007.
19. 廖明球.国民经济核算中绿色GDP核算的讨论[J].统计研究,2000(6).
20. 廖明球.绿色GDP投入产出模型建立的构想[J].统计与决策,2009(20).
21. 国家统计局.中国统计年鉴(2008)[M].北京:中国统计出版社,2008.
22. 国家统计局.中国国内生产总值核算历史资料(1996-2002)[M].北京:中国统计出版社,2004.
23. 北京市统计局.北京统计年鉴(2005)[M].北京:中国统计出版社,2005.